자기계발을 위한 SUMMIT 성공 지침서

취업전문가가 전하는

SUMMIT 실전전략

유연웅 저

경쟁에 매달리기보다는 배려, 칭찬, 유머로 승부하라!
긍정바이러스를 전파해 온 유연웅이 전하는 인간관계론

양 성 원

들어가며

나감나무 가지는 유난히 잘 부러진다. 또 감을 딸 때는 가지를 꺾어 한 알 한 알 따야 하므로 가지마다 상처를 입는다. 그 상처에 빗물이나 불순물이 들어가면 검게 뭉쳐진 듯한 무늬가 만들어 지는데 그 상처가 먹감나무 무늬다. 그런데 그 무늬가 너무 아름다워 목공예 재료로 쓰이기도 하고 고급 가구를 만드는 데 사용되기도 한다. 소나무는 상처를 관솔로 만들고 감나무는 아름다운 무늬로 만든다.

현재의 실패를 고통스러워하는 청년들에게 이 이야기를 해 주고 싶다. 상처 없이 인생을 살 수는 없다. 상처를 이겨 내야 아름다운 무늬를 만들어 내듯 지금의 실패와 고통을 딛고 일어서야 인생을 의미 있게 살아 낼 수 있다는 것을. 지난 시절의 상처들이 자신을 만들었다는 것을 후에 돌이켜보면 깨닫게 된다는 것을.

대학에 있다 보니 나이가 드는 줄을 몰랐다. 매해 신입생을 맞으니 매년 청년인 줄 알고 살아왔다. 대학생들의 취업을 최전선에서 돕는 일을 수년째 해 오며 울고 웃다 보니 나 또한 취업준비생의 마음으로 생활하며 그저 정신없이 일해 왔다.

23년 전 KC대학교 최초로 종합인력개발센터를 개관해 교육부 및 노동부 취업 관계자와 인쿠르트 등 취업관련업체가 참여한 취업포럼을 개최하고 서울지역 취업지도협의회 부회장을 4년간 맡아 일하면서 우리 청년들의 취업 현실이 얼마나 추운 겨울인가를 계속 느껴 왔다.

'아프니까 청춘이다'라는 말도 있던데 그런 말들은 취업의 고통과 실패의 좌절감에도 계속 도전하는 우리 청춘들에게 얼마나 도움이 될지 사실 좀 화가 나기도 했다. 지금 당장 목이 마르고 배가 고픈 이들에게 사탕 하나를 주는 것 같아서였다.

국가, 정부가 모든 청년들에게 일자리를 만들어 줄 수는 없다. 그러나 국민의 일원으로, 당당한 사회인으로 책임을 다하려고 나선 청년들이 고기를 잡는 법을 배울 수 있는 여건, 강가에 설 기회를 주는 일은 해야 한다고 생각한다. 눈높이를 낮추라는 말도 참 무책임하다. 우리 청년들은 취업의 한기를 온몸으로 맞아 왔고 강가에 서기만 하면 열심히 고기를 잡을 준비가 되어 있다고 생각한다. 다만 경험과 노련미가 부족할 뿐이다. 정책담당자들이 좀 더 실질적인 도움을 주도록 고민하고 대학과 함께하는 정책을 펴 주었으면 하고 바란다.

먼저 살았고 여러 직책을 맡아 본 경험들을 토대로 청년들에게 그 부족한 부분을 메워 줄 책을 써야겠다는 결심을 하게 되었다. 좋은 책들이 많이 나와 있지만 현장의 경험이 녹여져 있는 책은 드물지 않나 하는 생각에 용기를 내게 되었다.

오랜 기간 대학 현장에서 취업관련 부서의 장과 취업지도협의회 임원으로서 활동했던 생생한 경험담과 직장에서 인사채용 업무를 수행하면서 취업준비생들에게 꼭 들려주고 싶은 내용들을 바탕으로 다루었지만 전문성과 경험의 한계가 있음을 인정한다. 한편으로 쉽사리 취업하기 어려운 것이 오늘의 대한민국의 현실이지만, 취업준비생이 가지고 있는 고귀한 역량과 인간됨됨이를 질적으로 향상시키는 데 이 글이 조금이나마 기여하기를 바라며 사회생활을 처음 시작하는 분들에게 도움이 되었으면 한다.

아울러 본 서가 출판되기까지 수많은 토론과 전문적 경험을 함께해 주신 관계자분들 모두에게 고마움을 전한다.

2020년 8월

유 연 웅

차 례

I 회사는 학교와 다르다 / 13

II 면접 필살기 / 31

III

기업은 어떤 인재를 원할까 / 99

IV

인맥 쌓는 필살기 / 127

V

협상 필살기 / 173

Ⅵ

대화법 필살기 / 197

Ⅶ

칭찬 필살기 / 231

Ⅷ

유머 필살기 / 257

Ⅸ

최고의 필살기 - 배려 / 299

X
세상을 바꾸는 필살기 / 309

PART I

회사는 학교와 다르다

1. 사회는 정글이다?
2. 회사와 학교, 무엇이 같고 무엇이 다를까?
3. 피할 수 없다면 즐겨라
4. 직업에는 귀천이 없다?

chapter **1.**

사회는 정글이다?

회사와 학교는 기본적으로 다른 조직,
정글이지만 살아남는 법 배우면 돼

얼마 전 대히트를 친 웹툰 '미생'에서 인상 깊은 대화가 나와 가슴에 꽂혔다. 명예퇴직 후 몇 차례 실패를 경험한 회사 선배가 이전 직장을 다니고 있는 후배에게 이런 말을 한다.

"회사를 흔히 정글이라고 하잖아, 나도 그렇게 알았고. 그런데 회사가 정글이면 세상은 지옥이더라구…"

학교를 나와 처음 직장, 사회생활을 시작하는 초년병에게 이런 말로 겁을 주어 미안하지만 학교와 사회는 천양지차이며 프로와 아마추어라는 건널 수 없는 강처럼 큰 차이가 있다는 것은 알고 시작해야 한다.

흔히 드라마에서는 회사생활, 직장생활에서 아부하는 모습, 연애하는 모습만 그리지만 천만의 말씀이다. 사회생활을 하면서 가장 먼저 생각해야 할 지점은 이제까지 '나' 위주의 생각에서 벗어나 타인의 시각에서 본 나, 회사의 시각에서 본 나를 생각해야 한다는 점이다.

기본적으로 학교는 '내가 돈을 내어 공부하는 곳'이지만 회사는 '나에게 돈을 주어 이윤을 창출하는 곳'이다.

여기에는 엄청난 간극이 있다. 굳이 갑을 관계로 설명하지 않더라도 월급을 받는 이상 역할을 다 해내야 하는 곳, 기대에 못 미친다고 판단되면 해고될 수 있는 곳이라는 의미이다. 학교에서는 어지간히 사고를 쳐도, 친구들과 싸우거나 선생님에게 대든다 해도 퇴학이라는 것을 쉽게 결정하지 않는다. 가르침을 받고 배우는 곳인 만큼 조언이나 꾸지람을 듣고 반성하며 깨우치고 고쳐 나가면 되는 것이다. 즉, 기회가 여러 번 주어지고 자신에 대해 어지간해서는 포기하지 않는 사람들 속에 살아온 것이다. 그렇게 20년, 혹은 그 이상을 편안하고 보호받으며 살아오다가 사회라는 곳에 발을 내디디면 너무나 다른 시각으로 나를 바라보고 엄격한 잣대로 평가하고 있는 모습에 당황하게 된다.

그렇다고 사회가 정글인 것일까?

단지 시각이 다를 뿐이다. 언제까지고 학교만 다니고 가정의 안락한 울타리 내에 있을 수는 없다. 한 사람 몫을 해내는 당당한 사회인이 되어 제 밥벌이는 제가 해야 한다. 당당한 사회의 구성원이 되는 길은 처음이 조금 어려울 뿐이다. 조금 적응하면 후배들에게 어드바이스를 해주는 멋진 선배가 될 수 있다. 그러자면 몇 가지 기본적인 태도와 시각을 고쳐야 한다.

가장 기본적인 것은 회사의 특성을 이해하는 것, 한 나라의 교육은 기본적으로 '모든' 학생들을 의무적으로 '잘' 교육시키는 데 목적이 맞춰질 수밖에 없다. 낙오시키지 않고 입학생들 대부분을 어느 정도의 평균적 수준까지 교육하는 게 목적이다. 많은 잘못과 부족한 점이 있어도 일정기간이 지날 때까지 다니면 졸업을 한다. 그러나 직장, 즉 회사는 이윤을 창출해 성장하고 구성원들에게 월급을 주어야 하는 곳이다. 월급 말고도 많은 곳에다 돈을 써야 하는 조직이므로 구성원이 월급의 몇 배 이익을 창출해야 유지가 되는 조직인 것이다. 지각하고 의욕 없고 실수하는 새내기를 보듬고 가기엔 회사도 다른 회사와 경쟁하고 시장에서 살아남아야 하므로 여유를 부릴 수 없다.

대개의 회사원은 월급이 적다고 생각한다. 그러나 고용주는 대개 월급이 많다고 생각한다. 회사원은 자신이 받아든 월급 수령액만을 생각하지만 기업의 입장에서는 4대 보험은 물론이고 회사를 유지하기 위한 임대료 등 부동산 비용, 세금, 기본시설비 등의 기본 고정비는 물론이고 구성원이 쓰는 전기세, 전화요금, 수도요금, 하다못해 그가 쓰는 볼펜 값까지 1인에게 투하되는 비용은 그 월급의 몇 배라는 것을 이해해야 한다.

그러나 사실 구성원이 월급의 몇 배 성과를 내는 것은 최소 3년, 어떤 경우는 10년까지 인재를 길러 낸 이후이다. 그때까지는 회사도 인내심을 가지고 지켜보고 있다는 점을 이해해야만 자신도 적응기간을 단축할 수 있다.

늘 투덜대며 친구들의 월급과 비교하고 자신의 실수를 지적하는 선배나 상사의 충고를 받아들이지 못하는 사람, 꼭 있다. “대학을 안 나와서 무시하는 거야”, “일류대가 아니라서 얕잡아 보는 거야”라며 비틀어서 생각하고 마음에 담아 두는 유형들이다. 하지만 대다수 선배와 상사들은 빨리 키워서 자신의 일을 덜어 주길 바라지 괴롭혀서 쫓아내고 다시 별다를 것도 없는 신입을 받아 교육을 반복하고자 하는 사람은 거의 없다는 것, 명심할 일이다.

멀리서 보면 반짝이는 보석 같아 너무 탐이 난다. 그러나 가까이 가서 들여다보라!

거의 깨진 병조각이거나 기껏해야 좀 반짝이는 돌 정도다. 누구나 술자리나 편한 대화 자리에선 자신의 상황을 과장하여 좋게 말하는 경향이 있다. 우는 소리해서 동정 받아 봐야 뭐 하겠는가. 자기 자신도 돌아보면 친구들에게 허세를 부리거나 연봉을 과장해서 이야기한 적이 있을 것이다.

지금, 내가 선 이 자리가 가장 빛나는 자리이며 빛나게 만드는 것은 전적으로 내 몫이다.

chapter 2.

회사와 학교, 무엇이 같고 무엇이 다를까?

인간은 서로 돕고 협력해 사회이뤄,

결국 인간관계가 승패를 좌우한다

상급학교에 진학해 적응하는 일도 사실, 쉬운 일은 아니다. 개인차가 있겠지만 새로운 장소, 새로운 사람들에게 나를 알리고 공동생활을 해 나가는 일이 만만한 일은 아니다.

그런데 첫 사회생활이라니!

어려운 것이 당연하다.

친구들과 주로 생활하고 선생님은 수입시간에 들이오며 시험으로만 나를 평가하던 학교.

그러나 회사는 주로 상사, 선배들과 함께 생활하며 함께 있는 모든 시간에 나를 평가한다.

학교에서 실수해 봐야 선생님에게 꾸지람 듣고 벌 서는 정도이지만 회사에서의 실수는 엄청난 영업 손실로 이어질 수도 있고 번복하기 어려운 이미지 손상을 가져올 수도 있다. 새내기에게 엄청난 일을 맡길 리는 없겠지만 우연히 찾아온 능력증명의 기회를 날리는 상황이 연출

될 수도 있다. 또 조금 익숙해졌다고 해서 태만, 방심하다 큰 실수를 저지르는 사람들, 정말 많다.

회사에서는 상사, 간부들이 새내기가 어떤 사람인지 눈 여겨 보고 있다. 몸에 배인 예절과 대인관계 기술이 어떻게 보면 가장 중요한 평가 포인트이다. 동료나 선배들과의 인간관계를 얼마나 잘하는지에 따라 적응의 성패가 나뉜다. 흔히들 좋은 스펙, 자격증, 이런 것들이 성공적인 사회생활을 보장한다고 생각하지만 성패를 나누는 가장 중요한 분수령은 '인간관계'이다.

인류는 날카로운 이빨도, 훨훨 나는 날개도 없이 살아남았고 엄청난 문명을 일구었다. 바로 협업을 통해서! 인간의 DNA에는 서로 돕고 인정받으며 협업을 해 이룬 빛나는 성취에 대한 자부심이 새겨져 있다. 그래서 고립되면 불안하고 함께하고 인정받을 때 자부심을 가지고 살아 나간다.

뒤에서 자세히 설명하겠지만 기계와 설비로 하는 생산, 제조, 물류 등의 공정이든 사무 행정 처리의 일이든 각각의 부서와의 관계로 일이 이루어지고 인간관계를 잘해 나가는 것이 모든 성공의 기반이다.

세상에 중뿔난 사람 없다. 회사란 구성원들이 힘을 합쳐 일하는 곳이지 혼자 잘난 천재가 먹여 살리는 곳이 아니다. 팀플레이를 하지 못하는 사람은 회사를 떠나 창업을 해야 한다. 성공할 가능성은 없지만.

학교와 사회의 가장 큰 차이점은 팀플레이, 인간관계가 성패의 주요인이라는 점이다.

학교에선 마음에 안 드는 친구는 안 보면 그만이다. 1년 버티면 반이 바뀔 수 있고 설혹 두 해 연속 같은 반이어도 3년간 같은 반이 될 가능성은 거의 없는데다 같은 반이어도 친하게 지내지 않으면 그만이다. 그런데 상사의 경우는?

사람 좋고 친절한 상사가 꼭 좋은 것은 아니고, 나를 좋아하는 것처럼 보여도 나에 대한 평가보고서를 좋게 써 준다는 보장은 없다. 이 점을 이해해야 사회생활에 적응할 수 있다. 나에게 잘해 주고, 나를 좋아하더라도 상사로서 평가할 때는 엄격하고 객관적으로 회사 구성원의 입장에서 평가하도록 훈련된 사람들이다.

일과 공부의 차이점은 무엇일까?

일은 학교와 회사의 차이점과도 연결되는 문제인데 공부는 혼자 잘 해내면 되지만 일은 유기적으로 연결되는, 함께하는 것이다. 일이란 사전 준비 계획을 하고 이를 실행, 확인 후 보고가 따라야 한다. 팩스 보내는 임무를 맡았다고 하자, 사전사후 팩스를 받을 곳에 확인전화를 해야 한다. 담당자 부재 시에는 전달해 달라는 메모를 남겨야 하며 전화를 받은 사람의 이름, 직위, 전화 건 시간을 메모해 두어야 한다. 만약의 실수, 누락은 언제든 일어날 수 있고 누구나 자기가 분명한 담당이 아니면 소홀해지는 경향이 있다. 그런 만큼 확실한 전달을 부탁하고 부탁받은 사람의 이름과 직위를 물어 확인해야만 책임성을 가지게 된다. 상사에게는 팩스를 보내고 난 후 담당자에게 전달했는지, 담당자 부재 시 대책은 무엇을 강구해 두었는지를 보고해야 한다.

벽에 못 박는 사소한 일을 맡아도 그렇다. 어떤 못을 쓸지, 위치는 적당한지 확인하고 계획을 세워 자재창고에 가서 계획한 대로의 못이 있는지, 당장 수급 받을 수 있는지 확인해야 한다. 못을 박은 후에는 잘 박아진 것인지, 제대로 기능을 하는지, 며칠 지나도 괜찮은지 확인해야 하는 일이다. 타 부서의 도움을 받아야 하는 만큼 원활한 협조를 구하기 위한 인간관계, 그동안 쌓아 온 자신의 이미지, 예절 등 생활상의 문제도 드러나게 된다. 이처럼 회사에서 아무 것도 아닌 일 같아도 여러 가지, 여러 사람과의 문제가 총체적으로 시험되는 것이다. 복잡한 인간관계, 더 복잡한 업무를 효과적으로 처리해 나가기 위한 기술이 기본부터 잘 훈련되어 있어야 한다.

팀원들이 함께 프리젠테이션을 준비하거나 신상품을 기획한다고 하자. 내 의견을 끝까지 관철했다 해서 성공한 것도 아니고 묵묵히 선배의 의견을 따랐다 해서 성공한 작업 수행은 아니다. 회사가 원하는 것은 조직생활의 적응도, 인간관계를 잘 풀어 낼 줄 아는 인재인가를 보고 싶은 것이다. 그것은 자신의 의견을 타협 없이 관철하는 고집불통도 아니고 아무 생각 없이 시키는 대로 하는 무뇌아도 아닌, 팀플레이가 무엇인지 이해하는 조직 구성원인가를 확인하고 싶은 것이다.

대화와 소통의 기술이 몸에 배이고 사람들을 편안하게 만들 줄 아는 예의범절이 몸에 배어 있어야만 인간관계를 잘 풀어 나갈 수 있다. 어려워 보이는가? 그럼 가장 기본적인 원칙만이라도 지켜 보자. 나보다 남의 이익을 먼저 생각한다. 상대방의 입장에서 생각해 본다.

수많은 청년들이 취업으로 기뻐하는 모습도 지켜보았고, 한두 달 만에 낙심하고 학교로 다시 찾아오는 모습도 숱하게 보았다. 남들이 다 회사 다니고 사회생활하니 만만해 보일지도 모르겠다. 그러나 적응 못하고 낙오하는 사람, 상당히 많다. 기본적인 자세, 사회에 적응하겠다는 각오가 없으면 고생은 하되 얻는 것은 없을 것이다.

chapter 3.

피할 수 없다면 즐겨라

해야 할 일이 있다는 것은 축복

프로의식 갖춘 60대가 각광받아

사람이 살아가면서 해야 하는 일이 하고 싶은 일보다 더 큰 무게로 다가오는 것이 사회생활에 첫 발을 내디뎠을 때다. 한창 놀고 싶은 나이인데 사회생활에 떠밀린 경우가 많다. 아직은 부모님의 슬하에 있기에 돈의 소중함도 절실하지 않고 본격적인 실패도 경험해 보질 않아 굳이 사회생활에 성공해야 하는지도 명확하지 않을 수도 있다. 이 길이 아니어도 다른 길을 찾을 수도 있고 아직 젊기에 더 그럴듯한 도전을 해보고 싶기도 하다. 머릿속이 복잡하니 조그마한 어려움에도 넘어지고 무너지기 쉽다.

그러나 회사의 입장에서는 월급을 받고 일자리를 찾는 것이 절실한 사람을 원하지 매사에 불평불만, 다른 곳만 쳐다보는 사람을 원하지 않는 것이 당연지사 아닐까.

이렇게 생각을 해 보자.

"일이 있다는 것이 얼마나 축복인가!"

실업률, 특히 20대의 실업률이 얼마나 높은가. 고용시장의 중심축이 20～30대에서 50～60대 중장년층으로 옮겨 가고 있다. 직장 은퇴 이후에도 일을 하고 있는 60～64세 고용률(해당 연령대 인구 중 취업자 비율)이 2014년 처음으로 20대(20～29세)를 앞지른 바도 있다. 통계청의 '2014년 고령자 통계'를 보면 60～64세 고용률은 57.2%로 20대 56.8%보다 높은 것으로 확인됐다. 통계청이 경제활동인구조사를 시작한 1963년 이래 처음이라고 한다. 2020년 지금, 통계청의 '연령별 고용률'을 보면 60～64세 이상 고용률은 41.2%로 20대 54.5% 대비 13.3%로 차이를 보이는 것으로 확인됐으나 통계청에 따르면 지난 달 취업자 수는 전 연령대 가운데 20대에서 감소폭이 가장 컸으며 전체 취업자가 전년 동월 대비 19만 5,000명 줄어든 가운데 20대 감소폭이 17만 6,000명에 달했다고 한다. 무엇이 한창 일할 20대보다 60대를 선호하게 만드는 걸까?

60대는 일의 소중함을 아는 세대다. 일이 주어진다는 것이, 일을 할 수 있다는 것이 얼마나 축복인지 알기 때문에 일을 대하는 자세가 다른 것이다. 돈을 받고 일을 한다는 것은 '프로'가 된다는 것이다. 이기는 것보다 즐기는 것에 목적을 두는 아마추어와는 자세가 다르고 격이 다른 법이다.

물론 일은 힘들고 고통스럽다. 그러나 사실 일 자체가 괴롭고 고통스럽다기보다는 죽어라 일했는데 결과물이 만족스럽지 않기 때문에 고통스러운 경우가 훨씬 많다. 매일 지옥철 내지는 만원버스를 타고 출근해 아침부터 상사로부터 수용하기 어려운 모욕을 당하고 하루 종일 거래처의 싫은 소리를 들었다. 계속되는 야근도 힘든데 이번 주말도 출근하길 바라는 눈치다. 그런데도 일은 축복일까?

그렇다면 일을 왜 하는 것일까? 자본주의 사회에서 먹고 살려면 하는 수 없이 일을 해야 하는 것일까? 그렇다면 너무 비참하지 않나?

누구나 직장에 불만을 가지고 이런 저런 불평을 늘어놓지만 사실 우리 사회에서 아침에 어딘가 출근할 곳이 있고 월급이 나온다는 것이 얼마나 복 받은 일인지 한번 생각해 볼 필요가 있다. 인사를 나누고 이야기를 나눌 동료가 있고 같이 식사하며 의견을 이야기한다. 나를 필요로 하는 곳이 있는 것이다. 사람은 사회적 동물이고 누군가가 나를 필요로 한다는 생각에 힘이 나고 사는 의미를 찾는다. 돈이 다가 아닌 것이다.

직업을 통해서 바라는 것이 오로지 많은 돈이라면 끝없이 불행할 수밖에 없다. 왜냐하면 아무리 해도 대한민국에서 자기보다 더 많이 버는 사람이 있을 수밖에 없고 돈은 만족을 모르는 특성을 갖고 있기 때문이다.

남과 비교하며 돈을 더 많이 받는 곳을 찾아다니다 보면 '철새'라고 낙인찍히기도 쉽고 조그마한 실수에도 조직에서 가장 먼저 버려지는 카드가 되기 싶다는 것도 생각해 볼 일이다.

일을 할 수 있다는 것을 축복으로 여기고 일을 즐기다 보면 내 능력과 자질을 펼칠 곳이 여기라는 '확신'도 따라온다.

> 어떤 영역에서든 프로와 아마추어 사이에는 가볍게 뛰어넘을 수 없는 산이 있고 계곡이 있다. 프로를 우습게 봐서는 안 된다.
>
> 다치바나 다카시

chapter **4.**

직업에는 귀천이 없다?

남의 기준에 자기 행복을 맞춰서야
급변하는 세상 미래는 아무도 몰라

우리 사회에서는 이상적인 말들을 많이 하지만 대부분의 사람들이 가슴 속에서부터 수긍하지는 않는 경우가 많다. 대표적인 것으로 '직업에 귀천이 없다'는 말을 들 수 있겠다. 그렇게 말은 하지만 뿌리 깊은 사무직 · 관리직 선호, 일류대 진학을 성공한 인생의 보장같이 여기는 사고로 얼룩져 있는 것이 사실이다.

그러나 생각해 보자. 사람은 각기 다 다르고 평균율에 억지로 끼워 맞추면 행복할 수 없다. 인간 수명이 백 세를 향해 가고 직업의 종류도 수만 가지에 이르는데 언제까지 조선 시대 사고를 고집할 텐가. 많은 선배들은 이야기한다. 직업을 통해 이웃과 사회에 기여한다는 느낌, 자신의 자질과 능력을 발휘하고 있다는 느낌을 받지 못하면 행복할 수가 없고 그 직업으로 성공하기 어렵다고.

나에게 맞는 직업을 선택하고 그 직업생활을 성공적으로 이끌기 위해서는 직업에 대한 바른 인식과 태도를 갖는 일이 이제까지 살아온 인생의 몇 배 긴 인생을 결정지을 것이다. 그 직업의 기준을 돈으로 삼으면 불행하기 쉽지만 '내게 맞는 일'로 삼는다면 내가 하기에 따라 행복이 찾아와 줄 테니 이 얼마나 쉬운 선택인가!

한때 '갑을관계'라는 말이 온 나라를 흔들었다. 그러나 우리 사회는 수천 년간 갑을관계가 있어 왔고 그것이 변한 적은 한 번도 없다. 어차피 내가 창업할 것이 아니고 회사라는 조직 안으로 들어왔다면 회사가 갑이고 나는 을이다. 이걸 부정하고 싶어 하면 일이 안 된다는 것, 그 정도는 이해하고 있을 것이다. 직장은 개인들을 모아 놓은 조직이고 그 개인들이 이익을 창출해 줄 것을 기대하고 월급을 주는 '갑'이며 개인은 '을'이라는 존재다. 자신이 '을'이라는 인식에서 출발하면 회사에 대한 불만이 상당 부분 타당한 것으로 받아들일 수 있게 된다.

또 하나 염두에 둘 것은 영원한 갑도, 영원한 을도 없다는 점이다. 능력을 키워 을도 얼마든지 갑이 될 수 있다. 여러 곳에서 스카우트 제의가 쏟아진다면 을이라 해서 을의 위치가 아니지 않겠나. 그러자면 직업의 귀천을 따져 내 위치를 징징대는 것은 아무 도움이 되지 않는다. 지금 내가 해야 할 일은 내가 소속한 회사에서 어떻게 성공할 것인가 로드맵을 짜고 하나하나 실천하는 일이다.

그러기 위해 가장 먼저 할 일은 '자신의 일에 대한 뚜렷한 목적의식'을 갖는 것이다.

뚜렷한 목적은 결단의 명분을 만들어 주고 선택의 근거가 된다.

내가 일하는 목적은 무엇일까?

또 나는 무슨 일을 잘할 수 있을까?

대부분의 사람들이 헷갈리는 부분이 내가 잘할 수 있는 일과 내가 좋아하는 일을 혼동하는 것이다. 물론 좋아하는 일을 잘할 수 있는 가능성이 많지만 꼭 일치하는 것은 아니다. 재능을 착각해 시간을 소모하고 인생을 낭비하는 경우를 많이 본다.

이 부분은 참 판단이 어려운 일인데 자기 인생이 걸린 문제인 만큼 깊은 고민과 주변의 객관적인 판단, 충고를 많이 들어 볼 필요가 있다.

세계적인 명감독 이안의 경우도 기회를 잡지 못해 8년을 집에서 시나리오만 썼다. 주변 사람들은 뭔가 확실한 직업을 가지라고 충고했지만 그의 아내만은 "당신은 영화를 위해 태어난 사람"이라고 말하며 지지해 주었다고 한다. 그가 사람들의 충고에 따라 영화를 접고 직장인이 되었다면 그의 빛나는 영화들은 세상에 태어나지 못했을 것이다.

적성에 맞는 일을 선택하는 것은 개인의 행복을 위해서나 효율적인 재원분배의 측면에서나 정말 중요한 일이다. 적성에 맞는 일이란 내가 잘하고 남도 그것을 잘한다고 인정하고 스스로도 그 일을 좋아하며 그 일을 해내고자 하는 열정이 있으며 경제적인 문제도 해결할 수 있는 일을 말한다. 그 시대에 따라 멋있어 보이는 직업, 유행은 다 있지만 앞으로는 사회생활을 오십 년, 육십 년 해야 하는 만큼 '나에게 맞는'일을 찾아내야 한다.

장래 희망직업에 대한 1만 1,000명의 고등학생 대상 설문조사에서 희망직업 수는 272개였고 그중 5,500명은 19개 직업 중에서 선택했다고 한다. 우리나라의 직업의 수가 2003년 기준 9,600개, 최근 자료에 따르면 1만 3,000개, 미국은 2003년 기준 3만 개, 최근에는 5만 개로 추산되고 있음을 볼 때 우리 인식이 얼마나 특정직업에 매몰되어 있는지를 알 수 있다. 이것은 지나치게 직업 차별의식이 팽배해 있고 특정직업에 대해 편향적인 정보만이 넘쳐 난다는 반증이다. 그러나 생각해보아야 할 것은 앞으로 10~40년 후에는 현재 직업의 80%가 소멸하게 된다는 사실이다. 기득권의 상징으로 여겨졌던 의사나 변호사라는 직업이 예전만 못하다는 것은 상식이다. 앞으로 더욱 그럴 것이다. 기존에 소외됐던 직업이나 중소기업에 뛰어들어 급변하는 사회변화에 부응할 수 있는 기술혁신에 새로이 도전하는 자세를 갖거나, 선진국들의 다양한 직업군에 대해 관심을 가지고 미래에 각광받을 수 있는 새로운 직업을 창출하는 것이 오히려 안정적인 선택이 될 수 있다.

이제는 발상의 전환이 필요한 시점이다.

<거창고 직업선택 10계명>

1. 월급이 적은 쪽을 택하라.
2. 내가 원하는 곳이 아니라 내가 필요한 곳을 택하라.
3. 승진의 기회가 거의 없는 곳을 택하라.
4. 모든 조건이 갖추어진 곳은 피하고 처음부터 시작해야 하는 황무지를 택하라.
5. 앞을 다투어 모여드는 곳은 절대로 가지 마라. 아무도 가지 않는 곳으로 가라.
6. 장래성이 전혀 없다고 생각되는 곳으로 가라.
7. 사회적 존경 같은 것을 바라볼 수 없는 곳으로 가라.
8. 한 가운데가 아니라 가장자리로 가라.
9. 부모나 아내, 약혼자가 결사반대하는 곳이면 틀림없다. 의심치 말고 가라.
10. 왕관이 아니라 단두대가 기다리는 곳으로 가라.

Ⅱ

면접 필살기

chapter **5.**

면접관은 무엇을 가장 중요하게 생각할까?

나라는 상품, 어떻게 팔까

나라면 누구를 뽑을까 생각하자

회사생활을 아무리 잘하고 싶어도 회사에 들어가지 않으면 아무 소용이 없다. 일단은 들어가야 잘하든 못하든 할 것인데 문제는 취업경쟁이 너무 어렵다는 것이다. 일단은 면접시험을 통과해야 한다. 사람들은 서류전형에서 통과하더라도 시험점수나 스펙 때문에 채용되지 못 했다고 생각하는데 인사담당자의 생각은 다르다. 조직에서 함께 생활할 사람을 찾는 일이다 보니 가장 중요한 것은 면접이라고 입을 모은다. 직접 보고 말하는 것을 들어 보면 '사람'이 보이고 함께할지 여부를 판단하게 된다. 면접의 중요성은 아무리 말해도 지나치지 않고 당락은 면접에서 결정된다. 그렇다면 면접에서 경쟁자들보다 우위에 서는 기술은 무엇이 있을까?

설득의 원칙도, 대화의 원칙도 가장 중요한 것은 상대방의 입장에서 생각하라는 점이다.

입장 바꿔 생각해 보자.

면접관은 회사에 쓸모 있는 인재를 뽑아야 하는 사람이다. 무슨 대학을 나왔는가가 아니라 앞으로 일을 잘할 사람인가를 가늠해 봐야 하는 것이다. 지금 있는 사람들과도 무리 없이 융화될 정도의 무난함과 정체된 분위기에 활력을 불어넣을 창의성과 어지간한 어려운 일에도 사표 던지지 않을 정도의 열정을 가진 사람을 원할 것이다.

무엇보다 비즈니스 현장에서는 '회사가 뽑아서 이익이 날 사람인가'이다.

대개 사람들은 '나처럼 훌륭한 인재는 척 보기만 해도 뽑아 줘야지' 하고 안이하게 생각하거나 몇 번의 실패에 좌절하여 나는 안 된다고 포기한다. 혹은 '든든한 백'이 없어서 실패했다거나 'SKY'를 나오지 않아 실패했다는 핑계를 댄다. 이도 저도 아니면 자신은 기업엔 맞지 않다며 공무원시험이나 고시를 준비한다.

자신이 '기업이 원하는 인재'로 상대방을 인식시키는 데 실패했다고 인정해야 한다. 실패는 강물에 흘려보내고 다음번 면접엔 어떻게 '나'라는 상품을 소개하고 고객이 구매하도록 설득할 것인지 전략을 짜면 된다.

어떤 사람은 면접시간이 너무 짧다고 불평한다. 자기소개를 할 시간을 몇 분 안 주어서 충분히 소개하지 못해서 탈락했다고 억울해한다.

면접관이 몇 분 준 것에 감사하라.

어떤 어려운 협상도 정작 중요한 얘기는 10분 이상 가지 않는다. 몇 분 안에 면접관에게 자신에 대해 설명할 정도의 정리도 안 되어 있다면 30분을 들어도 마찬가지다. 면접관은 나와 비슷한 경력의 수많은 사람을 만나야 하는 사람이다.

이번의 인사공고가 어떤 사람을 원한 것인지를 파악하고 그에 맞춰진 사람, 준비된 사람이라는 점을 피력해야 한다.

취업준비생이 착각하기 쉬운 부분은 사회와 동아리를 착각하는 점이다.

'성실하고 열정 있으며 귀사에 애정이 있는' 착한 사람이냐가 중요한 게 아니다. '상품이 좋으냐, 나쁘냐'의 문제가 아니라 '이익이냐, 손해냐'라는 것이다.

면접은 당신이라는 상품을 회사에게 '이 사람을 사신다면 틀림없이 이익을 얻게 될 것입니다'라고 설득하여 팔아넘기는 행위이다.

그렇다고 사회생활 20~30년차 앞에서 미사여구로 자신을 포장한다고 그들이 덥석 사 주겠는가?

'나라면 어떤 사람을 뽑겠는가' 라는 시각으로 답변을 준비해야 한다.

면접관은 당신이 어떤 식으로 살아왔는지를 듣고 어떤 사람인지를 파악해 구매여부를 결정할 준비를 하고 당신 앞에 서 있다.

이제 당신만의 매력을 보여 주기만 하면 된다!

면접관이 이렇게 질문했다.

"신입사원으로서 예상되는 어려움은 어떤 것들이라고 생각하십니까? 어떻게 풀어 나갈지 지원자 본인의 경험을 통해 설명해 주시겠습니까?"

이런 질문의 포인트는 모든 조직 구성원들이 겪는 문제에 대해 준비되어 있는지, 그리고 중요한 인적자원의 상호작용과 조직 내 역학관계를 이해하고 있는지 여부를 묻는 것이다.

이럴 때 좋지 않은 답변은 이런 것이다.

"저는 인간관계가 좋습니다. 일단 여러 사람과 친하게 지내도록 노력하겠습니다. 회식자리는 빠짐없이 참석하고 필요하다면 토요일, 일요일 가리지 않고 열심히 회사에 나와서 일하겠습니다. 그래서 유능한 신입사원이란 말을 듣도록 하겠습니다"

흔히 듣는 답변 유형인데 말하는 사람은 자신이 면접관의 마음에 들도록 답변했다고 뿌듯해하는 게 느껴진다.

이럴 때 성공적인 답변은 이런 것이다. 위의 답변과 어떤 점에서 차이가 나는지 비교해 보자.

"저는 신입사원으로서 열린 귀와 마음, 그리고 준비된 자세를 갖고 생활하겠습니다. 선배님들 및 여러 상사 분들의 말씀에 귀 기울이고 그분들과 함께 우리 회사가 갖고 있는 시장과 고객에 대한 강점을 최대한 살려서 업무내용, 조직제도, 고객만족 등과 관련된 도전 과제들을 지혜롭게, 효과적으로 풀어 나가도록 노력하겠습니다. 특히 제가 자부하는 친화력과 정리 능력을 통해 다양한 부서 내외의 정보에 대한 관리와 의사소통의 핵심인 회의 문화를 개선하기 위해 노력하면서 여러 갈등적 요인들을 배우는 자세로 처리해 나가도록 하겠습니다"

업무스타일을 묻는 질문에 대한 답변을 한번 보자.

"네, 저는 저의 최대 장점이 사람을 좋아하고 사람들이 저를 좋아하는 점이라고 생각합니다. 여럿이 함께 일하는 것을 좋아합니다. 그래서 점심도 항상 같이 먹고 토요일, 일요일도 되도록 많은 시간을 사람들과 보냅니다"

이런 답변이 바로 실패 답변이다. 자신만의 관점에 젖어 면접관이 묻는 것을 간과하고 있다. 전문적인 기술, 협상, 발표, 기획 등의 내용 없이 인성적인 측면만 강조한 것이다. 시도 때도 없이 인간성 좋다고 자랑하는 사람치고 인간성 좋은 사람 별로 없다. 면접에서는 추상적이고 뭉뚱그리는 단어는 최대한 배제해야 한다.

"저는 전공이 역사학이다 보니 모든 일을 맥락의 관점에서 보기를 좋아합니다. 그래서 어떤 일을 하는 경우 필요한 이유와 결과를 제 자신과 제가 속한 팀원에게 명확히 하는 목표관리를 중요시하고 커뮤니케이션과 협상 그리고 문제를 보는 전체적인 관점 이 세 가지가 일에 있어서 저의 키포인트라고 할 수 있습니다. 아울러 사람들과 좋은 관계를 유지하면서 책임감이 높은 팀원으로 인정받고자 노력했습니다"

chapter 6.

면접에 임하는 최소한의 예의

최초 5분이 인상을 결정

지원회사 정보숙지는 기본

대졸 신입사원 교육·훈련기간 추이가 2005년 20.3개월에서 2008년 19.5개월, 2013년 18.3개월로 산출되었으며 교육·훈련비용 추이로는 2005년 6,218.4만 원, 2008년 6,088.4만 원, 2013년 5,959.6만 원으로 소요 되었다고 밝혔다(한국경영자총협회, 2013년 기준). 비용이 줄어들고 있는 것처럼 보이는 이유는 실제로 신입직원의 퇴사 비율이 높아짐에 따라 해당 산업과 기업, 직무에 대한 관심과 기둥을 오랫동안 세워 온 사람을 우선적으로 채용하기 때문이다(취업멘토 폴라리스칼럼, 2018.12.10.). 실제 L 기업의 유화 계열은 신입사원 육성에 1년에 1억에서 1.2억을 투자하며 신입사원이 즉각적으로 실무에서 역량 발휘가 어려우므로, 실무로 뛰어드는 기간까지가 최소 2년으로 그 이전은 실질적으로 교육과 육성을 위한 기간이라고 말한다. 따라서 기업의 입장에서는 1~2년 내에 퇴사한다면 큰 손실을 보게 되는 것이다.

이처럼 인재 한 명을 키우기 위해 막대한 돈과 시간이 소모되는 만큼 기업들은 지원자 못지않게 면접에 열과 성을 기울인다. 지원자로서도 그에 걸맞는 최소한의 예의를 갖추어야 할 것이다.

면접관과 마주하기 전에 기본적으로 준비해야 하는 것은 해당회사에 대한 기본정보의 숙지, 자기소개, 지원이유 등에 대한 정리일 것이다. 그리고 옷차림과 기타 예절에 대한 점검이다.

미리 얻어야 할 가장 중요한 정보는 해당 산업과 회사, 그리고 지원하고자 하는 업무에 관한 것이다.

결국 면접관이 찾고자 하는 사람은 해당 업무를 잘 수행할 사람이기 때문이며, 덧붙여 면접관에 대한 정보도 얻을 수 있다면 더할 나위 없다.

첫째, 면접 전에 채용공고에 있는 직무내용을 잘 검토해 봐야 한다. 보통은 채용공고를 통해 직무에 대한 간단한 설명을 볼 수 있다. 또 인사부서에 전화해서 직무에 관해 자세히 물어보거나 회사 홈페이지를 체크해야 한다.

해당 구인의뢰가 기밀사항이 아니라면 지원하고자 하는 업무에 대한 여러 가지 배경을 알아보기 위해 그 회사에서 일하고 있는 지인과 연락할 수도 있고 동종 업계의 다른 회사에서 일하는 친구나 동문들과 연락해 도움을 받을 수도 있다. 최대한 정보를 수집해 남들보다 조금이라도 더 업무내용을 이해하고 있다면 합격에 더 다가갈 수 있다.

해당 직무가 새로운 것인지 아니면 기존 사람을 대체하는 것인지에 따라 면접 준비도 달라야 한다. 새로운 것이라면 새로운 프로세스를 만들거나 새로운 팀을 조직하는 것, 새로운 고객을 찾아내는 것 등의 일로써 창의성을 강조해야 할 것이고 기존의 사람을 대체하는 것이라면 해당부서의 고질적인 문제를 해결하거나 회사의 분위기를 바꾸는 것일 테니 그 일의 적임자임을 드러내야 하는 것이다.

면접을 치르는 회사의 사훈, 경영목표, 매출규모, 경쟁업체, 제품의 장·단점 등은 기본 숙지 사항이다.

미국의 헤드헌터 회사인 베르케머 클레이튼사의 CEO 프레드 클레이튼은 "면접관이 채용하려고 하는 업무와 관련된 역할과 책임에 대해 좀 더 자세히 이야기해 달라고 질문하라. 이 질문은 당신, 즉 지원자로 하여금 채용하고자 하는 업무와 관련하여 어떤 점을 이야기해야 하는지, 그리고 당신의 관련 경험과 능력을 어떻게 적절히 전달할 수 있는지를 생각할 기회를 줄 것이다. 또한 이러한 접근법은 해당 직무에 대한 깊은 이해 없이 바로 당신의 배경이나 성과에 대해 이야기하면서 인터뷰를 시작하는 것보다 훨씬 더 나은 결과를 이끌 수 있다"고 충고했다.

2014년 10월 10일 자 중앙일보에는 면접관들이 지원자들의 첫인상을 보고 호감도를 결정하는 시간은 '5분'이라는 기사가 났다. 인크루트의 서미영 상무는 "첫인상에 따라 첫 질문이 달라지고, 첫 질문에 따라 두 번째 질문이 결정된다"며 "지원자의 인상이 면접관의 어조와 태도를 좌우한다"고 강조했다.

첫 5분을 좋은 인상으로 채우기 위해서는 의상, 구두 등 외모에 신경 쓰는 것은 기본, 자신이 말하는 톤, 언어구사습관, 들어오고 나갈 때의 방식 등을 점검해 보아야 한다.

남과 다르게 보이는 것이 나쁘지는 않지만 너무 튀는 것은 역효과를 가져온다. 회사에 익숙해지고 나서는 어느 정도 자신의 개성을 표현하는 것이 나쁘지 않지만 면접이라면 그 회사의 직원들과 비슷한 스타일의 옷을 입는 것이 좋다. 면접 전에 지원하는 회사에 가서 회사의 분위기를 파악하면 의상을 결정하는 데 도움이 된다.

흰색 셔츠나 블라우스는 결백함과 믿음을 나타내는 것으로 옅은 파란색과 크림색도 괜찮다. 서양에서는 반팔셔츠를 입는 것이 격식을 차리지 못한 옷차림으로 받아들여지므로 면접관이 외국인인 경우에는 주의해야 한다.

남자들이 흔히 저지르는 실수가 양말 색이다. 참고로, 양말 색깔을 바지에 맞추는 건 미국식이고 구두에 맞추는 건 영국식이다. 절대 흰 양말은 안 된다. 면접장에 들어가기 전에 어깨를 살펴보고 비듬이 떨어져 있지 않은지 확인한다.

유행에 지나치게 민감한 옷차림은 당신을 남의 시선을 지나치게 의식하는 의존적인 사람으로 인식되게 할 수 있다. 클래식하고 간결한 옷차림은 신뢰성을 부각시킬 뿐 아니라 유행과 상관없이 입을 수 있으니 경제적이기도 하다.

복장은 몇 번 입어 자기에게 편안하게 느껴져야 한다. 긴장하기 마련인 자리에서 옷차림까지 불편하면 그 기색이 드러나게 된다. 무엇보다 옷차림은 당신이 원하는 직책, 그리고 일에 대한 확실성, 자신감, 전문성의 상징이 되어야 함을 명심해야 한다.

이왕이면 그냥 퇴장하는 것보다는 '기회를 주셔서 감사하다'는 말 한마디를 남기고 가볍게 인사를 하고 나가는 것이 좋다.

자신의 언어습관도 점검해 보자.

- 사투리를 쓰지는 않는지, 억양의 높낮이가 어색하지는 않는지
- 남녀차별이나 지역감정 등이 드러나는 표현을 쓰지는 않는지
- 어, 저, 글쎄요, 그러니까 등의 상투어를 자주 쓰지는 않는지
- 너무 빠르거나 느리지 않는지
- 숨을 헐떡이거나 입냄새를 풍기는 건 아닌지
- 말하다가 머리를 넘긴다거나 코를 만지는 등의 습관은 없는지
- 적절한 경어를 사용하는지

생각보다 상투어를 남발하는 경우가 많다. "있잖아요"로 말을 시작하는 버릇이 있는 사람은 답변 중에도 "있잖아요"를 하기 쉽다. 또 면접자리는 긴장하는 자리인 만큼 지나친 경어를 사용하기 쉽다. 시간, 장소, 사람 등에 따라 달라지는 경어를 익혀 적절히 사용하면 차분한 인상과 함께 예의 바른 사람이라는 인상을 줄 수 있다.

너무 빠르게, 너무 많이 말하지 않는 것이 좋고 은어, 지나치게 어려운 용어는 피해야 한다. 질문이 끝나면 곧바로 대답하지 말고 2, 3초 생각한 뒤 답변하는 것이 좋다.

또 하나, 지원자가 익혀야 하는 언어습관은 결론부터 말하는 것이다. 비즈니스 현장에서는 결론부터 보고하는 습관을 들이지 않으면 적응하기 어렵다. 서두를 장황하게 늘어놓는다거나 기승전결에 따라 이야기하다 보면 면접관의 이마가 찌푸려지는 것을 보게 될 것이다. 지원자 여러 명이 함께 앉아 면접을 보는 경우라면 상체를 약간 앞으로 내밀어 적극성을 담아 질문을 유도하는 것도 포인트.

자신감이 있으면서도 겸손과 품위가 느껴지는 답변 자세를 유지해야 한다. 두 손을 무릎에 올린 경직된 자세보다는 자연스러운 모습을 보여야 하는데 캠코더 등을 이용해 연습해 볼 것을 권한다. 밝은 인상과 깨끗한 용모, 자연스러운 미소와 활기찬 분위기가 좋은 첫인상을 만들고 내적인 성품도 좋다고 느껴지게 만든다.

시선은 상대방의 이마에서 어깨 사이에 두는 것이 좋다. 간간이 눈을 쳐다보면서 이마와 어깨 사이에 시선을 두는 것이 가장 안정적인 인상을 준다.

chapter **7.**

인사담당자들이 충고하는 취업전략

한곳을 목표로 정해 돌진

맞춤인재 인식돼 성과 커

인사담당자는 좋은 인재를 확보하기 위해 존재하는 만큼 그들은 취업 희망자들의 다양한 문의나 자기 홍보에 의외로 관대하다. 예의를 갖추고 업무에 방해를 주지 않는 범위 안에서라면 구직자들이 이메일이나 전화로 진지하게 문의하는 것이나 개인 포트폴리오를 제출하는 등의 행위는 튀는 행위가 아니라 자신의 일생을 바꾸는 기회가 될 수도 있다. 영어점수나 자격증 등 회사가 요구하는 조건은 기준만 넘으면 면접 등에서 동일하게 고려되므로, 조건을 충족시킨 뒤에는 잊어버리는 것이 현명하다고 인사담당자들은 조언한다.

이○○ 씨는 취업 시장에서 외면하는 지방대를 나왔고 학점은 3.0을 간신히 넘겼으며 토익은 800점에 못 미쳤다. 자격증도 전무했다. 그가 취업을 준비하며 낸 이력서만 200개가 넘는다. 그러나 그는 해외유학파를 포함한 고스펙의 지원자들을 제치고 대기업에 합격할 수 있었다. 어학실력보다는 유연한 사고, 올바른 판단력을 갖춘 인재를 원하는 회사의 채용기준에 부합한 까닭이다. 대우로지스틱스에 지원하면서 그는 이력서, 자기소개서에 보고서 하나를 첨부했다. 회사에 대한 각종 정보를 정리하고 향후 전망과 나아갈 방향에 대해 서술한 보고서였다. 회사에 대한 남다른 관심과 업무에 대한 적극성에 면접관들은 그에게 가산점을 주었고, 그는 기적 같은 합격의 기쁨을 맛보게 되었다.

묻지마 지원으로 50군데에 원서를 넣었다는 취업희망자의 이야기도 심심찮게 들려온다. 하지만 인사담당자들은 한 회사를 '찍어 놓고' 그 회사와 담당하고 싶은 업무에 대해 전문지식을 섭렵해 나가는 것이 의외로 효율적이라고 말한다. 그것이 당장 그 회사의 취업으로 이어지지 않더라도 한 분야에 천착하고 관심을 갖는 것은 다른 회사의 취업을 위해서도 큰 도움이 된다는 것이다. 취직 후에도 그러한 관심을 계속해서 이어가면 원래 목표로 하던 회사에 취직할 가능성도 높다.

오○○ 씨는 취업을 준비하면서 '소니마니아'가 되어 버렸다. 그는 브랜드에 대한 신문기사를 스크랩하면서 제품과 마케팅 동향을 지속적으로 파악했고 그 결과 소니직원보다 더 많은 지식을 쌓게 된 것이다. 뿐만 아니다. 평소 애프터서비스센터를 이용하면서 느낀 경험을 바탕으로 소니코리아 논문 공모전에서 최우수상을 받았다. 그는 이렇게 치밀한 계획과 실행을 통해 소니코리아에 입사했다. 그의 이러한 철저한 준비성은 결국 면접관들을 감동시켰고 취업문은 그를 향해 열렸다. 당시 소니코리아 공개채용 경쟁률은 350대 1이었다.

정○○ 씨는 졸업을 앞두고 처음으로 입사원서를 낸 국민은행에 다이렉트로

합격했다. 전공이 상경계열도 아니었고 학점은 겨우 3.0을 넘었으며 토익점수는 600점대. 그러나 그의 무기는 따로 있었다. 정○○ 씨는 학생 때 일찌감치 국민은행 입사를 목표로 삼았다. 은행 관련 신문기사는 모두 스크랩하고 대학순회 채용설명회에도 여러 차례 참석했다. 심지어 다른 학교에서 열린 행사에도 참여해 실무자들이 그의 얼굴을 익힐 정도였다. 그렇게 그는 회사가 원하는 인재상을 마스터해나갔다. 그의 자기소개서를 본 인사담당자들은 당연히 '우리 회사를 위해 준비된 인재'라는 느낌을 받았고, 그는 취업전쟁에서 승리를 거둘 수 있었다.

가중되는 취업난으로 점점 더 준비된 구직자들이 기업으로 몰리는 요즘, 인사담당자들은 취업정보업체 등을 통해 얻은 도움이 오히려 해가 되는 경우가 있다고 전한다. 답하기 까다롭거나 정치적인 질문을 던지면 어디서 듣고 왔는지 다들 똑같이 재치 있는 대답을 늘어놓고, 하나같이 똑같은 손짓에 상대방 눈을 뚫어지게 쳐다보며 토론에 임하는 것이 요즘의 면접현장 모습이다.

이력서도 마찬가지다. 세련되기는 하지만 모두 취업정보업체에서 얻은 통일된 형식이다. 이런 상황에서 남들과 다른 창의력을 발휘하거나 약간의 파격을 가미한 이력서와 면접답변은 수백 대 일의 경쟁률에서 자신을 더 빛나게 해줄 수 있다고 인사담당자들은 조언한다.

박○○ 씨는 자기소개서와 꼼꼼한 면접전략으로 취업에 성공했다. 그의 자기소개서는 독특했다. 기본형식을 벗어나 새로운 편집으로 면접관들의 시선을 끈 것. 그는 자기소개서의 단락을 나눠 '수학도가 정보보호 전문가가 되기까지'라는 제목으로 시작, 전공을 바꿔 진학한 이유를 밝혔다. 또한 '도전하지 않는 자는 미래가 없다'는 제목으로 도전적 삶의 태도를 부각시켰다. 면접을 준비하는 태도도 남달랐다. 자신만의 면접 노하우인 '단어연상법'을 개발, 공통적인 질문인 자기소개 부분에서 제한시간에 당황하는 일 없이 자신이 기억해 둔 단어들만으로 유창하게 자신을 표현할 수 있도록 준비했고 자신이 준비한 모든 것을 보여주는 면접을 치를 수 있다. 그는 LG기공에 입사했다.

chapter **8.**

남들과 차별화할 수 있는 '무엇'을 준비하라

남과 다른 강점 찾고

매력적인 포장을 하라

사람 다 비슷비슷하다. 나이와 경력이 비슷해 면접시험장에 서면 대개 비슷비슷한 답변을 하기 마련이다. 비슷한 조건에서 비슷한 교육을 받고 비슷한 상황에 비슷한 방식으로 대응하도록 교육 받아 왔으니까 당연히 비슷할 수밖에 없다. 사람들은 면접에서 다른 경쟁자들이 어떤 대답을 하는지, 들을 수 있는 기회가 거의 없다. 그러므로 자신의 대답은 아주 독특하다는 착각에 빠지곤 한다.

그러나 면접관은 귀에 딱지가 앉을 정도로 판에 박힌 대답을 듣고 있다.

취직시장이 좁아지고 사람을 구하는 곳이 적어지면 개성적인 사람보다 무난한 사람을 요구하지 않을까?

그렇지 않다.

예전처럼 많은 인원을 채용할 수 없는 기업들은 양보다 질을 추구하여, 소수정예를 뽑고 싶어 한다. 따라서 모범답안으로 대답하는 무난한 지원자는 묻혀 버린다. 또 경쟁률이 워낙 높다 보니 하루에 많은 수를 면접하는 경우가 많다. 그렇게 되면 무난한 대답을 한 지원자는 기억도 나지 않고 거명조차 되지 않는다.

사람들은 흔히 '나는 좋은 상품이니까 얼마든지 취직할 수 있을 것'이라고 생각한다. 좋은 상품이라도 전달을 잘못했기 때문에 소비자의 손에 닿지 않고 사라지는 상품들이 얼마나 많은가?

20여 년 이상을 살아온 당신은 충분히 매력적인 존재다. 그러나 면접에서는 당신이 가지고 있는 매력의 10%도 전달하지 못한다. 면접에는 행운도, 우연도 작동하지 않는다. 면접은 오로지 자신을 보여 주는 프레젠테이션일 뿐이다.

면접이라는 상황은 어차피 비슷한 사람들이 치열한 경쟁을 벌이는 곳이다. 이 경쟁을 돌파하려면 어떻게 해야 할까?

자신에 대해 성찰하고, 남들과 다른 강점을 찾아내야 한다.

만일 한 가지도 찾을 수 없다면 하나의 강점을 만들겠다고 생각해야 한다.

그것은 실제의 것이기도 하고 이미지이기도 하다. 머릿속에 그려진 이미지는 실제의 나를 이끌어 가기도 한다.

강점이 여러 가지라면 그런 경우에는 그중 좋아 보이는 것 딱 하나로 승부를 걸어야 한다. 주저리주저리 늘어놓는 것은 피해야 한다.

아마 경쟁에 참여하는 다른 사람들도 비슷한 강점을 가지고 있거나 찾고 있을 것이다. 따라서 강점을 찾아내는 것에서 멈춰 버리면 안 된다. 자신의 강점을 효과적으로 표현하는 방법을 찾고 검토해야 한다.

뭔가 달라 보이는 나의 이미지를 만들어 내려면 무엇을 해야 할까?

그것은 치밀한 분석에서 시작된다.

첫째, 나와 내가 처한 상황을 분석한다.

나의 강점은 무엇인가? 나의 약점은 무엇인가? 바깥 상황이 내게 기회로 작용할 만한 것에는 무엇이 있을까? 내게 위협적인 요소는 무엇인가?

둘째, 이슈를 정하고 이를 한 문장으로 표현한다.

셋째, 한 문장으로 표현한 이슈를 가장 효과적으로 표현할 수 있는 방법을 찾는다.

신문이나 잡지 기사의 형식, 광고카피의 전개 등 다양한 매체를 분석해 보고 가장 효과적이라고 생각되는 형식을 빌려 면접관에게 임팩트 있게 내용을 전달할 수 있도록 고민해 본다.

신선해 씨는 이력서에다 '과외를 한 45명 학생 중 37명이 성적 10등 이상 급등!'이라고 쓰고 빨간 밑줄을 그어 놓았다. 당연히 면접관이 이에 대해 질문을 하게 되어 있다.

"당신이 무슨 족집게 과외교사야?"

"이를 테면 그렇습니다. 과외는 속성상 두 가지 타깃을 동시에 만족시켜야 하는 일입니다. 부모와 학생, 서로 상반된 욕구를 가지고 있는 두 타깃입니다. 성적이 오르는 것은 단기간에 되지 않습니다. 습관을 바꾸는 작업이기 때문입니다. 우선 부모와 학생 모두의 신뢰를 얻어야 가능합니다. 부모에게서 신뢰를 얻으려면 성적 이전에 성실성과 애정을 보이는 것입니다. 처음 과외를 시작할 때는 매일 단 20분이라도 시간을 내어 학생의 집에 들렀습니다. 그리고 부모와 상담하는 시간을 가졌습니다"

"오호, 그래서?"

"학생과는 가장 큰 관심사를 공유하는 시간을 자주 가졌습니다. 아이가 좋아하는 가수에 같이 호감을 가지고 음악을 같이 듣기도 하고 각종 기사들을 스크랩해서 주고 게임도 하면서 친해지는 데 역점을 두었습니다"

"애들이 좋아했겠구먼"

"예, 이렇게 부모와 학생 모두의 신뢰를 얻는 게 중요합니다. 그러면 1년이라는 시간을 버는 것입니다. 이렇게 제가 가르치는 학생에 대한 애정이 바탕이 돼서 학습효과가 올라가고 자연스럽게 학생의 성적은 올라갔습니다. 그것이 제 비결이었다면 비결이었고, 만족한 학부모들의 소개로 제 주변엔 우리 아이도 가르쳐 달라는 아우성이 그치지 않았습니다"

"이 친구, 우리 애도 가르쳐 주면 좋겠구먼!"

과외 경험은 누구나 가지고 있다. 물론 없는 사람도 있다. 그러나 경험 그 자체는 별로 힘이 없다. 그 경험이 당신에게 가르쳐 준 것은 무엇이고, 그것이 당신이 앞으로 원하는 회사에 들어가서 어떤 식으로 힘을 발휘하게 될지 생각해 보고 면접에 포커스를 그에 맞추어야 한다.

자신의 독특함을 드러낼 때 포커스를 맞추어야 하는 부분을 점검해 보자. 다음과 같이 답변할 수 있다면 면접관에게 준비된 희귀자원, 꼭 확보해야 할 희귀자원으로 인식시킬 수 있다.

첫째, '모로 가도 서울만 가면 된다'는 식의 무책임한 태도가 아니라, 언제나 결과를 중심에 놓는 사람임을 확실히 각인시키자.

"저는 제가 추구하는 학업성적과 구체적인 결과를 늘 머릿속에 명확히 그리며 학교생활을 했습니다. 특히 연간 목표나 분기, 또는 반기 목표에 대한 정확한 성과관리 같은 개인평가를 하는 것을 좋아합니다"

둘째, 미래에 대해 계획을 세우고 있는 사람임을 보여 주자.

"저는 미래가 계획하는 사람의 것임을 경험으로 깨달을 수 있었습니다. 제가 몸담았던 동아리에 '일단 해 보다가 안 되면 고치자'는 사고방식을 가진 친구가 있었는데 그런 태도야 말로 가장 현명치 못한 추진방법이라고 생각합니다"

셋째, 현상만 보는 사람, 근원만 따지는 사람이 아닌, 현상과 근원을 두루 살필 줄 아는 통찰력의 소유자라는 인식을 주자.

"저는 드러난 현상 이면에 어떤 원인이 잠재되어 있을까를 생각하는 습관이 있습니다. 이를 갤럽연구소가 분석한 장점 유형에서는 연결성 또는 맥락 테마에 강한 사람이라고 부릅니다. 또한 저는 프로젝트를 수행할 때 팀원 중에서 전체적인 시각이 다소 미흡한 사람이 있을 경우 큰 그림을 보도록 도와주는 역할을 했었습니다"

넷째, 고객에 대한 최고의 정신이야말로 모든 기업에서 가장 중요한 생명선임을 이해하고 있다는 것을 보여 줘야 한다. 왜냐하면 지금까지 고객을 한 번도 상대해 보지 않은 지원자를 채용해서 고객서비스를 맡겨야 하기 때문이다.

"저에게는 제 가족과 학교 친구들 및 교무관계자들, 제가 몸담은 동아리의 구성원들이 모두 저의 고객이 되어 왔었고 그들의 평가를 경청하려는 태도를 잃지 않았습니다"

다섯째, 단 한 번에 데이터나 재무제표를 분석하는 것은 초급자에게 어려운 스킬이지만 우수한 경쟁력을 드러낼 수 있는 좋은 아이템이기도 하다.

"저는 통계분석에 강합니다. 그리고 재무 분석을 아주 재미있어 합니다. 또한 그 사이에 있는 여러 요소들의 분석을 즐겁게 하는 편입니다"

여섯째, 과거 그 회사의 장단점 사례를 정보로 챙겨 두면 인터뷰 상황과 특정 질문 이해에 큰 도움이 되며, 동업계의 흐름은 주요한 모멘텀을 제시하는 블루오션이 된다.

"지난주 ○○물산의 미국현물 시장 딜은 업계에 좋은 경생사례라고 생각되며, 배울 점이 많다고 봅니다"

일곱째, 비용절감이나 생산성 극대화가 몸에 배어 있는 신입사원은 찾기 힘들다. 왜냐하면 아직 기업에 뛰어들 자세가 되어 있지 않기 때문이다. 이럴 때 경쟁력을 찾을 수 있어야 한다.

"저는 좋은 제품은 비용을 많이 들여야만 만들 수 있다는 생각에 동의하지 않습니다. 제가 입사하게 된다면 효과적인 비용분석방법을 찾아내고, 기업에 불필요한 요소를 사람, 자원, 프로세스 등의 관점에서 재해석하는 안목을 제공하고 싶습니다. 그것이 바로 돈을 들이지 않고 돈 버는 운영 리스크 관리라고 생각합니다”

chapter **9.**

약점을 강점으로 바꾸는 전략

단점을 인정하되 보완 장점 제시

당황하거나 주눅 들어선 곤란하다

구직자들이 면접에서 가장 두려워하는 질문 중 하나는 명백한 약점에 대한 질문일 것이다.

명백한 약점이라면 낮은 평균학점이나 토익과 같은 일반적인 시험에서의 나쁜 성적, 성적증명서에 나타난 두드러지게 낮은 학점 등이 그 예가 될 수 있다.

면접에서 명백하게 좋지 않은 것으로 보이는 약점에 대한 이야기가 나오면 능숙하게 대처해야 한다.

첫째, 그런 질문을 받았을 때 절대로 당황하거나 방어적인 태도를 보여선 안 된다. 대신 당신이 약점에 대해 확실히 인지하고 있다는 인상을 주어야 한다. 만약 방어적인 태도를 취하게 되면 면접관들은 당신이 주위의 비판에 잘 대처하지 못하는 융통성 없고 고지식한 사람으로 생각할 수도 있고 실수를 저질렀을 때 그것을 잘 극복하지 못한다고 여길 수도 있다. 이러한 인상은 치명적인 결과를 초래할 수도 있다.

둘째, 명백한 약점에 대해 부끄러워하거나 미안해할 필요는 없다. 일반적으로 부끄러워하거나 미안해하는 것은 자신에 대한 자신감이 낮은 것으로 생각하기 쉽다. 당신의 대답은 너무 방어적이지도, 부끄럽지도 않은 양극단의 중간 정도의 태도를 가지는 것이 이상적이다. 이러한 대답을 통해 당신은 스스로의 약점을 확실하게 인지하고 있음을 보여 주어야 하며 더 나아가 그 약점을 어떻게 극복했는지를 보여 줄 수 있는 대화로 인터뷰를 이끌어야 한다.

명백한 약점에 대한 마지막 요령은 말하는 톤에 주의하면서 약점을 간략하게 언급하고, 얼마나 빠르게 그 약점을 극복했는지, 그 약점을 개선하기 위해 어떤 노력을 했는지에 대해 구체적인 경험을 중점적으로 이야기하는 것이다. 실제로 우리는 도전적인 상황이나 환경을 자주 경험한다. 인터뷰도 그러한 경험과 결코 다르지 않다.

만약 당신이 당신의 약점을 확실하게 인지하고 있고 그 약점을 극복하기 위해 얼마나 노력했는지를 명확하게 보여 준다면 대부분의 면접관들은 긍정적으로 받아들일 것이다.

우리는 모두 좋은 학점을 받기 위해 열심히 노력한다. 하지만 어떤 사람들은 다른 사람들보다 몇몇 특정한 분야에서 좋은 학점을 받는 경우가 많다. 만약 평균적으로 낮은 학점을 받았는데 그것이 몇몇 과목의 점수가 크게 낮아 전체 학점을 떨어뜨린 것이라면 인터뷰에서 극복해야 할 난관은 비교적 쉬운 편이다. 낮은 학점을 받은 과목들은 공통된 특징을 가지는 과목들인 경우가 많기 때문이다.

특정분야에서만 낮은 학점을 받았다면 그 과목과 관련되지 않은 일에 지원하면 강력한 후보자가 되는 데 어려움이 없을 것이다. 지원하고

자 하는 일과 관련된 과목에서 받은 학점이나 점수가 얼마나 뛰어난지 보여 주는 것은 좋은 전략이 될 수 있다.

마찬가지로 낮은 학점이 특별한 시기에 집중되어 있다면 그것도 설명하기 어렵지 않을 것이다. 이런 경우에는 특정한 사건 때문에 학점이 문제가 있었다는 것과 시간이 갈수록 학점이 개선되어 갔다는 것을 강조하면 된다. 면접관의 "우리는 당신의 낮은 학점이 낮은 집중력이나 근면성의 부족을 말하고 있는 것은 아닌지 우려하고 있습니다"라는 질문에 답하는 내용을 연습해 두자.

"그렇습니다. 저의 대학생활에서 1, 2학년의 학점은 좋지 못했습니다. 그때 저는 새로운 대학생활에 적응하려고 노력하고 있었고, 아르바이트와 학업 간에서 균형을 잡느라 매우 힘들었던 시기였습니다. 그러나 그 균형점을 찾으려는 노력을 포기하지는 않았습니다. 저는 어떻게 해서든 그것들을 잘 조절하여 둘 다 잘 해내려고 노력했고 그 과정을 통해 가장 큰 자산인 시간 관리 능력을 개발할 수 있었습니다. 시간을 적절히 사용하면서 단위시간에 대한 집중력을 높이려고 노력했고 그 결과 저의 학점은 급격하게 상승했습니다. 마지막 2년 동안 세가 수강한 고급과정에서 평균 B+학점을 받은 것을 보시면 아실 수 있을 것입니다. 또한 저는 학생회에 적극적으로 참여함으로써 저를 차별화하고자 했습니다. 학교 동료들은 저를 학생회장으로 선출했고 그것은 제게 커다란 영광이었습니다. 저는 여러분께서 제 학점이 마지막 2년 동안 얼마나 향상되었는지를 보아 주시기 바랍니다. 이러한 과정은 제가 어떤 문제나 난관에 부딪쳤을 때 어떻게 도전하여 극복하는지를 보여 주는 좋은 증거라고 생각합니다. 또 대학생활에서의 마지막 두 해 동안 거둔 성과는 앞으로의 성공에 대한 정확한 척도가 되어 줄 것이라고 확신합니다"

면접관들은 학점이 높은 사람이 곧 업무성과도 높을 것이라거나 창의적이라고 믿지 않는다. 따라서 이러한 점을 공략하는 기술이 필요하다.

"혹시 제 지원서에 나타난 학점의 수준이 다른 지원자에 비해 낮다고 느끼신다면, 저는 그 지원자들의 학문적 성취보다 저의 전체 학업과정에서 드러난 성취의 양적 · 질적 총량을 비교해 보고 싶습니다. 이론적 학습능력과 더불어 각종 연구자료, 필드 트립, 논문조사 등의 성과 면에서 학문의 계량적 수치로는 보이지 않는 창의성을 발휘했고 그 밖에도 교환학생 시절의 다양한 활동, 연구 프로젝트의 결실과 수상경력 등 대학 4년 동안 전체적인 활동을 통해 가능성을 보여주었다고 생각하며 이를 바탕으로 승부하고자 합니다"

대부분의 인터뷰는 학점, 동아리활동, 영어, 전문자격증, 봉사활동, 전문지식, 전공, 이직 등 8가지 주요평가척도를 중심으로 이루어진다. 그 각각에 대해 약점인 부분이 있다면 그에 대한 답변을 준비해 두는 것이 좋다.

"저의 영어 실력은 뛰어나지 않습니다. 토익도 780점으로 그리 높은 편이 아닙니다. 그러나 저는 진정한 외국어구사란 가슴을 열고 그 문화와 언어에 담겨있는 새로운 사고방식과 관점을 수용하는 것이라는 생각을 가지고 있습니다. 따라서 외국인을 만나면 제 생각의 90%이상은 정확히 표현할 수 있고 이를 통해 제가 맡을 업무 중 외국어로 수행해야 하는 경우에는 완벽한 외국어를 구사하되, 진실성과 성실성이 부족한 피상적 언어구사가 아닌 진정으로 고객의 파트너가 되고자 하는 성실한 모습으로 최선의 성과를 내도록 노력하겠습니다"

전공과 지원 회사의 업종 또는 업무 사이에 연관성이 없는 경우에도 지레 주눅이 들 필요는 없다. 지원자의 경험 중 최대한 직무 연관성이 높은 사례와 성취경험 등을 통해 업무수행 능력을 증명하려고 노력하는 모습을 보이는 것이 중요하다.

"저는 경영학이 아닌 역사학을 전공했습니다. 그래서 기획실 지원이 다소 무리라고 생각될 수도 있습니다만 대학 4년의 과정을 통해 여러 사회 현상과 경제활동의 양상에 대해 신문, 전문 잡지, 각종 매체, 그리고 중요한 경제와 경영 채널을 통해 전공자 못지않게 연구하고 리서치를 해 왔으므로 업무수행 능력에는 전혀 문제가 없을 것으로 확신하고 있습니다. 본질적으로 중요한 경영원리와 시장, 그리고 고객에 대한 상품서비스의 다양성에 대해 이해하고 실제 업무에 적용하는 것이 전공을 무엇을 했느냐보다 더욱 중요하다고 생각됩니다"

면접장은 재판정이 아니다. 단점과 관련된 답변에서는 자연스럽게 그 배경을 통해 알기 쉽게 설명하되 보완되는 장점이 있음을 꼭 덧붙여라.

chapter **10.**

거짓말도 필요에 따라선 할 수 있다?

거짓말 하기보다 단점에서 얻은 교훈

대가를 치르고 얻은 성과를 주장해야

온라인 취업포털 업체인 인크루트(www.incruit.com)가 2017년 10월 인사담당자 225명을 대상으로 설문조사를 실시한 결과, 66%가 "취업·채용 과정에서 구직자에게 거짓말해 본 경험이 있다"고 답했다. 대체적으로 회사가 잘 크고 있다는 류의 '기업 미래나 비전(18%)', 함께 일할 수 있으면 좋겠다는 류의 '지원자 희망고문(17%)', 그리고 '기업문화의 과장 혹은 왜곡(16%)' 등으로 각각의 수치를 보였다.

이와 대비되는 신입직 구직자 714명을 상대로 '취업을 위해 해 본 거짓말'에 관해 설문한 결과, 구직자 63%의 응답자가 '취업을 위해 거짓말을 해 봤다'고 답했고, 이는 '야근은 물론, 주말근무도 상관없다(17%)'는 거짓말을 가장 많이 한 것으로 나타났고, '연봉은 중요하지 않다(16%)', '제 꿈을 펼칠 최적의 기업이다' 및 '회사의 비전과 본인의 가치관이 일치한다(14%) 등의 과장된 답변을 한 경험이 있다고 답했다.

[인사담당자 조언] 조건영 현대캐피탈 HR팀장

"거짓말은 용납 안 돼… 윤리성이 가장 중요"

거짓말을 보태서라도 자신을 돋보이고픈 구직자의 마음과는 달리 인사담당자는 '정직'을 가장 중요시한다. 한 대기업 인사팀장이 인터뷰에서 가장 강조한 것이 바로 '윤리성'이다.

거짓말 또는 과장과 허위를 섞어 대답하는 구직자는 대부분 면접 때 알아차릴 수 있다고 한다. 예를 들어 실제는 내성적인 성격인데 면접에서는 자신을 돋보이기 위해 외향적이라고 대답하는 구직자의 경우, 전체적인 분위기에서 파악된다고 한다. 즉, 내성적인 성격은 보통보다 긴장을 많이 하기 마련인데, 다른 면접자와 비교해 지나치게 긴장을 한 상태에서 외향적이라고 대답해 보아야 믿어지지 않는다는 것이다. 또 인·적성 검사를 통해서도 거짓말을 알 수 있는데 유사한 내용의 질문에 일관적인 대답이 나오는지 여부에 따라 과장과 허위를 파악할 수 있다고 한다.

그렇다면 거짓말이 허용되는 범위는 어디까지일까? 조건영 현대캐피탈 HR팀장은 "신장, 체중과 같은 외모에서 약간 조정하는 것은 괜찮겠지만 그 이외는 절대 허용되지 않는다"라고 답했다. 특히 경력 부분에서 허위로 대답하는 것은 어느 기업에서도 용납할 수 없을 것이라고 말했다.

역시 가장 중요한 것은 윤리성. 거짓말로 자신을 돋보이기보다는 거짓말을 통하지 않더라도 돋보이는 자신을 만드는 것이 중요하다.

2014년 구직자를 대상으로 한 설문조사에서는 취업을 위해 본인이 한 거짓말을 구직자 스스로 어떻게 생각하고 있는지에 대한 조사에서 49.3%의 응답자가 '양심의 가책을 느끼지만 취업을 위해서는 어쩔 수 없다고 생각한다'고 답했고, 41.5%는 '약간의 거짓말은 문제될 것이 없다고 생각한다'고 답했다. '취업 시 거짓말은 누구나 하는 당연한 것이라고 생각'하는 응답자는 8.2%였다.

30개가 넘는 회사에 이력서와 지원서류를 내면서 지원이유를 지어내는 일도 고역인데 그걸 또 면접장에서 그대로 반복하면 진정성 있는 것으로 들릴까?

대개의 면접관은 다행히 이런 상황을 이해하고 있다. 면접관의 거짓말탐지기는 성격이나 경험, 경력사항 등을 속인 부분이 없는지에 예민하게 작동한다.

거짓말이 있을 만한 곳에는 그 거짓말에 속지 않으려고 애를 쓰는 상대방이 있게 마련이다.

인터뷰 현장에서 면접관은 지원자의 답변 사이사이의 '숨 쉬는 길이'

와 '표현의 깊이'를 바탕으로 진위를 판별하는 직감을 갖게 된다. 그런 것까지 신경을 써 가면서 인터뷰를 해야 하는 것인가라고 생각하면 부담되는 것이 사실이지만 면접관으로서도 한정된 시간 안에 적임자를 선발하기 위해 '사소하지만 예민한 거짓말 탐지 기능'을 발동하는 것임을 알아 둘 필요가 있다.

김형희, 한국바디랭귀지연구소장은 면접에서의 거짓말에 대하여 다음과 같이 말했다.

-면접에서의 거짓말, 자신은 들키지 않을 거라는 과도한 자신감-

사람들은 자기 자신에 대한 과도한 자신감을 표현할 때가 있습니다. 주식 거래를 하는 사람들은 자신이 돈을 잃을 거라는 생각을 하지 않고 매매를 합니다. 카지노에서 겜블링을 하는 전문 도박사들조차도 자신이 돈을 잃지 않을 것이라는 과도한 자신감으로 무장되어 있습니다. 과거에 몇 번 이겼던 기억을 토대로 자신이 평균 이상임을 확신하게 됩니다. 기업 채용 면접에서도 마찬가지입니다. 면접을 볼 때 거짓말로 자신을 과대 포장합니다. 어린시절 불우한 가정환경 속에서 고난과 역경을 이겨 냈으며, 창조적 인재가 되기 위해 책도 많이 읽고 열심히 공부했다고 합니다. 이 말을 듣고 보는 면접관들은 무슨 생각을 할까요? 면접관은 면접을 보는 사람들의 무엇을 볼까요?

면접관은 전문가입니다. 면접관은 입사 채용 면접에서 짧은 시간이지만 모든 것을 봅니다. 왜냐하면 그것이 면접관의 직무이기 때문입니다. 면접관이 질문을 하면서 면접을 보는 사람의 반응을 살핍니다. 눈빛, 얼굴 근육 움직임, 자세, 손짓, 목소리 크기, 빠르기, 톤, 말의 내용 등 많은 것을 보고 듣고 분석합니다. 만약 면접관이 이것을 보지 않는다면 그것은 직무유기가 될 것입니다. 또 면접을 볼 때 거짓말을 하는지 안하는지도 직관적으로 알아차립니다. 면접을 하면서 거짓말을 하는 지원자들이 너무나 많기 때문입니다.

'나의 거짓말은 완벽해. 절대 들키지 않을거야' 라고 생각하시는 분들도 있을 것입니다. 하지만 안타깝게도 이 생각은 그 사람이 가진 '과도한 자신감'에서 비롯된 편향입니다. 심리학에서 '자기 확증 편향'이라는 용어가 있습니다. 자기가 좋아하는 대상이나 명제를 이미 확증해 놓고 그 확증을 뒷받침하기 위하여 끊임없이 반복하고 그 증거를 찾는데 몰입하는 경향을 말합니다. 스스로 확증해 놓은 상태에서 창의성을 발휘하여 합리화합니다. 자신은 면접관들을 완벽하게 속일 수 있을 것이라는 확신을 가지게 된다는 뜻입니다.

거짓말의 신호는 사람마다 나타나는 경향이 다릅니다. 그리고 여러 신호가 동시에 나타나기도 합니다. 가장 큰 특징 중 하나는 자신이 인식하기도 전에, 거짓말을 할 때 나타나는 행동을 한다는 것입니다. 넥타이를 고쳐 맨다든지, 손을 꼼지락거린다든지, 다리를 떤다든지, 시선을 마주치지 못하는 등 매우 많습니다. 얼굴 표정에 매우 빠른 시간 동안 감정 신호가 나타났다가 사라지기도 합니다. 0.2초 안에 나타났다 사라지는 미세표정(Micro Expression)도 있습니다. 미세표정은 우리의 통제권 범위에서 벗어나기에 자신이 선택할 수 있는 것이 아닙니다. 질문을 받고 난 후 대답하기 전 나타날 수도 있으며, 말을 하고 난 후에 나타나기도 합니다. 얼굴은 43개의 근육으로 구성되어 있으며, 이 근육들을 모두 통제하기란 사실 불가능합니다. 거짓말을 하는 지원자의 눈으로 볼 수 없는 것이 있습니다. 하지만 면접관 같은 전문가는 또 다른 것을 봅니다. 그것이 전문가와 일반 사람들과의 차이점입니다.

앞에서 김형희 소장이 이야기했듯이 누구든지 면접 지원자라면 정직하게 면접에 임해야 할 것이다. '자신도 모르게 거짓말이 나왔다'라는 식으로 무의식적 심리 방어 전략을 펼쳐서는 안될 것이다. 오늘날 많은 기업들이 정직과 성실 그리고 인성을 가장 핵심 이념으로 삼고 있기에 과장이나 꾸밈없이 정직하게 면접에 임했을 때 좋은 결과가 나타날 수 있기 때문이다.

이력서나 자기소개서에 나타나 있는 개인의 이력에 대한 검증, 또는 과거의 결과에 대한 검증을 위해서는 변별력 있는 언어적 시스템이나 기제를 사용하게 되는데 다음의 질문들을 통해 분석해 보는 것도 참고가 될 것이다.

① 친구들이 자주 지적하는 단점이나 고칠 점이 있습니까?
② 그 단점이 큰 실수로 발전할 때가 있었습니까? 프로젝트를 완성하지 못한 경험이 있다면 솔직히 말씀해 보십시오.
③ 그 단점이 자주 반복되는 이유가 무엇이라고 생각하시는지요. 혹시 개성인가요, 아니면 본인도 모르는 부분이 있다고 보십니까?
④ 우리 회사는 그런 단점에 대해서는 아주 민감하고 신중하게 생각

합니다. 합격대상이 되기에는 다소 어려움이 있을 것으로 보이는데, 어떻게 생각하시는지요?

대부분의 지원자들이 두 번째까지의 질문에는 어느 정도 안정을 유지하며 답변을 할 수 있지만 세 번째, 네 번째 질문은 예상치 못한 반격이라 당황하게 마련이다. 그러다 보면 앞의 두 질문에 대한 답변의 일관성은 뒤로 가면서 깨지는 상황이 많이 발생한다.

이런 상황에 대처하기 위해서는 자신의 지원서나 이력서를 객관적으로 검토하면서, 이런 유형의 압박질문을 스스로 개발해 보는 등 인터뷰에 만전을 기해야 한다. 그렇지 않으면 95%의 만족도에도 불구하고 5%의 불만족으로 인해 불합격의 고배를 마시게 된다.

아래는 노련한 면접관들의 거짓말 탐지 항목으로, 이렇게 화술의 급격한 변화가 느껴지면 거짓말로 의심할 소지가 있는 것으로 판단하게 된다.

① 일관성의 일시적 단절 및 지속적 충동
② 설득력의 상대적 결여
③ 논조의 이상 현상 및 흥분
④ 억양의 부자연스러움
⑤ 사투리의 갑작스러운 돌출 및 흥분 표출
⑥ 목소리 톤의 불안정 및 떨림현상
⑦ 음감의 부자연스러움과 불균형

단점을 묻는 질문에 결벽증에 가까운 정직성 때문에 '조금 경솔한 편입니다', '남에게 쉽게 넘어갑니다'라고 대답하는 사람도 있다. 그러나 이렇게 솔직하게 말했다고 해서 자기 분석력이 뛰어나다고 칭찬해 주는 면접관은 거의 없다. 다만, 면접서류에 '경솔하다', '남에게 쉽게 넘어 간다'라고 쓸 뿐이다. 보통의 만남에서는 그렇게 솔직한 사람에게 호감을 가질 수도 있겠지만, 면접에서는 '비즈니스맨으로서는 적당하지 않다'고 불합격 판정을 받는 것이 현실이다.

면접에서 기억해 두어야 할 것은 1차, 2차, 3차로 면접이 진행됨에 따라서 면접관이 바뀐다는 점이다. 그렇다면 지원자가 겸손하게 '경솔하다'라고 말했음에도 불구하고 그것을 본 다른 면접관은 '지난번 면접에서 경솔한 짓을 했나 보군'하고 생각할 수도 있다는 뜻이다.

거짓말을 하라는 것이 아니라 그런 말할 시간에 자신에게 이익이 되는 말 한마디라도 더 하고 재치 있게 답변해야 한다는 것이다.

'싫어하는 과목은 무엇입니까?'라는 질문도 당신을 떠 보는 것이다.

그런데 솔직하게 영어라고 대답하면 재치 있는 대답은 아니다.

'외우는 과목은 도무지 체질에 안 맞습니다'라는 대답도 성실성이 부족한 듯한 생각을 하게 만든다.

'해답이 하나밖에 없는 것보다 많이 있는 것을 더 잘합니다'라는 식으로 '…보다는 …를 더 잘한다'라고 대답하는 것이 훨씬 적극적인 태도로 보일 수 있다.

'어째서 재수를 했나?'라는 질문에도 막힐 수 있다.

'어째서 유급했나?'

'어째서 학점이 좋지 않은가?'

이런 질문들에 '출석체크가 너무 엄격해서요' 라고 대답하면 성실하지 못하다는 판정을 받고 회사에 들어와서도 상습적으로 지각할 것이 틀림없다고 생각하게 된다.

거짓말을 하기보다 단점에서 얻은 교훈, 대가를 치르고 얻은 성과를 주장해야 한다. 그것이 자기 PR로 이어지기 때문이다.

면접에서 만큼은 자기소개와 자기 PR이 완벽하게 일치하는 법이다. 면접시험은 그 행위 전체가 자기 자신을 파는 작업이다. 따라서 자신을 판다는 명확한 목적이 있는 이상 모든 대답은 '나를 사신다면 틀림없이 이익을 얻게 될 것입니다'라고 설득하는 것으로 모아져야 한다.

chapter **11.**

그룹토론에서는 어떻게 말할까?

오랫동안 떠든 사람 다음에

간결하게 자기 의견 피력하라

기업에서 실행하고 있는 면접유형은 12개로 세분된다. 가장 많이 쓰이는 방법은 면접관과 지원자가 일대일로 하는 개별면접, 면접관 한 사람과 복수의 지원자, 또는 여러 명의 면접관이 복수의 지원자를 면접하는 집단 면접, 지원자 여러 명에게 특정 과제를 주어 서로 토론하게 하는 집단 토론면접이다.

그 외에도 지원자 개개인에게 발표를 시키는 프레젠테이션 면접, 합숙면접, 압박면접, 다차원면접, 술자리면접, 블라인드면접, 현장체험면접, 전화면접, 이색면접 등 다양한 형태로 인재를 골라내는 기법들을 시행하고 있다. 요사이는 집단 토론면접을 많이 하고 있고 지원자들도 걱정을 많이 하게 되는 유형이다.

면접자 여러 명에게 특정과제를 주어 면접자끼리 서로 토론을 시키고 그 과정을 면접관이 관찰하고 평가한다. 토론시간은 보통 한 팀당 30분 내지 1시간이며, 면접자들이 토론을 벌이는 동안 면접관은 그들의 발언 내용이나 제스처, 경청태도, 발언태도 등을 유심히 살핌으로써 논리력, 사고력, 협동성, 판단력, 표현력, 조직 응용력, 문제해결 능력, 창의성, 의사소통능력, 지도력 등에 대해 종합적으로 평가한다.

집단토론은 의사소통 및 조정능력을 살피는 데 역점을 두기 때문에 지나친 경쟁 심리는 피하고, 다른 사람을 배려하면서도 자신의 주장을 조리 있게 펼치는 능력이 제일 중요하다. 지나치게 다른 지원자를 공격하거나 자신의 주장을 밀어붙이는 것 또는 적극적으로 참여하지 않거나 침묵을 지키는 것은 감점대상이다. 다른 면접자의 말을 듣는 태도와 발언태도에 신경을 쓰면서 과도하게 흥분하거나 자칫 주제와 연관성 없는 이야기로 빠지지 않도록 주의해야 한다.

집단토론 전에는 신문을 보거나 토론프로그램을 시청하는 것도 좋지만 다른 사람에게 관심이 없으면 말짱 도루묵이라는 것을 명심해야 한다. 자기 얘기만 달달 외워서 말하다 보면 앞사람이 무슨 이야기를 했는지도 모르는 채 말을 하기 때문이다. 다른 사람에게 관심을 가지고 타인의 성향을 파악하게 되면 마음의 여유가 생기고 앞사람의 이야기로부터 이야깃거리를 얻을 수 있다.

이때 자신감이 가장 큰 무기이다. 나를 신뢰한다는 확신을 가지고 겸손하게 대하면 긍정적인 기운이 파급되어 자신에게 유리한 쪽으로 상황이 전개된다. 상대도 나를 긍정하고 있다는 신뢰를 하도록 하자. 사회자는 되도록 맡지 않는 것이 좋다. 언뜻 보기에는 유리한 것 같지만 사회자는 의견을 조정해야 하기 때문에 결국엔 자신의 의견도 말하지 못한 채 끝나 버리고 만다. 따라서 '사회자는 어떤 의견을 말했더라?' 하는 식으로 전혀 기억에 남지 않게 된다.

그룹토론에서는 자기 나름대로 독자적인 견해를 가질 수 있느냐를 시험하는 것이므로 장황한 설명이라든지 일반론적인 견해는 점수로 이어지지 않는다.

말이 많은 사람은 설명이나 일반론을 지지부진하게 오래 늘어놓는 경우가 많다. 그런 사람은 이야기의 내용과 관계없이 오래 말하는 편이 유리하다고 착각하는 것이다. 그러나 그런 착각에 빠져 오랫동안 이야기할 필요는 없다. 이야기하는 시간과 면접관의 눈에 띄는 것은 아무 상관이 없기 때문이다. 물론 마지막까지 침묵으로 일관한다면 결과는 뻔하다.

그룹면접에서 가장 눈에 뜨이는 방법은 오랫동안 떠든 사람 다음에 자신만의 독특한 의견을 짧게 말하는 것이다.

토론 시 먼저 결론부터 내리고 설명에 들어가야 하며 자신이 발언할 내용 중 중요한 사안부터 짚어야 한다. 결과가 없는 보고는 하지 않도록 기업의 직원들은 교육받는다. 그래서 모든 보고에는 결론이 먼저 나온다. 중요한 프로젝트의 서두가 신문의 사설과 같이 멋진 서론으로 장식되는 경우는 거의 없다. 수많은 지원자 중에서 가장 눈에 띄는 지원자는 기업의 보고방식과 같은 커뮤니케이션 환경에 잘 적응한 경우다. 우리나라 대학의 서론 중심의 의사소통방식에서 벗어나 예비 직장인들이 결론 중심의 사고와 표현에 익숙한 모습이기를 기대하는 것이다.

집단토론의 주제는 대개 시사문제이니 미리 생각해 둔다. 한국주택금융공사는 '노숙자 문제를 해결하기 위한 방안은 무엇인가', 삼성전자는 '중국반도체에 추격당하는 한국반도체 업체의 대응전략', 신한은행은 '하리수가 여자인가', 국민카드는 '미국의 아프카니스탄 공격', '언론사 세무조사는 언론탄압인가' 등의 주제로 집단토론 면접을 실시한 적이 있다.

〈표 11-1〉 집단토론 면접평가표

<table>
<tr><th colspan="2">평가요소</th><th>착안내용</th><th colspan="2">평가점수</th></tr>
<tr><td rowspan="9">주도성</td><td rowspan="4">(+)</td><td rowspan="4">① 토론에 영향을 끼친 발언을 했는가
② 논점상황에 적절한 의견제시가 있었는가
③ 적절한 항목에서 다음 단계로 토론을 진행했는가
④ 선두에 나서 발언을 했는가</td><td rowspan="2">주도적</td><td>+4</td></tr>
<tr><td>+3</td></tr>
<tr><td rowspan="2">비교적 주도적</td><td>+2</td></tr>
<tr><td>+1</td></tr>
<tr><td rowspan="5">(-)</td><td rowspan="5">① 뒤를 좇아 의사를 발표했는가
② 의견개진이 주목받지 못했는가
③ 묻기 전에는 발표를 하지 않았는가
④ 남의 의견을 묻지 않고 자기만 말했는가</td><td>보통</td><td>0</td></tr>
<tr><td>주도적이지 못함</td><td>-1</td></tr>
<tr><td rowspan="3">주도성 결여</td><td>-2</td></tr>
<tr><td>-3</td></tr>
<tr><td>-4</td></tr>
<tr><td rowspan="9">협동성</td><td rowspan="4">(+)</td><td rowspan="4">① 토론이 단절되지 않도록 노력했는가
② 남에게서 좋은 의견을 끌어냈는가
③ 감정대립 또는 공격성을 품었는가
④ 집단의 목표를 우선했는가</td><td rowspan="2">협동적</td><td>+4</td></tr>
<tr><td>+3</td></tr>
<tr><td rowspan="2">비교적 협동적</td><td>+2</td></tr>
<tr><td>+1</td></tr>
<tr><td rowspan="5">(-)</td><td rowspan="5">① 자기주장만 앞세웠는가
② 남의 의견이나 기분은 제쳐 놓았는가
③ 목표에 어긋나는 방향으로 비판했는가
④ 자기 논조에 의거, 목표를 잃었는가</td><td>보통</td><td>0</td></tr>
<tr><td rowspan="2">협동적이지 못함</td><td>-1</td></tr>
<tr><td>-2</td></tr>
<tr><td rowspan="2">협동성 결여</td><td>-3</td></tr>
<tr><td>-4</td></tr>
<tr><td rowspan="9">공헌도</td><td rowspan="4">(+)</td><td rowspan="4">① 적절한 논점을 제시했는가
② 핵심사항에 핵심의견을 제시했는가
③ 논점 해결에 도움이 되는 지식을 제공했는가
④ 난잡한 토론을 풀고 의견을 한데 모았는가</td><td rowspan="2">공헌</td><td>+4</td></tr>
<tr><td>+3</td></tr>
<tr><td rowspan="2">비교적 공헌</td><td>+2</td></tr>
<tr><td>+1</td></tr>
<tr><td rowspan="5">(-)</td><td rowspan="5">① 논점에서 벗어나는 의견이 나왔는가
② 주제와 다른 의견이 나왔는가
③ 나왔던 주제를 반복하지 않았는가
④ 핵심을 벗어나 엉뚱한 방향으로 토론을 끌고 가지 않았는가</td><td>보통</td><td>0</td></tr>
<tr><td rowspan="2">공헌하지 못함</td><td>-1</td></tr>
<tr><td>-2</td></tr>
<tr><td rowspan="2">공헌도 결여</td><td>-3</td></tr>
<tr><td>-4</td></tr>
</table>

chapter 12.

효과적인 제스처는 마음을 움직인다

가슴은 자연스럽게 내밀고

미소와 함께 고개 약간 숙여야

효과적인 커뮤니케이터는 언어 40%, 행동 30%, 눈빛 20%, 그리고 10%의 침묵으로 청중을 사로잡는다고 한다. 면접관들은 지원자의 자연스러우면서도 프로페셔널한 태도와 자세를 기대하는데 이는 적절한 보디랭귀지를 통해 연출될 수 있다. 적절한 보디랭귀지는 지원자의 답변에 대한 신뢰성을 한층 강화해 주는 역할을 하므로 신체 표현 없이 말로만 답변할 때보다 120% 이상의 효과를 발휘한다고 볼 수 있다.

몇 가지 팁들을 숙지해 놓으면 면접관에게 어필할 수 있다.

첫째, 자신의 장점이나 과거의 성과를 표현할 때 '입술을 다부지게 무는 인상'과 동시에 '두 손을 자연스럽게 설명모드로 전환'하는 실전 연습을 해 둔다.

자신의 단점, 보완점, 취약점에 관해 답변할 때는 면접관의 시선을 얼굴표정에서부터 신체동작으로 유인하여 보다 부드러운 시선처리 및 표현으로 이끌어 나가야 한다.

자신이 새로운 조직에 필요한 인재이자 창의적인 인적자원임을 나타낼 때 밝고 흥분되는 느낌을 얼굴과 용모에 담고 신뢰를 주는 인상을 남겨야 한다. 면접관의 신뢰가 느껴질 경우에는 적절한 주먹결심 및 박력 있는 손동작과 더불어 오른쪽 어깨와 몸을 앞으로 내밀며 강한 설득력을 이끌어 내야 한다.

둘째, 답변 중에서 강조할 부분에 '손과 팔의 모션'을 활용하여 그 대목에 힘을 준다. 팔꿈치부터 손목까지의 움직임이 면접관의 평가시야에서 가장 효과적인 스트라이크 존이다.

면접관의 주의가 답변 내용에 집중되어 심리적 부담이 유발될 경우, 그 내용을 전달하는 매개체의 전환을 시도할 수 있다. 손바닥을 위쪽으로 하여 내미는 경우 뭔가 메시지를 전달하겠다는 신호로 해석된다.

숫자나 계량적 내용에 대해 확신을 부여할 때 한 손가락을 반대편 엄지로 지적하면 면접관에게 좀 더 강한 인상을 남길 수 있다.

사람을 판단하고 선택하는 데서 한국인의 가장 큰 특성은 전문지시과 배경, 그리고 경험의 양보다는 태도와 자세를 본질적 근간으로 삼는다는 점이다.

다리를 꼬거나 팔짱을 낀 채로 인터뷰에 임하는 모습은 우리나라에서 거의 보기 어렵다. 얼핏 당연한 얘기로 들릴 수도 있지만 그만큼 태도가 많은 것을 결정하는 것이 우리의 면접풍토라는 방증이기도 하다.

자신감이 넘치면서도 겸손을 잃지 않는 것이 한국적 미덕이며, 이를 이해하지 못하는 자신만만함은 오히려 자만심으로 똘똘 뭉친 교만으로 비치기 십상이다. 자신감과 패기는 조금만 오버해도 건방짐과 우쭐댐으로 보일 수 있는데, 그 경계를 잘 관리해야 한다.

그것을 표현하기 위해 가슴은 자연스럽게 내밀되 부드러운 미소와 함께 고개를 약간 숙인다. 이로써 은연중에 성숙미가 배어난다. 인터뷰 일주일 전에 거울을 보며 연습하고 자신의 모습을 캠코더로 녹화하여 스스로 점검해 본다.

고개를 끄덕이거나 눈빛으로 자연스러운 의사소통을 표현하면서 면접관에게 최대한 적극적으로 경청하고 있음을 보여 준다. 가족이나 친구들과의 다양한 커뮤니케이션 과정을 몸에 익힌다.

표현은 면접관이나 다른 지원자에 대한 깍듯한 예의를 바탕으로 하되, 비굴할 정도의 극존칭이나 일상생활에서 거의 쓰이지 않는 어려운 사자성어 등은 오히려 감점요인이 된다.

chapter **13.**

조직문화와 어울리는가

외향적이되 신중해 보이도록
겸손하되 당당하게 답하라

조직 문화는 모든 조직이 갖고 있는 고유의 특성이므로, 면접관은 지원자가 해당 기업의 조직문화와 부합하는지에 대한 정밀 검사를 하게 된다. 이 검사과정이 인터뷰이고 필기시험이며 프레젠테이션이다.

면접관들은 이러한 과정을 통하여 지원자의 외형적인 문화유형과 정서적인 문화양식을 파악하여, 최적의 인적 · 문화적 공감대를 형성하고자 하는 것이다.

다음은 조직부합성을 파악하기 위한 질문항목들과 그에 대한 올바른 답변 방향이다.

① 내성-외향 여부를 묻는 질문

변화를 지향하는 조직에서는 보다 적극적이고 주도적인 면을 강조하는 것이 좋다. 내성적인 측면보다는 외향적이되 신중함이 포함된 답변을 병행해야 한다.

면접관이 "당신은 팀 내에서 어떻게 행동합니까?"라고 묻는다면 지원자는 팀 내에서 주어진 역할을 잘 이해하고 있으며 팀에 긍정적으로 참여하는 외향성을 드러내야 한다.

"제가 팀 내에서 어떻게 행동하는지는 팀에서의 제 역할과 같다고 생각합니다. 제게 팀 리더로서의 역할이 주어졌을 때 저는 팀의 방향을 설정하고 업무가 진척됨에 따라 팀원들에게 좋은 피드백을 주었습니다. 제가 팀 리더가 아닌 팀원이었을 때는 팀 리더의 역할과 의사결정을 존중하고 계획에 따라 양질의 업무를 수행하였습니다. 또한 저는 팀 리더를 도와 방향을 설정하고 팀에 성공을 가져올 수 있는 일들도 함께해 왔습니다"

이 답변은 후보자가 좋은 팀 리더로서 그리고 팀원으로서 무엇을 했는지에 대한 구체적인 정보를 제공하고 있으므로 매우 좋은 답변이라고 할 수 있다.

② 유연한지, 고집이 센지 여부를 묻는 질문

유연성이 많으면 변덕쟁이로 보일 수 있고, 반면 고집도 긍정적으로 발휘되면 신념이 강한 사람이라는 평가를 받을 수 있다. 그 경계를 잘 이해하고 답변의 수위를 조절하는 지혜를 발휘하는 것이 인터뷰의 예술이다.

면접관이 "당신은 회사와 고객의 요구사항 사이에서 어떻게 균형을 맞춥니까?"라는 질문을 했다.

“회사의 목표와 고객의 요구사항 사이에 커다란 마찰이 없었던 것이 제게는 큰 행운이었다고 생각하고 있습니다. 저는 고객과 회사에 모두 책임이 있기 때문에 고객이 회사의 목표를 감소시킬 만한 요구를 해 올 경우 매우 신중히 생각을 할 필요가 있다는 것을 잘 알고 있습니다. 저는 그 마찰이 얼마나 심각한지, 그리고 고객이 우리 회사에 얼마나 중요한지를 우선적으로 고려할 것입니다. 그리고 만약에 최종적으로 한 가지를 선택해야 한다면 제 상사와 의논하여 고객과 회사에 최상의 이익이 되는 쪽을 택할 것입니다”

이 답변은 매우 솔직하며 적절한 유연성을 보여 주고 있다. 이런 질문에서는 신중하지 못하다는 인상을 줄 수 있는 즉답을 피해야 한다.

③ 겸손과 당당의 차이

혁신적인 조직 분위기를 원하는 회사일수록 겸손은 소극적 나약함으로 비치는 경우가 많다.

그러나 기획력이나 분석적인 태도를 원하는 직무일수록 너무 당당한(또는 도도한) 지원자의 태도는 조직에 적응하기가 다소 어려울 것 같다는 인상을 줄 수 있다. 당당함보다는 자신감으로 보여질 수 있도록 언어표현의 수위와 단어, 태도를 조절하자.

면접관의 질문은 “남들과 비교했을 때 자신의 뛰어난 점은 무엇입니까?”였다.

“남들과 비교했을 때 저는 제가 풍부한 상식을 가지고 있다고 생각합니다. 저는 읽는 것을 좋아해서 장르에 관계없이 다양한 종류의 책을 읽고, 또 신문

읽는 것을 좋아합니다. 신문을 읽을 때면 저에게 필요한 정보 혹은 기억해 두고 싶은 기사를 스크랩해 둡니다. 이것은 고등학교 때 논술을 준비하면서 생긴 습관으로 이런 습관 때문에 풍부한 상식을 갖게 된 것 같습니다"

"어려운 일이 닥쳤을 때 쉽게 포기하지 않는 점입니다. 저는 목표를 정한 일이라면 아무리 힘들어도 끝까지 해냅니다. 그리고 그것은 이제까지 중도에 포기한 경우가 없는 저의 경험을 통해 알 수 있습니다. 저는 대학 때 국토순례를 한 적이 있는데 처음에는 즐거웠지만 점점 지치고 힘들었습니다. 심지어 폭우까지 내려 포기하고 집에 가고 싶은 적도 있었지요. 하지만 저는 끝까지 해냈습니다. 이런 저의 모습은 남들에게 악바리로 보여지기도 하지만 저는 남들보다 더 노력하는 제가 자랑스럽습니다"

④ 비관적인지 낙관적인지를 보는 질문

몇 번의 실패를 겪은 지원자는 그 경험을 상기시키는 질문에 답변할 때 비관적인 내용이 은연중에 드러나는 것을 볼 수 있다. 무조건적인 낙관이 아닌 희망적인 긍정의 힘을 심어 보자. 비관, 부정, 소극 같은 지원자의 동기부여를 반감시키는 표현들을 쓰지 말고, 면접관의 유도 질문에 밝은 톤으로 대처하자.

"왜 정리해고되셨습니까?" 라는 질문은 대답하기 어렵다. 정리해고 당한 이유를 이야기할 때 당신의 기술이나 업무 경험들을 불필요하게 깎아내리지 않도록 노력해야 한다.

"불행하게도 이동통신 업계의 불황으로 저희 회사는 전 직원의 30퍼센트를 감원하는 매우 어려운 결정을 내려야만 했습니다. 그러한 결정은 업무성과에 기반을 둔 것이 아니라 특정 업무에 기반을 둔 것이었습니다. 회사에서 정리하고자 했던 것은 서비스 라인으로 관련 부서의 직원들이 모두 정리해고가 되었습니다. 저는 회사에서 근무했던 시간들이 행복했습니다. 긍정적인 업무 환경에서 일할 수 있었고 제가 세운 목표들, 즉 훌륭한 팀워크 능력의 개발과 고객과의 대면업무까지 모든 것을 경험하고 성취할 수 있었기 때문입니다. 경제적인 불황으로 제 자리가 없어진 것에 대해 유감스럽지만 새로운 업무에서 지난 4년 동안의 기술과 경험을 이끌어 내고 싶습니다"

⑤ 임기응변, 도덕성 등에 대한 질문

임기응변은 순발력으로 보일 수도 있겠지만 상대적으로 진실성과 다소 거리가 있는 것처럼 비칠 위험이 있다. 따라서 조직문화를 염두에 두는 가운데, 도덕적인 일관성을 지키면서도 탄력적인 상황 대처능력이 드러날 수 있도록 지원서와 예상 답변을 검토할 필요가 있다.

"어떤 경우 직원을 해고할 수 있다고 보십니까?"라는 질문은 어떤 종류의 관리자인지를 알 수 있게 해 준다. 당신은 아마도 직원을 즉시 해고하는 것처럼 보이는 것과 해고하기를 두려워하는 두 극단 사이에서 적절한 대답을 하고 싶을 것이다.

당신은 직원이 엄청난 윤리적인 혹은 법적 위반사항을 제외하고서는 어느 누구도 즉시 해고하지는 않을 것이며, 낮은 성과를 보이는 직원들을 돕고자 한다는 것을 면접관에게 전달하고자 할 것이다. 그러나 오랜 시간이 지난 후에도 업무수행력을 개선하는 데 실패한 직원에 대해서는 해고를 고려할 수도 있을 것이라고 언급해야 할 것이다.

“직원을 해고하는 것은 가볍게 처리할 사안이 아니라고 봅니다. 제게 있어서 어느 누군가를 해고해야 한다면 그 전에 적어도 그 직원의 낮은 성과에 대한 논의를 3회 이상 해야 하며 약한 분야에 대해 그 직원과 여러 개발 단계를 거쳐야 한다고 생각합니다. 만약 직원이 개선에 대한 의지가 부족하거나 오랜 기간이 지났음에도 그 업무에 필요한 능력이나 기술을 습득할 수 없다면 그 시점에서 저는 그 직원을 다른 업무로 옮기거나 해고하는 데 필요한 조치를 할 것입니다”

이런 질문에는 공정하고 공평하게 보여야 한다. 직원이 엄청난 윤리적 법적 위반 사항에 연루된 경우를 제외하고 누군가를 해고해야 할 때는 신속히 해고하는 것처럼 보이지 않도록 한다. 또한 낮은 성과를 내는 직원이나 동기부여가 낮은 직원을 해고하는 데 두려움을 느끼는 것처럼 보여서도 안 된다. 훌륭한 리더라면 때로는 힘든 결정을 내려야 하기 때문이다.

chapter **14.**

비전을 펼쳐 보여라

지금 구직업무와 장기 목표와의
관련을 설명하며 비전을 보여야

면접관은 인터뷰를 통해 다양한 지원자들의 자기소개와 지원 동기를 청취하고 그 모든 평가의 결과를 종합하는 과정을 거친다. 그 과정에서 기억에 남는 아주 뛰어난 지원자가 아닌 이상 면접관은 지원자가 갖고 있는 역량을 최대한 공정하게 평가하는 동시에 지원자의 기대와 계획을 적극적으로 분석하여 최적의 우수자원을 선발하는 것을 목표로 한다. 그리고 지원자가 무엇을 희망하는지, 그 수준의 최대치와 구체적이고 현실적인 최저치를 분석하게 된다.

면접장에서는 희망을 말하는 것을 아무도 막지 않는다. 하지만 현실적인 상황이나 여건을 무시한 채 섣불리 개인의 이상만을 고집한다면, 입사 후 그 지원자를 뽑은 면접관이나 본인 모두가 잘못된 만남을 통해 고통의 시간을 보낼 수도 있다.

최상의 상황을 희망하되 계획은 최악을 염두에 두고 짜는 것이 기업의 마케팅플랜이며 경영전략이자 인력운용 계획이다. 누구나 장밋빛

시나리오를 원하지만 현실은 가시밭길이므로 좀 더 프로페셔널한 접근 방식이 필요하다.

면접관의 질문이 "입사하게 되면 3년 동안 무엇을 목표로 업무를 추진하시겠습니까?"일 때 좋지 않은 답변 유형은 이런 것이다.

"제가 입사하게 된다면 우선 여러 동료 직원들과 인간관계를 돈독히 유지하여 제가 3년 후 필요로 하는 직무나 직위에 오르는 데 걸림돌이 없도록 하겠습니다. 저는 회사가 우수한 인재를 육성하고 성장할 수 있는 많은 기회를 주어야 한다고 생각합니다"

그렇다면 좋은 인상을 줄 수 있는 답변은 어떤 것일까?

"조직에 새로 들어온 신입사원으로서 우선 회사의 관련규정과 업무프로세스, 여러 부서와의 관계, 그리고 회사 밖의 다양한 인간관계를 성실히 쌓아가겠습니다. 이로써 회사 안에서 필요한 여러 문제 해결과 의사결정에 대한 프로세스를 배워 가며, 또한 좋은 제안이 있으면 당당히 말하는 태도를 견지하도록 하겠습니다. 그런 가운데 부서의 발전과 직원들과의 성공적인 상호관계에 도움이 되는 중견사원이 되는 것이 구체적인 목표 중의 하나입니다. 3년이라는 기간을 통해 높은 비전을 갖고 업무에 임하되 현실을 존중하며 상사 및 선배님들과 다양한 대화의 채널을 유지하는 현실감 있는 직원이 되겠습니다"

좀 더 긴 기간의 목표를 물어볼 수도 있다.
"당신의 장기적 목표는 무엇입니까?"

"저의 장기적 목표는 <포춘>선정 500대 기업의 매장을 운영하는 것입니다. 이는 제가 왜 이 회사에 입사하고 싶은지를 설명해 줍니다. 지난 몇 년 동안 저는 이 목표를 위해 대학에서 마케팅과 경영에 관련된 공부를 해 왔습니다. 이 공부를 통해 마케팅 캠페인을 이끄는 방법, 작은 매장들을 관리하는 방법들에 대해 많이 배울 수 있었습니다. 저는 이러한 제 지식을 현실적으로 적용하고 싶었고, 그래서 몇 년 동안 작은 소매 체인점에서 근무했습니다. 그곳에서 저는 작은 소매체인점에서는 불가능하리라고 생각되는 더 넓은 범주의 책임을 맡았으며 그것은 제게 아주 소중한 경험이었습니다. 이제 전국적인 체인으로 제 경험을 확장할 준비가 되었으며, 제가 배운 것들과 예전 업무에서의 경험들을 활용하고자 합니다"

이 답변은 현재 채용하고 있는 업무에 부합되는 견실한 장기목표를 제시하고 있다. 또한 후보자가 새로운 포지션을 준비하기 위해 축적한 학업과 업무경험들을 설명해 준다.

당신이 찾고 있는 업무와 장기적 목표가 관련성이 없거나 부합되지 않는 것처럼 보이지 않도록 주의해야 한다.

삼성전자 면접에서 물었다.

"앞으로 삼성전자에서 얼마나 일할 생각입니까?"

"저는 일을 통해서 자기 발전이 가능하다고 생각합니다. 그리고 저의 성장을 즐기면서 일에 몰두하고 싶습니다. 그렇기 때문에 삼성전자에 입사지원을 한 것입니다. 이것이 제가 좋아하는 일이며 제가 발전할 수 있는 분야라고 생각했기 때문입니다. 세계시장을 주도하고 있는 삼성전자에서 제가 배워야 할 일은 무궁무진하겠지요. 그렇기 때문에 얼마 동안이라는 기간은 정할 수 없습니다. 굳이 기간을 정해야 한다면 제가 제 이름 석자를 말했을 때 그 분야의 최고라는 인식이 다른 사람에게 생길 때까지 삼성전자에서 일하고 싶습니다"

얼마나 일할 계획이냐는 공격적인 질문에는 정확한 기간을 말하기보다는 해당 기업에서 이루고 싶은 실현목표를 말하는 것이 좋은 점수를 받을 수 있다.

앞으로 교육을 더 받을 계획이 있느냐는 질문은 회사의 요구사항과 관심사에 대한 답변이 일관성이 있는지 알고 싶어 하는 질문이다. 어떤 회사들은 직원들이 추가적인 교육을 통해 그들의 능력을 계속해서 계발하기를 바라지만 어떤 회사들은 업무를 통한 학습을 토대로 성장하기를 바란다. 만약 회사가 당신이 상위학위를 취득하기 위해 회사를 떠날 지도 모른다는 것을 염려한다면, 상위학위를 취득할지 여부는 나중에 결정할 것이고 회사에서 요구하는 사항들을 고려할 것이라고 말해주면 된다.

"저는 이 회사에서 업무를 통해 많은 핵심기술들을 습득할 수 있으리라고 생각합니다. 제가 상위학위를 취득할지 여부는 제가 그것을 고려할 시점에서 회사가 제게 바라는 사항들에 의해 좌우될 것 같습니다"

이런 답변은 회사가 직원들의 추가 교육을 지원할지 여부가 불확실한 상황에 적합하다. 만약 회사가 직원들이 추가로 교육을 받는 것을 원한다고 확신한 경우라면 후보자는 상위 교육을 받고자 하는 열망을 더 확실하게 말해 주는 것이 좋다.

chapter **15.**

소위 압박면접에 대처하는 자세

절대로 당황하지 말고

곧바로 받아쳐라, 정답은 없다

지난해 한 기업이 지원자의 실제 인간성을 알아본다며 밤중에 지원자의 친구에게 전화를 걸어 지원자가 사고를 쳐 경찰서에 있는데 보증을 설 수 있느냐고 물어 물의를 일으킨 적이 있었다.

자기 기업의 인재확보도 중요하겠으나 이 정도에 이르면 인권침해 수준이고 이런 마인드를 가진 기업에 입사를 하는 것은 재고해 봐야 한다는 생각이 든다.

압박면접이 유행하면서 지원자를 당황스러운 상황, 돌발적인 상황에 몰아넣고 그 반응을 보면서 업무처리 시 위기상황 대처능력을 관찰하는 경우가 많았다.

그런 때에는 정답이냐 오답이냐가 중요한 것이 아니므로 주눅 들지 말고 당당하게 대답하는 것이 포인트다.

일본의 한 종합출판사를 지원한 한 남학생은 세 명의 그룹면접에서 다음과 같은 말을 들었다고 한다.

“자네들은 똑같은 안경을 끼고 있군. 그만큼 개성이 없다는 거지”

세 명이 모두, 그 당시 유행하던 안경테를 끼고 있었던 것이다.

함께 있던 두 사람은 갑작스러운 공격에 어떻게 맞설지 몰라 입을 딱 벌렸다.

그때 한 명이 나서서 이렇게 말했다.

“오해하지 마십시오. 이 안경은 면접을 위해 준비한 면접용 안경입니다. 개성은 이야기에서 묻어 나오는 것이지, 안경에 있는 것은 아니라고 생각합니다”

곤란한 질문을 받았을 때는 절대로 당황하지 말고 곧바로 받아치라는 것이 교훈이다. NASA나 군대에서도 훈련의 일환으로 사용하고 있는 압박면접은 곤란한 질문을 받고도 동요하지 않는가, 또는 얼마나 신속하게 동요에서 회복될 수 있는가를 보려는 것이다.

실제로 면접을 담당한 면접관들은 곤란한 질문을 던진 경우 남학생보다 여학생이 훨씬 빨리 회복이 된다고들 한다.

“자네는 안색이 나쁘군. 무슨 병이 있는 것은 아닌가?”

“남자가 왜 그렇게 목소리가 작은가?”

“사진과 얼굴이 달라서 알아보기 힘들군”

이렇게 트집을 잡는 것이다.

최근 모 그룹에서는 이런 질문을 했다.

우연히 차를 몰고 가는데 다음 중 한 사람만 태울 수 있는 아주 예외적인 긴급상황이 발생했습니다.

1. 임종을 맞이한 할머니

2. 세계적으로 한 명뿐인 유능한 의사

3. 지금은 거지가 된 과거의 생명의 은인

이 중 한 명만 태워야 한다면 누구를 태우고 가시겠습니까?

이런 질문은 '인터뷰 긴장 풀이용'이라 이름이 지어졌지만 사실은 업무수행에 필요한 직무능력을 갖췄는지 여부에 대한 검증은 전혀 될 수 없는 질문이다.

면접관은 대답을 기대하는 것이 아니라 주눅이 들지 않고 당당하게 대답하는 태도를 보고 싶어 한다. 따라서 대답의 내용은 아무 상관이 없다.

곤란한 질문을 받지 않더라도 자신도 모르게 이야기에 정신 팔려 앞뒤가 맞지 않는 이야기를 하는 경우가 있다.

"조금 전에 한 이야기와 앞뒤가 맞지 않는군. 도대체 어느 쪽인가?"

그런 때는 재빨리 미소를 지으며 당당한 자세로 면접관의 눈을 똑바로 쳐다보자. 미소로써 잠시 시간을 버는 동안에 자신의 페이스로 돌아가서 하고 싶은 말을 하는 것이다. 그만한 여유가 있느냐, 없느냐에 따라 면접의 당락이 결정되는 법이다.

가장 중요한 것은 곤란한 질문을 받아도 면접관에게서 시선을 떼지 않고 당당하게 대답하는 자세다. "예?"하고 놀라기보다 "예!"하고 분명하게 대답하는 편이 인상에 깊이 남는다.

여유를 잃어버리지 않는다면 잠시 생각하면서 이야기해도 시간은 충분하다. 그러기 위해서 면접도 훈련과 연습이 필요한 것이다.

그러나 압박면접을 넘어 황당한 질문을 계속해 대는 회사라면 입사를 재고해 볼 것을 권한다. 지원자는 인격존중의 대상이지 범죄피의자가 아니다. 입사 이전이라고 해서 그 정도의 존중도 할 줄 모른다면 입사하더라도 인재를 키워 나가기보다 소모품으로 쓰다 버릴 물건 취급을 할 것이기 때문이다. 당장의 입사가 중요한 것이 아니라 지원자의 성장과 발전을 확보하고 지원해 줄 토양이 되어 있는 회사인지 여부가 중요한 것이다. 면접관의 질문은 직무연관성, 인적성연관성, 조직연관성 3대 범주 안에서 결정되어야 한다.

남자친구, 여자친구 문제를 장황하게 묻거나 종교 문제를 묻거나 지나치게 사적인 질문을 해 대는 경우라면 의심해 볼 여지가 있다.

"죄송하지만 제가 질문에 정확히 답변 드리기 위해서 제가 맡을 업무와 어떤 부분에서 연관성이 있는지 먼저 설명해 주실 수 있으신지요?"라고 질문을 해 보자.

chapter 16.

처음 5분만큼 마무리 1분이 중요하다

공식 면접시간이 아니더라도

대기시간에도 긴장 풀지 마라

많은 회사들은 공식 인터뷰를 통해 지원자들을 적극적으로 파악하려는 것과 마찬가지로 '비공식 인터뷰' 동안에도 지원자를 평가한다. 회사의 취업설명회, 사전설명회, 지원서 양식에 대한 문의나 방문 등 비공식적인 만남, 심지어 면접이 끝났다고 인사하고 면접장을 나간 후에도 회사는 당신을 평가하고 있다.

미국의 한 회사가 하버드 경영대학원생들을 초청, 비공식 만찬을 가졌다. 직원들과 자연스러운 만남을 통해 회사를 홍보하는 자리였다. 이 자리에서 회사는 학생들은 전혀 눈치 못 채게 만찬 에티켓을 면밀히 관찰한 후 면접을 볼 자격을 가진 학생을 정하기로 했다.

제니퍼는 훌륭한 학점을 가지고 있었지만 만찬장에 캐주얼 복장으로 나타나 학교에 대한 불평불만을 늘어놓았다고 한다. 만찬에 참석했던 직원은 그 학생에 대해 평가보고서에 이렇게 썼다.

"그녀는 거친 매너와 형편없는 대화기술을 가지고 있다. 확언하건대 우리 중의 어느 누구도 그녀를 우리 고객 앞에 세우려 하지 않을 것이다. 그녀는 공식 면접장에 초청받을 자격이 없다"

마찬가지로 면접이 끝나고 마무리하면서 면접관이 편하게 궁금한 사항을 물어보라고 할 때가 가장 방심하기 쉬운 1분이다.

미국 아이비 플래닝 그룹의 컨설팅서비스 관리이사인 셀레스트 가르시아(Celeste Garcia)는 면접관에게 질문하라고 할 때 절대로 해서는 안 되는 질문에 대해 다음과 같이 조언한다.

"최종 입사 제의를 받기 전에 연봉 등의 복지혜택에 대해 미리 물어보지 마십시오. 그런 질문은 저와 같은 면접관을 매우 민감하게 만들며, 당신이 조직에 기여할 수 있는 가능성을 먼저 생각하는 사람이라기보다는 본인의 만족만을 생각하는 사람이라고 판단하게 합니다. 그리고 훌륭한 지원자는 질문할 기회가 왔을 때 그냥 가만히 있는 것을 선택하지 않습니다. 당신은 언제나 물어볼 것들을 준비하고 있어야 합니다. 이렇게 질문을 하는 것은 당신이 그 일에 관심이 있을 뿐만 아니라 면접관이 말하고자 하는 것에도 관심을 가지고 있다는 것을 보여 줍니다. 다른 면접관들에게 준비한 질문을 모두 했더라도 저는 당신이 그들에게 했던 것과 같은 질문을 하고 있다는 것을 알지 못합니다. 따라서 같은 질문을 하더라도 면접관에 따라 다른 대답을 얻을 수 있을 것입니다"

그렇다면 인터뷰 말미에 면접관이 질문할 것이 있으면 해보라고 할 때 하면 좋은 질문은 무엇일까? 가능하면 당신과 회사 사이의 적합성을 많이 보여 줄 수 있는 질문을 하는 것이 좋다. 또한 지원하려는 일이나 회사, 산업에 대해 당신이 얼마나 충실하게 준비했는지를 보여 줄 수 있는 지적인 질문을 하는 것도 좋은 방법이다.

"최근 한 잡지에서 비즈니스칼럼을 읽은 적이 있습니다. 그 칼럼에서 혁신을 강조하는 기업문화를 통해 이 회사가 전체적인 고객기반을 두 배로 확대하였고 현재는 가스와 에너지 컨설팅분야에 초점을 맞추어 고객기반을 확대하기 위해 노력하고 있다는 것을 알게 되었습니다. 회사에서 왜 그러한 전략을 폈으며 그리고 그 전략에 대해 어떻게 생각하시는지 알려 주실 수 있으신가요?"

이런 질문을 통해 지원자는 충실한 준비를 통해 회사가 추구하는 방향에 대해 매우 잘 숙지하고 있음을 보여 주고 있다.

면접관에게 질문할 때는 회사나 산업의 기본을 잘 알지 못하는 것처럼 들릴 수 있는 질문이나 사전준비를 철저히 하지 못한 것처럼 들리는 질문은 피해야 한다. 다음은 인터뷰 마무리에 면접관에게 하면 좋은 질문들이다.

- 이 회사에서 일하면서 가장 중요하게 여기시는 것은 무엇입니까?
- 이 회사의 기업문화를 설명해 주십시오.
- 현재 가장 중요한 부서의 목표는 무엇입니까?
- 현재 가장 중요한 회사의 목표는 무엇입니까?
- 이 회사가 업계에서 경쟁사에 비해 가지고 있는 강점은 무엇입니까?
- 이 부서에서의 업무는 회사 전체의 목표와 어떻게 연관됩니까?
- 회사생활에서 가장 즐기는 것은 무엇입니까?
- 회사가 5년 뒤에는 어떻게 변해 있을 것이라고 예견하십니까?

만약 면접관에게 강한 인상을 남기고 싶다면 지원하는 일이나 회사, 산업에 대한 지식을 보여 주는 간단한 한두 문장을 사용해서 마지막 질문을 하는 것이 좋다. 예를 들어 "이 회사는 성장하기 위해 어떤 노력을 합니까?"라고 단순히 물어보기보다는 다음과 같이 질문하면 더 좋은 이상을 심어 줄 것이다.

"건강관리 산업의 성장과 그와 관련된 컨설팅 비즈니스에 대한 많은 자료를 읽으면서 저는 최근에 이 회사가 건강관리 컨설팅 업무와 구조조정 컨설팅을 통해 크게 성장하고 있다는 사실을 알고 매우 흥미로웠습니다. 미래의 성장을 위해 이 회사는 어떤 전략을 가지고 있습니까?"

P&G팀장으로 일했던 윌슨 셀본은 인터뷰를 인상적으로 마무리하는 방법에 대해 이렇게 조언했다.

"어떤 후보자를 인터뷰할 때 인터뷰 마무리에서 강한 인상을 남기는 경우가 있습니다. 그러면 '아, 이 후보자는 정말 준비를 많이 했구나' 생각하게 됩니다. 인터뷰 말미에 질문할 기회를 주면 지원한 포지션의 범위나 전망에 대해 많은 생각을 했다는 것을 여실히 보여 주는 질문을 합니다. 이는 후보자의 열정을 보여 주기 때문에 중요한 것입니다. 당신도 그러한 질문을 통해 지원한 포지션과 관련된 범위와 전망에 대해 당신이 확실하게 이해하고 있으며 그것을 바탕으로 논리적으로 질문할 수 있다는 것을 증명할 정도의 경쟁력을 보여 주어야 합니다. 결국 그러한 질문을 통해 당신은 열정과 경쟁력을 면접관에게 보여 줄 수 있을 것입니다"

chapter **17.**

면접관들이 꼽는 불합격기준

불합격기준들을 미리 알아 두고

자신의 언어습관을 체크하자

한 외국계금융회사의 신입사원 채용가이드에 따르면 불합격자를 고른 후 합격자를 정하는 기법이 많이 쓰인다고 한다. 아래 기준을 짚어가며 자신을 객관적으로 한번 판단해 보자.

① 자기소개서의 내용이 합격기준에 못 미치고 기본자세 결여됨
② 사실적 내용의 불일치가 발견되며 정직하지 못한 내용임
③ 조직 적응에 대한 의구심이 있으며 빈번한 이동이 드러남
④ 우리 기업의 가치에 부응하지 않음
⑤ 학창 시절의 불성실과 기본자세 부족이 읽힘
⑥ 직장생활 등의 지속성 부족과 이탈이 우려됨
⑦ 상사와의 관계 등 인간관계가 부족함
⑧ 커뮤니케이션 능력과 논리추구 능력이 미흡함
⑨ 적극성, 성실성이 미흡하고 정열적, 도덕적 인생관이 부족함

⑩ 실천의지에 의구심이 들며 비현실적 · 몽환적 · 이상적 조직을 추구함
⑪ 물질적 보상에 지나친 관심이 있음
⑫ 가정사의 불안정으로 인해 심리적 · 정서적 불안정이 유추됨
⑬ 필요 이상의 초과능력 보유자임
⑭ 기타 신입사원으로서 미흡자임

또 한 기업의 면접담당자는 자신이 이력서 100장 중에서 10장을 추려 내는 기준을 소개했다.

① 남자의 경우라면 제일 먼저 병역사항을 검토한다. 병역미필자는 전형 전 탈락한다.
② 지원 자격 공고에 난 졸업연도에 지원자의 졸업연도를 대조한다. 이 기준을 무시하면 무조건 탈락한다.
③ 학력을 검토한다. 해당 직무에 필요한 최소 학력에 미달하면 즉시 탈락한다.
④ 자기소개서를 불성실하게 기입하거나 기입하지 않았을 경우 가차 없이 탈락이다. 입사지원서 중 가장 중요한 항목인 자기소개서는 해당 직무에 대한 이해와 역량 및 열정을 판단할 수 있는 가장 큰 단서이기 때문이다. 내용이 좋은가를 보는 건 나중 일, 먼저 형식에 맞춰 기입했는지 살핀다.
⑤ 어학점수가 몇 점인지는 중요하지 않다. 토익을 기준으로 950점 이상이면 우대한다. 하지만 점수가 낮다고 해서 불리하지는 않다. 600점 이하를 '가급적 배제'하기는 하지만 점수 자체로 선별하지

는 않는다. (회사마다 기준은 다르므로 회사의 채용 가이드라인은 꼭 확인해야 한다.)

⑥ 전공, 부전공과 복수전공도 합격을 크게 좌우하는 스펙은 아니다. 해당 직무와 무관하다고 해서 탈락하지는 않는다.

⑦ 학점은 최소한의 기준만 넘으면 된다. 4.5점 만점에 3.0점, 4.3점 만점에 2.7점만 넘으면 통과다. 당락의 절대기준으로 작용하지는 않는다.

⑧ 자격증이 많다고 높은 점수를 받는 것은 아니다. 지원 직무와 관련한 경험만 인정받는다.

⑨ 인턴경력 및 수상실적도 자격증과 마찬가지로 지원직무와 관련한 경험만 인정받는다.

면접관을 짜증나게 하는 말 탑10도 눈여겨봐 둘 만하다.

① 아주 좋은 질문입니다.
지원자는 면접관의 질문을 판단하는 사람이 아니라 답변하는 사람이다.

② 조금 전에 제가 말씀 드렸는데요.
방금 전에 지원자가 이야기한 내용을 다 기억하기를 기대하는 것은 무리다.

③ 방금 전에 말씀 드렸는데 또 말씀드려야 하나요?
지원자가 이런 의지를 갖고 있는 사람이라면 실제 회사 업무에 임할 때는 어떤 태도를 보일 것이라고 예상될까?

④ 아, 그게 아니고요. 제가 실수한 것 같습니다. 죄송합니다.

한 번의 실수도 복구하기 어려운 것이 면접현장이다.

⑤ (면접관이 상황 설명을 곁들여 긴 질문을 했더니)예? 다시 한번 말씀해 주시겠습니까?

굳이 답변하지 않아도 되는 상황이 올지도 모른다. 면접관의 마음은 이미 떠났으니까. 적극적인 경청이 중요하다.

⑥ 있는데요… 그런데요…('요'로 끝나는 표현들)

'다'와 '요'의 어미 차이가 기업에서는 현격하다. 성숙한 표현들을 연습하자.

⑦ 글쎄요… 죄송합니다.

지원자의 어록에서 지워야 하는 표현 중 하나다. 망설임과 주저하는 태도는 실망만 안겨 준다.

⑧ 잘 생각나지 않습니다. 죄송합니다.

한창 기억력 좋을 나이에 이런 답변은 무성의한 준비자세로 면접에 임한다는 느낌을 준다.

⑨ 그런 일은 절대, 추호도 없습니다.

'절대', '추호도', '반드시' 등의 표현은 다른 답변 상황에서 충돌이 우려된다. 가급적 사용하지 않는 편이 면접관의 귀에 거슬리지 않는다.

⑩ 다른 사람은 몰라도 저는 그런 일을 절대 안 합니다.

비교 우위는 그런 표현으로 성립되지 않는 것이 기업현장이다.

2016년 인사담당자 587명을 대상으로 실시한 설문조사에서 면접 시 주요 감점요인에 대해서는 '동문서답(19%)'이 1위를 기록했다. 다음으로는 '회사나 직무에 대해 모르는 게 많고 관심이 없어 보일 때(15%)', '자신감이 너무 없어 보일 때(13%)', '너무 잘난 체가 심할 때(10%)', '질문에 대한 답변을 지나치게 길게 할 때(8%)' 순으로 집계되었다. 이로 보아 지원자들은 질문에 대해 제대로 대답하는 스킬과 지원한 기업과 직무에 대한 자신감이 필요한 것으로 보인다.

불합격기준을 알면 피해 가는 법을 알기 마련이다. 모쪼록 필승!

PART III

기업은 어떤 인재를 원할까

chapter **18.**

크다고 다 좋을까

중소기업 처우 대기업 못지않아

국가정책 중소기업 진흥에 주력

흔히들 대기업만을 선호해 구직난이 심각하다는 말들을 많이 한다. 근무환경이 좋지 못하다는 생각, 미래가 불안정하다는 생각에 대기업을 선호하기 때문이다.

그러나 중소기업 근무자들은 이는 오해라고 지적하는 경우가 많다. 많은 기업들이 대기업 못지않은 근무환경을 제공하고 창조적이고 유연한 상상력을 발휘해 대기업에서는 실행하기 힘든 복지혜택을 적용하고 있다. 그럼에도 중소기업의 근무환경에 대한 오해가 계속되는 이유는 대기업에 비해 중소기업이 소비자에게 직업적으로 노출되는 일이 상대적으로 적기 때문이라는 지적이다.

미래는 누구에게든, 어느 기업이든 불안정하고 불확실하다. 작은 기업에서 상대적으로 더 쉽게 눈에 띄는 인재가 될 수도 있고 구인난으로 인해 인재를 소중히 생각하는 환경에서 근무하는 장점도 누릴 수 있는 것이다.

어느 나라에서든 중소기업은 국가발전에 지대한 역할을 한다. 우리나라에서도 중소기업은 전체 기업의 99%, 종업원 수의 86.8%를 차지할 만큼 국민경제의 안정적 기반을 제공하고 있다. 그중에서도 벤처기업은 양적으로 증가했을 뿐 아니라 질적으로도 크게 성장했다. 특히 성장률과 이익률은 대기업이나 일반중소기업에 비해 성과가 뛰어나 2018년말 기준으로 벤처기업들의 총 매출액은 192조원으로 우리나라 재계 2위에 해당하는 매출 규모로 나타났으며, 벤처기업 수는 3만 6천 65곳에 고용인원은 71만 명으로 재계 4대 그룹 종사자 합계 66만 8천명 보다 높은 수치로 우리 고용에 상당한 부분을 차지하고 있음을 보여 주고 있다.

중소기업의 경쟁력은 대기업의 경쟁력에도 큰 영향을 미친다. 대기업의 완제품은 많은 중소기업으로부터 부품을 수급 받아 조립을 통해 완성한다. 특히 우리나라 경제를 이끌고 있는 자동차나 전자제품은 중소기업으로부터 부품을 수급 받는 구조이므로 중소기업의 경쟁력이 국가 경제 전체에 미치는 영향도 그만큼 크다는 것을 알 수 있다.

중소기업은 지역주민들의 경제 사회 생활을 뒷받침하면서 취업기회를 제공하고 소득분배와 기술자 양성 등 지역균형발전에 기여한다. 또 노사 간의 일체감이 강해 노사분규로 인한 사회불안을 야기시키는 경우가 대기업에 비해 상대적으로 적다.

이러한 중소기업의 문화는 더 많은 고용 기회를 제공하여 사회적으로 안정된 다수를 만들어 냄으로써 중산층을 확대시킨다. 궁극적으로 중소기업의 양적, 질적 성장은 사회전체의 삶의 질을 향상시킨다.

성장이 국가의 가장 중요한 가치이던 1980년대까지 산업화를 위해 대기업을 선도적으로 성장시켜 전체 국가경제활성화를 꾀하는 방향으로 국가정책이 갈 수 밖에 없었지만 이제 양극화가 사회적으로 가장 큰 문제가 되었고 전체 산업에 온기를 불어넣기 위한 중소기업 활성화가 국가정책의 주 방향이 될 수밖에 없다.

정부가 2000년 「소기업 및 소상공인 지원을 위한 특별조치법」, 2001년 「중소기업 기술혁신 촉진법」 등을 제정해 중소기업을 지원해 왔고 '소기업 기술 경쟁력 5개년 계획'과 '중소기업 기술 혁신 촉진 계획' 수립을 추진하고, 시장에서의 자율과 경쟁 촉진을 통한 글로벌 경쟁력 제고를 장려했다. 2013년 출범한 정부는 시장경제의 허리인 중소기업 성장방안으로 '창조 경제 생태계 조성'과 '중견기업 성장 사다리 구축'이라는 큰 틀을 마련하고 창업과 벤처를 적극 장려하고 있다. 또 코스닥 상장심사보다 완화된 중소기업 전용 주식시장인 '코넥스'를 금융위원회와 협업을 통해 2013년 7월에 신설했다. 코넥스는 제3의 주식시장으로 우수한 기술력에도 불구하고 짧은 경력 등을 이유로 자금 조달에 어려움을 겪는 초기 중소기업과 벤처기업이 자금을 원활하게 조달할 수 있도록 하는 자본시장이다.

이런 여러 가지 점을 고려해 보면 청년층이 중소기업을 구직의 주요 목표로 삼아도 좋지 않을까.

국가경제의 많은 부분을 중소기업이 책임지고 있으며 특히 벤처기업, 히든 챔피언 등은 그 중요성이 날로 커지고 있다.

특히 벤처천억기업이 지속적으로 증가하면서 국가 경제에 중요한 역할을 하고 있다. 벤처천억기업이란, '98년 벤처확인제도 시행 이후 1회

이상 벤처확인을 받은 기업 103,559사('18년 말까지 누적)를 대상으로 2018년 결산기준 매출 1,000억 원을 돌파한 기업을 의미한다. 2018 벤처천억기업 평균 업력은 24.9년으로 중견기업이 대부분(65.9%)을 차지했다. 벤처천억기업 총 종사자 수는 22만 5,422명이고, 총 매출액은 134조 원이다. 국내 5대그룹과 비교할 때 각각 고용규모는 재계 2위, 매출규모는 재계 4위에 해당한다.

벤처천억기업 기업당 평균 종사자 수는 391명으로 전년 대비 3.1% 증가했다. 평균 매출액은 2,315억 원으로 전년 대비 5.4% 증가했다. 2018년 말 기준 매출 천 억을 달성한 '벤처 천억기업'이 전년도(572개사) 보다 15개(2.6%) 많은 587곳으로 나타났다.

요즘 각광받고 있는 '작지만 강한 기업'을 뜻하는 '히든 챔피언'은 각국이 다양한 정의를 내리고 이를 육성하기 위해 애쓰고 있다.

독일의 헤르만 지몬은 그의 저서 '히든 챔피언'에서 '거대 초국적 기업처럼 눈에 잘 띄지는 않지만 세계 시장에서 막강한 지배력을 행사하는 기업'이라고 정의했다. 헤르만 지몬은 히든 챔피언 선정 기준으로 첫째, 세계 시장에서 3위 안에 들거나 기업이 속한 대륙에서 1위를 차지하는 시장 지배적 기업이면서 둘째, 매출액이 40억 달러 이하이고, 셋째, 대중에게 잘 알려져 있지 않은 기업이 히든 챔피언이라고 정의했다. 즉, 규모는 작아도 세계 최강자 자리에 오른 수출형 중소기업을 의미하는 것이다.

중국의 히든 챔피언 연구에서는 '중소 규모의 기업으로 특정시장에서 지배적 위치를 차지하고 있으며 눈에 잘 드러나지 않는 제품, 그리고 오랜 기간에 걸쳐 생존한 성공적 기업'이라고 분석했다.

그리스에서는 '4개의 성공인자를 가진 기업이 좁은 시장에 집중하는 경우'를 히든 챔피언이라 하는데 이때 4개의 성공인자는 고객지향성, 혁신적 기업문화, 신기술 개발 및 몰입, 견고한 리더십과 건강한 조직문화를 말한다.

우리나라에서는 기술력이 앞서고 성장가능성이 큰 중소기업을 가르키는 말로 쓰인다.

이처럼 여러 정의를 종합해 볼 때 히든챔피언의 키워드는 집중 및 전문화, 세계화, 창의력과 품질의 혁신이라고 할 수 있다. 각국은 히든챔피언을 얼마나 보유하느냐가 국가경쟁력이라고 보고 이를 육성하기 위해 정책을 펴고 있다.

잘 고른 중소기업은 여느 대기업을 선택한 것 이상의 보람과 성장을 가져다줄 것이라는 인식이 확산되고 있는 이유이다.

chapter **19.**

기업이 원하는 기초역량

직업윤리, 기업윤리 확고한 인재 선호

면접장에서 21세기형 인재임을 어필해야

내가 원하는 일, 적성에 맞는 일을 찾았다고 하자, 그러면 그 회사가 나를 받아들여 줄 것인가가 남는다. 나는 그 회사가 적성에 맞고 여러 가지가 다 좋은데 입사가 안 되면 그거야말로 이루지 못할 사랑이 되어 버린다. 그 회사가 원하는 인재상을 정확히 파악하고 내가 그에 맞는 인재임을 어필하는 과정도 '적성찾기' 못지않게 중요하다.

유능한 직업인이 되기 위해 준비 중인 당신, 무엇이 나에게 준비되어 있고 어느 부분이 부족한지 객관적으로 파악하고 치밀하게 준비해야 한다.

대략적인 21세기형 인재상은 예전과 좀 달라졌다. 예전에는 아는 게 많고 눈치가 빠르고 말을 잘 듣는 유형을 선호했다면 이제는 계속해서 배울 줄 아는 능력, 안목이 높고 말을 잘 하는 사람이 인정받는다. IQ가 높은 인재보다는 창의력이 있는 편을 원한다. 스스로 알아서 할 줄 알고 순발력이 있으며 팀플레이를 함께 해야 한다. 예전에는 팀플레이를 따라하면 되었지만 이제는 자신이 맡은 역할을 해내고 팀에 화학적 동화되는 사람이 잘 적응한다.

삼성전자, 포스코, 현대모비스, KT, 한국가스공사, 한국전력공사는 ① 글로벌 인재 - 세계시장의 중요성을 강조하는 현실을 반영, ② 창의 - 기성세대의 관습에서 벗어난 새로운 인재희망 ③ 협력, 전문성 - 협력하여 공동의 성공을 실현하는 사람을 원한다고 밝혔다.

이런 기업들이 공통적으로 원하는 기초역량은 직업의식과 기업윤리가 확고한가 하는 것이다.

직업의식이란 각각의 직업에 종사하는 사람들에게서 나타나는 특유의 태도나 가치관, 도덕관 따위를 통틀어 이르는 말이다. 직업생활에 필요한 건전한 직업의식을 들자면 직업윤리와 책임감, 근로자로서의 정당한 권리에 대한 이해와 인식, 직업생활에 대한 긍정적이며 적극적인 태도, 직업에 대한 고정관념과 편견극복을 들 수 있겠다.

직업관이 직업에 대해 가지고 있는 태도와 가치관을 말한다면 직업윤리는 직업생활을 하면서 지켜야 할 도덕적 원리 또는 행동규범을 말한다. 직업윤리의 기본원칙을 열거하자면 ① 공적인 자원을 사적인 용도로 사용하지 않는다. ② 업무를 투명하고 공정하게, 규정된 절차와 기준에 의해 진행한다. ③ 고객의 요구를 우선적으로 고려해 고객만족을 추구한다. ④ 프로의식을 가지고 전문가로서 책임 있게 업무를 수행한다. ⑤ 법규를 준수해 공정하게 행동한다. ⑥ 모든 업무활동을 숨김없이 정직하게 수행하고 신뢰를 지켜 나간다.

직업윤리의 기본원칙을 들자면 객관성의 원칙, 고객중심의 원칙, 전문성의 원칙, 정직과 신용의 원칙, 공정경쟁의 원칙을 들 수 있다.

객관성의 원칙은 업무의 공공성을 바탕으로 공사구분을 명확히 하고 모든 것을 숨김없이 투명하게 처리하는 원칙을 말한다. 공적인 자원을 사적인 용도로 사용하지 않는 것은 기본인데도 의외로 이 부분이 취약한 사람들을 많이 볼 수 있다.

고객중심의 원칙은 고객에 대한 봉사를 최우선으로 생각하고 현장중심, 실천중심으로 일하는 원칙을 의미한다. 취업을 하고 월급을 받는 것은 자기의 월급이 나오는 곳을 중심으로 사고하고 일한다는 의미이다. 이익이 창출되는 곳, 고객에 충성을 다하고 이익이 창출되는 현장을 중심으로 생각하고 일하는 것은 어찌 보면 당연한 것이다.

전문성의 원칙은 자기 업무에 전문가로서의 능력과 의식을 가지고 책임을 다하며 능력을 연마하는 것을 의미한다. 현대인이 직장생활을 하면서 가장 두려워하는 부분은 얼마든지 자신을 대체할 인력이 존재한다는 것이다. 대체자원을 구하기 어려울수록 그의 가치는 높아지는 것. 누구도 대신할 수 없을 정도로 자신의 업무에 탁월한 전문성을 가지고 있다면 그가 무슨 일을 하건, 직급이 어떠하건 간에 그가 진정한 갑이다.

정직과 신용의 원칙은 업무와 관련된 모든 것을 숨김없이 정직하게 수행하고 본분과 약속을 지켜 신뢰를 유지하는 것을 말한다. 직장인이 아니더라도 인간이 갖추어야 할 기본 품성이라 하겠다. 신용은 정직해야 쌓을 수 있는 것이며 함부로 약속하거나 허세를 떨어서는 얻을 수 없다.

공정경쟁의 원칙은 법규를 준수하고 경쟁원리에 따라 공정하게 행동하는 것을 의미한다. 법규를 지키고 원칙에 따라 업무를 진행하는 것이 오래 걸리고 답답하게 느껴질 수도 있지만 업무를 해 보면 이것이 더 빠르고 안전하다는 것을 체험하게 될 것이다. 당장은 빠르다고 해도 잘못된 것을 고치는 데 훨씬 더 많은 시간과 자원이 투하되고 책임소재를 가리기 시작하면 왜 법규와 원칙을 따라야 하는지 절실히 느낄 것이다.

직업인으로서 책임의식과 성실한 태도도 중요하지만 근로자로서 자신이 갖는 당연한 권리를 잘 알고 보호받을 수 있는 방법에 대한 지식을 갖추는 것도 중요하다. 무비판적인 순종형 근로자가 인정받는 시대는 지나갔다. 동료들과의 화합을 위해서도 기본적인 자기보호는 할 줄 알아야 한다.

직업생활을 단순히 자신의 삶을 지탱하기 위한 수단으로만 생각하지 말고 사회공헌과 사회발전에 기여하는 것임을 스스로 인식하는 등 직업생활에 대한 긍정적이고 적극적인 태도를 가져야 한다. 직업에 대한 잘못된 고정관념이나 편견은 진로역량을 개발하는 데 장애요인으로 작용할 수 있다. 어떤 직업의 드러나 보이는 부분과 감춰져 있는 이면에 대한 사실들을 살펴봄으로써 직업에 대한 유연하고 개방적인 태도를 갖는 것이 중요하다.

이런 직업윤리만큼 중요한 것이 직장예절이다. 출생, 성장과정, 성별 등이 다른 사람들이 모여서 공동의 목표를 만들어 가는 직장에서는 기본 수칙이나 예절을 지키는 것이 무엇보다 중요하다. 더군다나 나에 대한 아무런 사전 정보가 없는 사람들에게 이미지를 만들어 가야 하는 초년병에게는 직장예절 숙지가 꼭 필요한 전투화 같은 존재다. 직무능력이 무기라면 직장예절은 행군을 가능하게 해 주는 전투화 같은 것. 너무 크거나 작으면 물집이 잡혀 얼마 가지 못 한다.

문제는 그런 것들을 얼마나 내 것으로 숙지하고 있는가를 보이는 것이다. 면접장에서는 자신이 준비된 인재인지, 직업에 대해 제대로 이해하고 있는지를 보이는지가 포인트이다. 이를 제대로 어필한다면 기업들은 서로 데려가고 싶어 한다.

chapter **20.**

몸에 배인 예절은 나를 빛나게 한다

잘 웃고 인사 잘하면 누구나 좋아해

타인이 모인 회사에서 예절은 기본

"아니, 뭘 그렇게 각 잡으며 사나요? 편한 게 좋은 거 아닌가요?"

예의범절을 강조하면 이런 질문 열에 서넛은 꼭 한다. 사람과 사람은 아무리 가까워도 지켜야 할 거리와 예의가 있다. 무촌이라고 하는 부부도 그런데 타인들을 모아 놓은 직장, 회사는 더욱 그렇다. 내가 편하다고 남도 편할 리가!

예의범절이 몸에 배인 것이 얼마나 엄청난 가치를 지니고 있는가에 대해서는 하루 종일이라도 이야기할 수 있다. 학교생활을 막 벗어난 청년들의 경우는 아직 그 가치를 이해하지 못할 수도 있겠지만 예의는 사실 굉장히 간단한 원리이다. 남이 나에게 해 주었으면 하는 바를 내가 남에게 실천하는 것이다.

먼저, 가장 중요한 것은 인사이다.

인사 잘하는 사람은 어딜 가나 사랑받는다. 민원인 상대가 많았던 한 회사에서는 1년 인턴생활을 시키고 정규직원을 선발하는 데 선발된 사람은 100% 인사 잘하는 직원이었다. 적당한 크기의 밝고 활기찬 목소리로 웃으며 하는 인사는 누구나 기분 좋게 받는다. 특히 월요일 아침을 상쾌하게 만드는 젊은 사람들의 생기 있는 인사는 조직에 활기를 불어넣는다. 성의 없는 태도, 건성으로 하는 인사는 아니 하느니만 못하다. 그 고개 숙이는 게 무엇이 그리 힘든지 무성의한 까딱거림이 선배들을 얼마나 열 받게 하는지 아마 상상도 못할 것이다.

인사를 잘했으면 그 다음은 표정.

늘 뚱한 표정으로 듣고 앉아 있으면 상사들은 '재는 무슨 생각을 하는 걸까?'하게 된다. 일을 좋아하고 소중하게 여기는 긍정적 자세는 밝은 표정으로 표현된다. 당신이 상사라면 일하고 싶어 하는 사람과 일하고 싶지 않겠나. 긍정적인 자세로 지시를 받고 기한과 수량 등 중요내용을 확인한다. 생글생글 웃으면서 일을 등한시하면 겉 포장지만 좋은 불량품이다. 곧 반품처리 될 수 있음을 인지해야 한다. 미소는 성실히 일을 잘해야만 효과가 배가된다는 것도 명심할 것.

일을 시켰으면 보고를 하라고!

엄부를 수행할 때 지켜야 할 중요원칙을 들라면 당연히 보고이다. 첫째도 보고, 둘째도 보고이다. 상사나 회사가 모든 일을 직접 할 수는 없다. 지시를 했으면 원활하게 돌아가는지 궁금한 것은 당연지사! 5분마다 보고를 하라는 것이 아니라 중간중간 상황변동이나 진행 상황 등을 디테일하게 보고하는 것은 성공하는 직장인의 필수규범이다.

"귀찮게시리 뭘 시시콜콜 보고 하면 어린아이처럼 보이지 않을까요?"

맞다. 직장에서 당신은 어린아이이다. 업무에 대해 아무것도 모르는 주제에 나서지 마라. 초짜에게 시켜 놓고 상사는 얼마나 불안할까? 간결하고 정확하게, 그러나 진실 되게 보고하라. 과장도 축소도 왜곡도 안 된다.

동료나 선·후배 사이에는 아무리 친해져도 존댓말을 쓰는 것이 좋다. 학교나 동호회에서 만난 것과 사회, 직장에서 만난 것은 엄연히 다른 관계이다. 하대는 언제든 흠이 될 수 있지만 존댓말을 쓰는 것이 흠이 되는 경우는 거의 없음을 명심하라.

회사에 첫 출근하는 후배에게 가장 단순하지만 중요한 행동원칙을 하나 말해 달라고 묻는다면, 그 후배가 친한 후배라면 이렇게 이야기해 주겠다.

"무조건 정해진 출근시간보다 30분 일찍 출근해라. 아니, 1시간 일찍도 좋다. 일찍 와서 업무를 준비하는 식원만큼 예쁜 후배도 없는 법이다"

chapter 21.

사소한 그러나 중요한 예절

전화 걸고 받을 때 매너 특히 중요

기본 예의 숙지해야 좋은 관계형성

전화를 걸고 받을 때 특히 매너를 지켜야 한다. 전화는 개인의 이미지를 보여 주는 중요한 수단이다. 전화를 걸거나 받을 때는 신경을 써야 한다. 목소리만 들을 수 있고 얼굴을 볼 수 없지만 전화를 거는 사람의 태도나 자세를 감지해 낼 수 있다. 직접 대면할 때보다 또박또박 말하고 간결하게 말하는 습관이 배여야 한다. 상대의 휴식을 방해하지 않는 시간에 짧게 얘기해야 한다. 상대방의 상황을 내가 충분히 살필 수 없기 때문에 짧게 할 수 있는 말을 장황하게 늘어놓아선 안 된다. 통화를 할 때는 "안녕하세요", "고맙습니다", "부탁합니다", "죄송하지만…", "실례합니다" 등과 같이 공손한 표현을 사용해야 한다. 통화를 끝내고 전화를 끊을 때는 수화기를 살짝 내려놓아야 한다. 일반적인 상황에서는 상대방이 먼저 수화기를 내려놓은 다음 수화기를 천천히 내려놓아야 한다. 특히 윗사람, 사장, 여성 등과 통화를 할 때는 상대가 끊었는지 확인하고 끊도록 습관을 들여야 한다. 통화가 끝났다고 수화기를 내던지듯 놓는 사람도 있는데 정말 실례가 된다. 휴대전화에선 특히 “지금 전화받기 괜찮으신가요?”라고 물어 보아야 한다. 전화를 받을 때도 온화한 말투로 전화 건 사람이 누구인지와 누구를 찾는지를 물어야 한다. 전화는 세 번 울린 후 받도록 하고 그 이상이 되면 죄송하다고 해야 한다. 상대가 나를 볼 수 없는만큼 상대의 말을 귀담아 듣고 있음을 알게 해 주는 표현을 해야 한다. 당신이 미소 짓고 있으면 어떻게든 말로 표현해야 하고 눈을 맞춰 얘기할 수 없는 만큼 상대방의 이름을 좀 더 많이 불러야 전화로 하는 대화가 만족스럽게 되고 좋은 이미지를 만들 수 있다.

요즘에는 공부모임이나 사교모임 등 다양한 모임이 많다. 자신만 적극적이라면 얼마든지 인맥형성의 기회가 주어지는 셈이다. 모임에 초대받았다면 참석여부를 되도록 빨리 상대방에게 알려야 한다. 모임에 친구를 데려가고 싶다면 먼저 모임주최자에게 전화를 걸어 동의를 구해야 한다. 친구를 데려가면 모임에 참석한 사람들에게 친구를 소개하는 것도 잊지 말아야 한다. 모임에서는 좋은 분위기를 깨뜨리지 않는 것이 참석자의 의무다. 고민이 있더라도 잠시 젖혀 두고 모임에 참여한 이상 마음을 편안하게 갖고 즐겁게 지낸다. 또 모임에서는 자신의 발언 차례를 피하기 어려우니 주제와 관련한 내용으로 겸손하게, 길지 않게 한다. 우스갯소리를 한다고 음담패설을 해서는 안 되며 여성과 연장자를 존중해야 한다. 모임은 가장 좋은 사교장소다. 교제범위를 넓히기 가장 좋은 기회니 만큼 모르는 사람이 있더라도 배운다는 자세로 적극적으로 이야기를 나눈다면 좋은 인상을 줄 수 있다.

요사이는 파티나 리셉션 같은 모임에도 참석할 기회가 많아지고 뷔페식사도 많이 하게 된다. 그럴 때 유의해야 할 점은 먹는 데 집중하지 말라는 것이다. 제아무리 매력적인 외모와 좋은 첫인상을 가지고 있어도 먹는 데만 집중하고 있다면 누가 다가가 말을 걸 수가 없다. 먹을 때는 개도 안 건드리니까!

뛰어난 사람은 모임에 올 때 배고픔을 해결하고 온다. 그리고 모임에 와서는 가벼운 와인이나 음료수 한 잔으로 목을 축이며 많은 사람들과 대화에 집중한다.

무역업을 시작하려는 후배가 업계의 성공한 선배들에게 물어보았다고 한다. "아무래도 영어가 기본이니 영어부터 숙달이 돼야겠지요?" 물었더니 다들 이렇게 답했다. "기본은 매너입니다. 한국인들이 무역협상을 망치는 것은 기본 매너를 지키지 않기 때문입니다. 서로 팔고 사기 위해 만나는 것이니 만큼 말이야 기본만 하면 커뮤니케이션이 되죠. 가장 기본인 매너가 뭔지 모르거나 지키지 않아 무역업에 실패합니다"

우리나라 사람들이 가장 착각하는 부분이 이 부분이다. 기본이 매너라는 것, 스펙과 학벌은 그 다음이라는 것.

인간관계 형성의 기본 예의는 자기생각을 너무 강요하지 않는 것이다. 상대의 문화를 이해하려는 노력도 물론 해야 하지만 나의 문화를 상대방이 이해할 수 있도록 도울 것. 상대방을 대할 때는 당연한 예의지만 자기 생각을 상대방에게 강요하거나 자기 문화를 기준으로 상대의 문화를 평가하고 일방적으로 가치판단을 해서는 안 된다. 나도 이런 실수를 많이 해 왔지만 각별히 조심해야 할 부분이다.

'나의 언행 하나하나가 쌓이고 쌓여 신뢰를 만든다'라는 말이다.

예의를 지키는 것이 격식 차리는 것이어서 부담스럽다는 사람들도 있다. 예전처럼 매뉴얼대로만 응대해야 한다는 식의 강요는 많이 없어졌지만 상대방을 존중하고 배려하는 태도가 드러나는 것이 매너, 예의라고 보면 부담스럽지만은 않을 것이다.

chapter **22.**

명함 주고받기가 인사의 시작

명함은 꼭 휴대하고 따로 지갑 구비하라

받은 명함은 데이터베이스화 해야 인맥돼

"명함을 항상 휴대해야 하나요? 전 영업직이 아닌데요"

라고 묻는다면 나는 큰 소리로 "네, 네, 네, 그렇습니다"라고 할 것이다.

혹시라도 명함을 휴대하지 않아 상대방의 명함을 받기만 했다면 이메일을 보내 연락처를 알리도록 한다.

일하는 시간 외에는 명함을 안 가지고 다닌다는 사람도 보았는데 일과 사생활을 엄격히 구분하는 스타일이겠으나 사람 일이 일과 사생활, 칼로 그은 듯 나눌 수 있는 것도 아니지 않겠는가.

사회생활을 하는 사람이라면 자기 명함에 각별한 신경을 써야 한다.

좋은 인맥을 만들고 싶다면 항상 명함 휴대는 기본이다.

명함은 신분의 상징일 뿐만 아니라 다른 사람에 대한 존중을 나타내며 교양의 표현이다. 자신을 소개할 때 사람들은 자신의 직위를 밝히는 것에 불편함을 느낀다. 특히 직함이 많거나 여러 직무를 겸하고 있을 때는 더욱 그렇다. 직함이 많으면 사람들이 너무 화려해 보인다고 생각할 수도 있기 때문이다. 이때 명함을 사용하면 문제를 쉽게 해결할 수 있다. 명함은 사람에게 깊은 인상을 주며 갖고 있는 시간도 긴 편이다. 명함만 있으면 일이 바빠도 다른 사람을 잊을 염려가 없고 언제든 연락이 가능하다. 또한 자신을 계속 소개하고 홍보하는 기능도 갖고 있다. 명함은 홍보의 기능이 있어 업무를 진행할 때 명함을 통해 상대방에게 자신이 하고 있는 일을 알려 준다.

한 무역회사 대표는 자개로 된 명함지갑을 이용하는데 해외바이어와 상담을 할 때 꺼내 들면 시선이 집중된다고 한다. 자개의 아름다움을 설명하면서 자연스럽게 한국문화의 우수성에 대한 설명도 곁들인다고.

명함은 되도록 명함지갑에 넣도록 하고 서류가방, 혹은 상의주머니에 넣어 둔다. 특이한 명함지갑을 가지고 다니는 것도 센스다. 사무실에서는 서랍이나 명함곽에 넣어 두어도 된다. 명함을 두는 위치가 고정적이면 필요할 때 쉽게 찾을 수 있을 뿐 아니라 일을 용의주도하게 처리한다는 인상도 줄 수 있다.

명함을 줄 때는 두 손으로 건네야 하며 친절하고 활기차게 "여기 제 명함입니다. 앞으로 자주 연락해 주십시오"라고 말한다. 명함의 앞면이 상대방을 향하게 하고 명함의 하단을 잡아 상대방이 쉽게 받을 수 있도록 한다. 명함을 건넬 때는 상대방이 존중받고 있다는 느낌을 전달해야 한다. 자리에서 일어나 상대방에게 걸어가서 얼굴에는 미소를 띤 채 상체는 15도 정도 기울이고 두 손으로 명함을 잡아 가슴높이까지 올려서 건넨다. 지위가 낮은 사람이 지위가 높은 사람에게 먼저 건넨다. 여러 사람과 명함교환을 할 때는 지위고하를 따지기 어렵기 때문에 가까운 곳에서 먼 곳으로, 아니면 시계방향으로 건네는 것이 좋다.

상대방의 명함을 받으면 고개를 끄덕이며 감사의 말을 해야 한다. 받자마자 넣어서는 안 되며 장난을 하거나 아무렇게나 내팽개쳐 두어서는 안 된다. 상대방을 존중한다는 뜻을 나타내려면 명함을 한번 꼼꼼히 살펴봐야 한다. 이때 상대방의 이름, 직무, 직위를 유심히 보고 소리 나지 않게 가볍게 읽어 보는 것도 좋다. 그런 다음 명함을 자신의 명함지갑이나 핸드백에 넣는다. 명함을 받고 난 후 여백에 언제 어떻게 만난 건지와 그의 특징을 써 둔다. 그리고 반드시 그의 이름을 외워 둔다. 오래된 명함이라도 버리지 않는다. 명함은 잘 정리해 두면 반드시 쓸모가 있다. 요사이는 명함 정리 프로그램 좋은 것들이 컴퓨터 프로그램이나 스마트폰 어플리케이션으로 많이 나와 있다.

인간관계를 성공적으로 만들어 가려면 처음에 나를 상대방에게 얼마나 센스 있게 전할 수 있는지가 출발점이다. 인간관계를 맺는다는 것은 상대방이 나를 인정해 준다는 의미가 있다. 인맥이란 그냥 아는 사람을 만드는 게 아니라 상대방이 나를 알아주고, 내 존재를 인정해 주고, 거기서 어떤 무엇인가를 창출할 가능성이 있다는 것, 이 점이 인맥을 강건하게 하는 포인트다.

chapter **23.**

호감을 표현하는 보디랭귀지, 악수

나만의 악수로 깊은 인상 남기자

호감을 전달하도록 마음을 담아

악수는 그 역사가 아주 오래됐다. 고대 그리스 로마시대에 서로 무기를 갖고 있지 않다는 사실을 확인하기 위해 오른손을 잡은 것이 유래가 됐다고 한다. 군대에서의 경례도 같은 이유로 시작됐다고 하는데 현재 통용되는 악수의 형태로 정착한 것은 약 150년 전, 산업혁명이후 '계약이 성립'되었음을 나타내기 위한 보디랭귀지라고 한다. 현재는 유럽만이 아니라 전 세계적으로 만남과 이별의 인사를 대신하고 있다.

악수를 하는 속마음이 어떻든 너무 세게 잡으면 상대방에게 압박을 주어 부자연스럽고 꺼림칙한 사람이라는 인상을 준다. 팔꿈치를 살짝 구부리고 손바닥을 위에서 아래로 향하게 해서 상대방의 손을 힘 있게 잡는다. 처음부터 무조건 힘을 주어 잡지 말고 손을 잡은 지 일초 정도 지난 후부터 세게 힘을 주고, 마주잡는 시간은 6초 이내로 하며 상대방의 손바닥까지 확실하게 잡아 한두 번 정도 흔든다.

정치인들의 경우 너무 많은 악수를 하다 보니 손끝만 살짝 잡는 경우도 있는데 이는 '나는 댁한테 흥미 없다'는 사인이니 안 하느니만 못하다.

여성끼리 하는 악수이거나 여성이 남성에게 악수를 청할 때 만일 상대방을 존경하고 좋아하는 마음을 전달하고 싶다면 한 손이 아닌 두 손으로 하는 것도 좋다. 오른손으로 악수를 하면서 왼손으로 살짝 그 위를 덮듯이 가볍게 감싸는 방법이다. 남성끼리 하는 인사일 경우 한 손으로 하면 충분하지만 계약이 성립된 기념이나 악수하는 장면을 지켜보는 사람들이 있을 때는 양손으로 하는 것이 정중해 보인다. 두 손으로 적당한 힘을 주어 악수를 함으로써 공감대를 형성하고 성실하고 따뜻한 사람이라는 이미지를 연출할 수 있다.

악수 하나만 잘해도 심리적 호감 이전에 생리적 호감을 얻을 수 있다. 그러나 손에 땀이 잘 차는 사람이나 차가운 사람은 고민이 많다. 미국에서는 축축한 손을 보고 '웨트 피쉬 핸드', 즉 축축한 물고기 손 같다고 불쾌감을 표시한다. 보송보송한 손은 좋은 느낌을 주지만 긴장을 하거나 체질상 땀이 많은 사람은 어쩌라는 말인가. 이런 경우는 악수를 하기 전에 "긴장해서 그런지 손에 땀이 좀 났습니다"하고 솔직하게 말하는 게 좋다. 그런 말을 하면서 악수하기 전에 손수건이나 옷에 손을 닦으면 효과 만점이다.

미국의 대표적인 매너 서적인 에밀리 포스트의 『에티켓』에는 악수를 어렸을 때부터 가르쳐야 하는 필수예절로 소개하고 있다.

"게임을 하듯 자연스럽게 놀면서 인사와 악수하는 법을 배우게 하라…(중략)…아이가 악수를 할 수 있게 되면 상대방을 보고 미소를 지을 수 있도록 가르치고, 미소를 지을 수 있게 되거든 '안녕하세요'하는 인사를 건네며 상대방의 이름을 부르도록 가르쳐야 한다"

chapter **24.**

직장은 회의로 돌아간다

회의는 직장인들의 자기발전의 장

미리 준비한 만큼 성과가 생긴다

대부분의 직장이 회의를 통해 업무내용을 공유하고 성과를 체크하고 미래를 준비한다. 그야말로 회의를 통해 돌아가는 것이다. 직장생활을 하다 보면 각종 회의에 참석하게 된다. 회의에 참석하기 전에 의제는 무엇인지, 시간은 언제인지, 참석대상자는 누구인지 등을 미리 파악하고 자신이 발표할 의견을 미리 준비해야 한다.

회의는 직장인들에게 자기발전의 기회다. 회의에서 소홀히 여기면 안 되는 예의는 먼저, 옷차림에 주의해야 한다. 되도록 정장을 갖춰 입는 것이 실수하지 않는 비결이다. 또 회의가 있을 때는 5분 전에 도착해 있어야 하며 회의시간에 딱 맞춰 회의실에 들어오거나 다른 사람에게 지장을 주는 등의 일을 삼가야 한다. 회의 주최 다른 참석자보다 먼저 앉아서는 안 된다. 회의하는 동안에는 다른 사람의 말을 주의 깊게 들어야 한다. 최소한 경청하는 자세는 보여야 한다. 회의에서 다른 사람의 말이 끝나면 긍정과 지지를 표시해 주어야 한다. 친한 사람끼리만 모여 앉지 말고 회의진행자의 통솔에 자발적으로 협조한다. 자신의 의견이나 주장만 고집하지 말고 다른 사람의 인격을 침해하거나 감정을 상하게 하는 언행을 삼간다. 발표에 앞서 사회자의 허락을 받고 발표제한시간을 잘 지킨다. 특히 사소한 이야기를 장황하게 늘어놓지 말고 회의 도중 흥분하지 않도록 한다. 시종 아무 말도 하지 않는 태도는 바람직하지 않다. 꿔다 놓은 보릿자루처럼 굴면 곤란하긴 하지만 초년병의 경우에 발표하라고 지목되거나 미리 차례가 정해진 것이 아닌데도 설익은 의견을 함부로 나서서 발표, 일을 망치는 경우가 사실 더 문제다. 초년병일 때는 회의시간에 특히 더 조심해야 한다. 부득이한 경우가 아니고선 회의중에는 자리를 뜨지 않아야 한다. 프로들은 회의 전에는 목을 축일 정도의 물 외에는 잘 마시지도 않는다. 회의에서 활달하고 적극적이면서도 긴장을 늦추는 유머를 발휘하는 것, 회의시간에 돋보이는 매너다.

일반적으로 같은 영역에서 열리는 심포지엄이나 다른 분야 사이에 개최되는 회의는 사람들이 교류하고 서로 알게 되는 좋은 매개체다. 우리는 평소에 일을 하면서 접촉할 기회가 없었던 사람들을 회의를 통해 알게 될 수도 있다. 그런 사람들이 나의 일에 당장 직접적인 영향을 주진 않지만 나중에 어떤 방면, 어떤 일로 도움을 얻게 될지는 알 수 없다. 대개 선배가 주도적으로 이야기하는데 옆에 배석하게 되는 경우가 많다. 그때 내가 선배가 되어 후배를 데리고 협상 장소에 들어설 때 후배에게 어떤 역할을 기대할지 이런저런 시뮬레이션을 해 보고 상상해 보는 것이 도움이 된다. 모든 곳이 배움의 장소이지만 초년병에겐 회의장, 협상장만큼 배울 점이 많은 공간도 드물다. 긴장관계 속에서도 상대를 배려하고 압박하면서 커뮤니케이션하는 선배의 기술을 몽땅 흡수하겠다는 자세로 경청할 필요가 있다.

협상을 하는 회의의 경우는 특히 상대방을 존중하고 배려하는 모습을 보여야 하고 서로 이익을 얻는 협상이 되도록 해야 한다.

IV

인맥 쌓는 필살기

chapter **25.**

빛나는, 그러나 가지기 힘든 것…내 사람, 내 인맥

결국은 인간관계, 인맥 좋아야 성공

길게 보고 넓게 움직여야 내 사람돼

배려해 씨와 진지해 씨는 회사 동기다.

같이 입사했고 비슷한 성적으로 입사했지만 입사 15년이 지나니 상황이 사뭇 달라졌다.

사실 대학은 진지해 씨가 일류대로 손꼽히는 대학을 나왔으나 배려해 씨보다 한두 해씩 승진이 늦어지고 주변의 평가도 배려해 씨가 훨씬 좋다. 왜 사람들은 배려해 씨를 더 좋아할까? 진지해 씨는 초조하기 그지없다.

이런 경우는 무수히 많다. 비슷한 조건에서 출발했어도 인간관계를 어떻게 형성하느냐에 따라 몇 년 후에는 많이 다른 결과를 보인다.

무리하게 단순화시켜 말하긴 했지만 진지해 씨가 인간관계에서 이런 난맥상을 보이는 이유를 하나씩 짚어 보자. 우리가 사회생활을 하면서 놓치고 있는 지점, 인간관계, 인맥관리 등을 다시 출발점에 선 기분으로 짚어 가다 보면 우리가 배워야 할 점이 드러날 것이다.

많은 사람들이 힘들어하는 것이 돈 문제보다도 인간관계 문제다.

누구나 사람들이 나에게 관심을 가지고 나를 좋아해 주고 사랑해 주길 바란다. 혹시 몇 명은 사랑받길 원치 않는다고 말할지도 모른다. 자신이 그걸 원한다는 것을 모르거나 포기한 경우다. 그러나 그런 사람들도 솔직하게 자기 자신과 대화해 보면 햇빛이나 산소처럼, 혹은 물처럼 갈구하고 있음을 알게 될 것이다.

세상 모든 가치는 결국 사람이 창출한다. 따라서 기업은 물론 각 개인의 인생에서 가장 중요한 자산은 '사람'이다. 사람을 많이 얻은 자가 결국엔 치열한 비즈니스전장에서 승리해 개선가를 부를 수 있으며 사람을 많이 얻은 자가 인생의 풍요로운 미래를 개척해 나갈 수 있다.

그것에 앞서 인간관계를 쌓아 가며 서로 돕고 인정받으며 사는 기쁨을 누리는 것, 그게 행복인 거다.

또 현대사회는 더욱 그렇다. 깊고 깊은 산중에 들어가 혼자 산대도 일상적인 필요물품을 사기 위해선 산을 내려와야 한다. 이젠 모든 물건을 자기가 생산하기란 거의 불가능한 시대다. 그리고 더불어 살아야 재밌는 법이다.

아무리 잘나고 능력 있는 사람도 혼자 잘나선 잘 나가기 어렵다.

사람 능력은 솔직히 거기서 거기다.

그가 말하면 재미있어서 쳐다보게 되고 따뜻한 말로 주변을 감동시키고 배려하는 행동이 돋보여 인정을 받는 사람이 잘 나가고 실적도 좋은 건 당연한 게 아닐까?

그렇지만 그렇게 좋은 인간관계, 내게 힘이 되는 인간관계를 형성하는 것이 마음처럼 쉽지 않다. 핸드폰에 저장된 번호가 많다고 해서, 어딜 가나 아는 사람이 많다고 해서 인맥이 넓고 인간관계를 잘하고 있는 것일까?

문제는 내게 힘이 되고 의지할 수 있는 내 편, 내 사람이 인맥인 것이고 빛나는 만큼 가지기 어려운 것이다.

살아가는 데 가장 필요한 것임에도 사실 우리는 그걸 정식으로 배워본 적이 없다.

chapter **26.**

나는 얼마나 남에게 관심을 가지고 있을까?

모든 사람은 자기 자신에게만 관심

그럴수록 관심을 가져 주면 내 편

사람들이 명품을 걸치고 외제차를 타고 침을 튀여 가며 자식 자랑을 하는 이유는 뭘까?

내게 관심을 보이고 나를 인정해 달라는 것이다. 관심 끌고 싶고 돋보이고 싶은 이유는 뭘까? 그만큼 사람은 자기에게 관심이 많고 인정받고 싶어 한다. 그 말을 바꾸어 보면 나를 인정해 주는 사람, 내게 관심 있는 사람을 좋아하게 되어 있다는 말이다.

대부분의 사람은 '나'에 대해서만 관심이 있다.

대영제국을 다스렸던 사람 중에 가장 영리한 사람으로 꼽히는 디즈레일리는 이렇게 말했다.

"다른 사람에게 그 사람 자신에 관한 말을 해 보라. 그러면 그는 몇 시간이고 듣고 있을 것이다"

인맥을 형성하고 상대방을 내 편으로 만들기 위한 가장 기본적인 방법은 그에게 관심을 가지는 것이다. 그에 대해 알고 싶고, 묻고, 들어야 한다.

대개의 사람들은 자신들에 대해서만 관심을 가지고 있다. 물론 다른 사람에게도 관심을 가지고 흥미를 느끼지만 자신에 대한 것과는 비교가 안 된다. 그럴 때 우리는 상대방에 대해 관심을 가지고 그가 무얼 좋아하는지, 무엇에 흥미를 느끼는지 물어야 한다.

"어떻게 이렇게 훌륭한 회사를 운영하게 되셨나요?"

"아들을 그렇게 훌륭하게 키우신 비결은 뭔가요?"

"미술품 컬렉션이 대단하다고 하던데요, 어떻게 그렇게 모으시게 됐나요?"

관심을 가져야 한다. 그의 직업에 대한 정보를 수집하고 그의 관심사가 무언지 물어보고 주로 무엇에 대해 얘기하는지 유심히 살펴야 한다.

그리고 배운다는 자세로 그에게 관심을 가지고 그의 이야기를 묻고 들어야 한다. 그의 가족들에 관심을 가지고 그의 취미에 대해 관심을 가지는 이유가 뭐라고 생각하나?

환심을 사기 위해서?

그가 나에게 이득이 될 사람이어서?

그런 생각으로 접근하고 계산기를 두드리며 몇 가지 테크닉으로 다가간다면 실패를 맛보게 될 뿐이다.

인간관계는 몇 가지 테크닉을 습득한다고 좋아질 만큼 간단하지 않다.

그러나 아주 간단한 원리에서 출발한다.

사람을 좋아하는 마음이다.

진정성을 가지고 사람을 좋아하면 저 사람은 왜 저러나 호기심이 생기고 긍정적인 면을 찾는 마음으로 보다 보면 관계는 좋아진다.

너무 간단한 원리다.

배려해 과장은 말이야, 무심한 듯 하면서도 회식 때 내가 한 말을 다 기억하고 있었나봐, 우리 애가 하도 밥을 안 먹어서 힘들다고 한 거 있잖아. 근데 어제 그러더라구, 자기가 주변에 좀 물어봤더니 애한테 음식들을 펼쳐 놓고 먹고 싶은 거 고르라고 하고 요리하는 데 자기가 뭐라도 한 것처럼 만들면 잘 먹는다는 거야, 왜 재료를 애더러 넣으라고 하거나 재료들 섞거나 젓게 한다거나 그러면서, 네가 만들어서 정말 맛있네, 이러면 진짜 잘 먹는대. 어제 퇴근하고 당장 해보니까 그렇게 안 먹던 애가 너무 잘 먹는 거 있지. 배 과장이 정말 고맙더라. 왜 인기 있는지 알겠더라구.

성공학의 대가 지그 지글러라는 사람은 이렇게 말했다.

"당신이 상대에게 얼마나 세심하게 관심을 기울이고 있는지 알기 전까지 상대는 당신에게 신경쓰지 않는다"라고.

chapter **27.**

이름을 불러 주자 내게 와서 꽃이 되도록

이름이나 명칭 생각보다 중요
그가 원하는 호칭을 써야 한다

그가 원하는 호칭으로 부르는 것부터 시작하자.

직책만 부르지 말고 성과 이름을 모두 부르고 그가 자랑스러워하는 직책으로 불러야 한다.

인터뷰를 하거나 만나러 갈 때 그의 이름과 직책을 정확히 아는 것만큼 중요한 기본은 없다.

가장 좋은 방법은 그가 불러 주길 원하는 호칭을 아는 것인데 단도직입적으로 "뭐라고 불러 드릴까요?"라고 묻는 것은 대단히 실례다. 상대가 대답하기 곤란한 질문이니까. 가장 존중받는 느낌을 주는 호칭으로 불러야 한다.

큰 딸이 입사하고 첫 인터뷰 갈 때 직속부장이 가장 강조한 것은 약 세 달밖에 장관을 지내지 않은 사람이었지만 장관님이라고 불러야 한다는 것이었다. 하루를 장관으로 지냈어도 장관님으로 불러야 한다는 것.

미국 초대대통령인 조지 워싱턴조차 '미합중국 대통령 각하'라고 불리길 원했으며 콜럼버스는 '해군 제독 겸 인도총독'이라는 호칭을 부여해 달라고 청원했다. 러시아의 예카테리나 여제는 '여왕폐하'라는 칭호를 사용하지 않은 편지는 거들떠보지도 않았다고 한다.

진지해 씨, 부하직원들에게 습관적으로 '어이', '저기', '이봐'로 부르고 있다.

자기 나름으론 친근한 표현이다. 내가 편해야 상대도 편한 거 아닌가, 라고 쉽고 편하게 생각해 버린다. 그런데 듣는 사람도 그럴까?

다른 업체에 가선 핵심 당사자하고만 얘기하려 들고 안내시켜 준 직원이나 매번 전화를 받는 직원 이름도 모른다. 그래서는 좋은 인상을 줄래야 줄 수가 없다. 미국 대통령 프랭클린 루즈벨트는 자기가 쓸 자가용을 가져다준 담당자, 기술자 전원의 이름을 기억하고 감사의 편지를 보냈다고 한다. 이름을 아는 것, 이름을 불러 주는 것, 기본 중의 기본이다.

옛날에는 이름은 신성한 것으로 임금님만이 부를 수 있다고 생각해 아호나 자로만 불렀다. 성명학이 있을 정도이고 요사이 개명이 쉬워지니 사주팔자 좋은 이름으로 개명하기 위해 그 번거로운 절차를 마다하지 않는다.

누구나 자신의 이름을 소중히 여긴다. 상대에게 뭔가 제안을 할 때는 항상 상대의 '호칭'으로 시작하라. 그리고 내용은 '상대의 입장'에서 시작하라.

당신이 휴가를 내고 싶을 때

"제가 이번 주 금요일에 하루 쉴 수 있을까요?"와 "사장님, 사장님께서 불편하지 않으시다면 금요일 하루 제가 쉬었으면 합니다" 중에서 무엇이 더 효과적이겠는가?

앤드류 카네기가 성공한 이유를 '사람들은 이름을 소중히 여긴다'는 것을 깨닫고 이를 잘 활용했다는 것으로 꼽는다. 그걸 깨닫게 된 일화는 아주 유명하다.

그가 스코틀랜드에 살던 어린 시절, 토끼를 한 마리 잡았는데 새끼를 배고 있는 토끼였다. 얼마 지나지 않아 한 무리의 아기 토끼가 생겼다. 그러나 문제는 먹일 게 없었다. 그때 그는 동네 친구들에게 앞으로 토끼풀이나 민들레를 뜯어다 토끼에게 먹이면 그 토끼에게 그 아이 이름을 붙이겠다고 말했다. 그 아기 토끼들이 배불리 먹었음은 물론이다. 여기서 얻은 지혜를 일생 동안 사업하는데 활용했다. 철강왕 카네기가 탄생하기 이전 카네기는 펜실베이니아 철도회사에 강철레일을 납품하려 했다. 당시 펜실베이니아 철도회사 사장의 이름은 J. 에드가 톰슨이라는 사람이었다. 그래서 카네기는 펜실베이니아주 피츠버그에 대형 철강공장을 세우며 '에드가 톰슨 강철회사'라고 이름 붙였다. 누가 강철레일을 납품하게 되었을까? 당연히 카네기다. 이후 침대열차 사업을 하던 카네기는 경쟁자와 피 흘리는 경쟁을 하게 됐고 경쟁회사 사장 풀먼에게 공동으로 투자한 회사를 만들자고 제안했다. 풀먼이 물었다. "새 회사 이름은 어떻게 하실 겁니까?" 그러자 카네기가 즉시 대답했다. "그야 당연히 풀먼 객차회사죠" 풀먼이 얼굴이 밝아지며 얘기했다. "제 방으로 가시죠. 좀 더 얘기를 나눠 봅시다"

전화로 얘기하다 보면 상대방이 집중하지 못하고 있음을 느낄 때가 있다. 그때는 상대방의 이름을 한번 부르고 대화를 이어 간다. 즉시 주위가 환기되고 다시 당신의 이야기에 집중을 하고 있음을 느낄 것이다.

chapter **28.**

절대로 절대로 남을 비난하지 마라

비난받아서 좋을 사람은 없다

남의 실수는 의연하게 넘겨라

사람을 비판하거나 비난하거나 불평이나 잔소리를 해 대는 건 누구라도 할 수 있다. 어떤 바보라도 그건 할 수 있다. 어려운 것은 비난해야 할 때 참고 이해하려는 노력을 하는 것이다. 그 와중에 좋은 점을 보고 말할 수 있는 것이다. 비꼬는 게 아니라.

사상가 카알라일은 이렇게 말했다. "위대한 사람의 위대함은 평범한 사람들을 대하는 태도에서 드러난다"

비난하기 이전에 왜 그런 행동이 나왔는지, 그의 관점에서 사건은 어떻게 일어나게 된 건지 생각해 보자. 화를 누르고 왜 그런 행동을 하는지 곰곰이 생각해 보는 편이 서로에게 좋고 나중에도 좋다. 내가 다른 사람에게 공감을 할 때 관용도 나오고 친절도 베풀 수 있게 된다.

나에게 차를 날라 준 직원의 사소한 실수에 불같이 화를 냈다고 치자. 그가 그 회사 대표의 딸일 수도 있고 신임하는 비서일 수도 있다.

누구에게나 눈치를 보라는 말이 아니다.

회사에서 늘 보는 동료, 함께 일하는 사람, 부하 직원에게 함부로 말하는 사람이 좋은 평가를 받길 바란다면 그건 너무 많이 바라는 것이다.

사소한 실수는 관대하게 웃어 넘겨라.

그가 과장하거나 허세를 떨거나 틀린 소리를 하더라도 면전에서 망신주지 마라.

친구와 밥을 먹다가 친구가 내게 국을 엎질렀다고 하자.

① "나는 괜찮은데 너는 다치지 않았어? 괜찮니? 다행히 그렇게 뜨겁진 않네"

② "야, 이게 뭐야? 넌 왜 그렇게 조심성이 없냐? 너랑 편히 밥이라두 먹겠냐?"

③ 묵묵히 닦아 내며 화를 억누른다. 괜찮다고 하는데 전혀 괜찮지가 않다.

이럴 때 당신의 태도는 몇 번인가?

사람은 누구나 실수를 한다. 그리고 친구는 충분히 미안해한다. 다시 되돌릴 수 없고 이미 일어난 일이다. 성인군자가 되라는 게 아니다. 어떻게 처신하는 것이 현명한 것인가 생각해 보라는 의미다. 친구와 이후로도 잘 지낼 수 있으려면 어떻게 하는 것이 좋을까? 제갈량을 얻기 위해 유비가 기울인 노력을 생각해 보라. 사람 마음을 얻는 게 쉬운 일이 아니다. 관용과 인내심, 그리고 침착함이 필요하다.

chapter **29.**

상대의 관점에서 보자

세상사는 가장 현명한 이치
상대의 관점에서 바라보기

내가 아이스크림을 좋아한다고 해서 낚시할 때 미끼로 아이스크림을 달면 어떻게 될까?

낚시를 할 때는 오늘 낚으려는 목표물인 붕어가 뭘 좋아하는지에 초점을 맞춰야 한다.

배려해 씨는 동료들이나 상사에게 말할 때 그것이 상사에게 어떤 혜택이 돌아가는지, 후배가 회사에서 성장하는 데 이 일이 어떤 의미가 있는지를 중심에 놓고 설명한다.

진지해 씨는 "나는 이 일이 정말 중요하다고 봐, 내가 지난번 배 과장팀보다 실적이 나빴을 때 상무님한테 얼마나 질책을 들었는지 알아?"

배려해 씨는 "우리 팀이 이번에 맡은 일은 정말 우리 모두의 캐리어에 도움이 된다고 생각합니다. 대리 승진이 코앞에 있는 장 주임만의 문제가 아니죠. 다들 각자의 능력을 평가받고 다시 보게 만들 계기입니다. 각자가 최대한 자기 능력을 끌어올릴 수 있는 파트를 얘기해 보고 분담해 한번 파이팅 해 봅시다"

내가 아닌 상대방의 입장에서 무엇이 도움인지를 먼저 얘기할 것, 상대방의 입장에서 이익이 되는 점, 편리한 점들부터 얘기하라. 그리고 "~시다"라고 말할 것!

음식점들이 흥할지 망할지 예측해 보려면 소개 약도를 보면 된다.

처음 오는 사람들이 알기 쉽도록 상대방의 입장에서 그려졌다면 아마도 서비스도 고객의 입장에서 편리하도록 제공될 것이고 자기들만 알아보게 간략하게 그려졌다든지, 동서남북이 일반 사람들의 기준과 다르다든지 하면 필시 자기들 편한 대로, 자기들 맛있는 대로 음식점을 운영해 망하기 쉽다. 자기 편한 대로, 자기 위주로 고객을 대하는데 어떻게 성공하겠는가! 요리사가 차린 음식점은 많이 망하고 매니저가 차린 음식점은 잘 망하지 않는다는 속설을 한번 떠올려 보라.

상대방이 어떤 스타일의 사람인지 논리적인지, 감정적인지, 어떤 부분을 건드리면 안 되는지 알아내고 그에 맞춰 관계를 만들어 가야 한다.

무역상들은 흔히 일본인에게 가족의 안부를 묻는 것이 실례라고 한다. 딸의 안부를 물었더니 일본인 바이어가 불쾌해했다는 경험담을 전한 사람이 인도에선 꼭 가족의 안부를 묻고 살뜰히 기억해 주면 협상이 순조롭다고 털어놓았다.

중국인은 거래성사에 걸리는 시간이 장기간이고 관시(關係)가 거래여부 결정요소라면 유태인은 거래성사까지 걸리는 시간은 단기지만 회사 규모를 꼼꼼히 따져 보고 거래여부를 결정한다. 중국인은 제품의 품질을 중요시하지만 유태인은 가격을 중시한다. 보통은 이 반대로 짐작하는데 무역실무 현장을 뛰는 사람들의 느낌은 선입견과 다르다고 한다.

무조건 통용되는 것은 아니겠지만 그만큼 상대방을 아는 것은 필수 요소다.

한사람을 상대할 때에도 중요하지만 다수의 청중을 대상으로 할 때도 꼭 필요하다.

청중이 자발적으로 온 것인지, 오기 싫은데 억지로 참석한 것인지, 청중의 대다수가 태어나기도 전의 일을 예로 드는 것이 아닌지, 경제수준은 어느 정도인지 연설 전에 꼭 확인해야 하는 사항이다.

타깃층이 명확해야 물건이 팔리듯 대화는 상대방에 맞춰서 해야 한다.

이 이야기를 바꿔 말하면 상대방 입장에서 생각하라는 뜻도 된다.

내가 예비 장인의 입장이라면 사윗감에게 무얼 바라고 어떤 모습이길 바랄까?

따님을 얼마나 사랑하는지, 성실하게 살 사람인지만 보여 주면 대개의 경우는 딸을 사랑하고 믿기에 딸의 선택을 존중할 것이다. 그런데 지레짐작으로 오버해 일을 망치는 경우가 많다.

chapter **30.**

호의를 베풀고 대가를 기대하지 마라

호의와 보상은 물물교환 아냐

대가를 바라면 보상은 사라져

세상은 욕심에 눈이 멀어 자기 잇속만 챙기려는 사람들로 가득 차 있다. 그러므로 드물게 사심 없이 다른 사람을 도와주려 애쓰는 사람들은 대단히 유리한 처지에 있다. 경쟁자가 거의 없는 것이다.

친절하게 다가오는 사람을 경계하라고 많은 동화책이, 소설이, 영화가 교훈을 주고 있다. 뭔가를 바라고 계산하고 오는 사람들이 후에 어떻게 하는지 우리는 참 많이도 들었고 경험했다. 그러나 내가 그런 사람으로 인식되는 건 기분 나쁜 일이다. 잘해 주고 대가를 바라거나 유세를 떨어서 스스로 대가를 받아 가면 그 동화 속 악당이 되는 것이나 마찬가지다. 계산 치른 손님에게 다시 청구하는 셈이다.

잘하고도 욕먹는 경우가 있는데 그건 바로 호의를 베풀고 유세 떠는 경우다.

어떤 일을 하나 해 주고 계속 반복해 공치사를 하고 대가를 공공연히 요구하면 아무리 힘든 일을 해 주었어도 전혀 고맙지 않게 만드는 짓이다.

호의를 베풀었다면 보상은 기대하지 마라. 기대하지 않아도 충분히 보상은 돌아온다. 당신이 기대하고 있는 그 순간, 상대는 당신을 형식적으로 도와주고 말아야겠다는 생각을 하게 된다.

호의와 보상은 물물교환이 아니다.

chapter **31.**

적절한 거리를 아는 것이 친해지는 비결

어떤 관계에도 적절한 거리 필요

누구나 말하기 싫은 부분이 있다

현관 앞까지 오라고 했는데 거실 안으로 들어서면 상대방은 얼마나 당혹스럽겠는가?

인간은 적절한 거리를 가져야 안심한다. 우리 유전자에 그렇게 새겨져 있다. 그 옛날 천지사방이 적이던 시절, 일정 거리 내에 짐승이나 타인이 오면 경계해야 살아남을 수 있었고 그게 몇 천 년 이어 오며 우리 유전자에 새겨진 것이다. 물론 이것은 물리적 거리를 말하는 것이지만 심리적 거리도 마찬가지다. 가까이 오는 사람을 경계하라고 마음이 경고하게 돼 있고 내가 편안한 거리보다 들이밀면 거부감이 들기 마련이다.

사람의 마음은 가까운 사람에 의해 다치는 법이다. 나와 상관없는 다른 사람이 뭐라 하든 개의치 않지만 내가 마음을 주는 사람의 한마디는 사소한 것으로도 상처를 입는다. 여자들이 이혼을 결심하는 것은 남편이 가족이라고, 거리감이 없다고 해서 집안의 가구쯤으로 여기는 태도 때문이다. 아무리 친하다 해도 지켜야 할 예의와 거리가 있다.

아무리 부부 사이여도 친구 사이여도 지켜야 할 예의와 거리가 있다. 사랑에도 휴가와 쉼이 필요하다. 적절한 거리를 두는 것이 오래 사랑을 지속하는 비결이다.

상대방이 편안해하는 거리는 어디쯤인가?

그것을 아는 것이 인맥만들기의 포인트다.

자기는 친하답시고 밥 먹자고 전화를 거는 데 상대방에겐 영 부담스러운 일이면 친하다는 건 착각인 거다. 사실 착각하고 말고의 문제가 아니라 그와 내가 편하다고 느끼는 거리가 다른 것이다. 한 달에 한 번 정도 이메일을 보내 안부를 묻는 것 정도에서 편안한지 밥이라도 같이 먹으며 우의를 다져야 하는 관계인지 파악해야 한다. 대개 감으로 알아야 하는데 이것은 실수를 통해 다져지는 수밖에 없다. 한참 즐거운 대화를 나누었고 연락한다고 해 놓고 소식 깜깜이면 혼자만의 착각인가, 서운해진다.

인간관계를 맺는 것은 적극적일 필요가 있다. 먼저 인사하고 먼저 밥 먹자고 할 필요가 있다. 그런데도 거절당하면 깨끗이 물러서야 한다.

관계를 만들어 가는 과정에서도 내 필요가 아니라 상대방이 원하는 것, 필요로 하는 것을 채워 주겠다는 마음으로 대하다 보면 적절한 거리두기도 자연스럽게 할 수 있다.

아무리 가까워도 그가 말하길 꺼려 하는 부분은 자연스럽게 말해 줄 때까지 기다릴 줄 알아야 한다. 부담을 주는 관계가 오래갈 리 없다.

누구나 건드리지 말아야 할 부분이 있다. 친해지면 그런 것들이 보이는데 그런 부분을 존중해 줄 줄 알아야 한다.

chapter **32.**

첫인상을 어떻게 만들까?

3초만에 호감 · 비호감 결정

마음상태 표출된 것이 인상

첫인상이 각인되는 데는 3초가 걸린다고 한다. '3초의 법칙'이라고 부른다. 앨버트 메라비안이라는 심리학자는 커뮤니케이션에서 체형, 표정, 옷차림, 태도, 제스처 등 외향적 요인이 55퍼센트, 목소리 등 청각적인 요소가 38퍼센트, 언어적 요소인 말의 내용이 7퍼센트의 영향을 미친다고 한다. 첫인상이 결정되는 데 비언어적 요소가 90퍼센트 이상을 좌우한다는 말이다.

경험적 지식과 외모에 관련된 수많은 정보를 순식간에 총동원해 몇 초 안에 '호감'과 '비호감'을 결정하는데 이것이 대부분 '인상'에 따라 결정된다.

사람은 첫인상으로 대부분을 판단하게 되는데 좋지 않은 첫인상을 받으면 좋은 것도 좋게 받아들여지지 않는다. 좋지 않은 첫인상을 만회하기 위해서는 최소한 40시간을 투자해야 한다는 실험결과도 있다. 좋은 첫인상은 얼굴에 환한 미소를 띤 채 부드러운 눈빛으로 따뜻한 말

한마디를 하는 것에서부터 출발한다. 긍정적인 마음과 웃는 얼굴이 최고의 인상개선법이다.

링컨은 40세가 되면 자기 얼굴에 책임을 지라고 했다는데 그만큼 생각과 성격이 인상에 반영된다는 뜻일 것이다. 시간의 흐름에 따라 마음의 상태가 표출되는 것이 인상이다. 마음이 온화한 사람은 말씨도 따뜻하게 나오는데다가 누구에게나 편안한 마음이 전달된다. 그러나 쌀쌀맞은 사람은 얼굴을 아무리 뜯어고친들 느낌이 변하지 않는다. 그래서 관상불여심상(觀相不如心相)이라는 말이 있는데 아무리 관상이 좋아도 마음의 상만은 못하다는 말이다.

상대방에게 좋은 이미지를 심어 주려면 먼저 상대를 만났을 때 자신도 모르게 드러내는 신체적 반응, 이것이 상대의 마음에 쏙 들게 만들어야 한다. 상대에 대한 편견과 부정적인 신체반응을 보이지 않으려면 상대를 오래된 친구를 다시 만난 것처럼 생각하라. 오랫동안 연락이 끊겼던 친구를 다시 만난 것처럼 상상하며 말하면 만남의 분위기가 부드러워진다. 아무 생각 없이 '안녕하세요'하는 것보다 상대를 오래된 친구라고 상상하며 '안녕하세요'라고 하는 것은 분위기가 틀려지니 한번 활용해 보시길.

처음 만나는 사람들 앞에서 자기소개를 할 때는 미리 자기 프로필 원고를 만들어 두는 것이 좋다. 자기가 하는 일을 명확하게 짧은 시간에 인상적인 말로 전달할 수 있도록 준비해 둔다. 자기소개를 할 때 출신지를 함께 말하면 출신지를 토대로 대화를 이어갈 수 있다. 별명을 말하는 것도 깊은 인상을 심어 주는 법이니 한번 활용해 볼 만하다.

처음 만나서 말하는 것이 긴장되고 너무 어렵다면 질문 몇 개를 준비해 놓는 것도 방법이다.

혈액형을 묻는다든지 전 국민적 화제가 되는 텔레비전 프로그램이라든지, 요사이 읽고 있는 책이 있는지 등을 준비하면 대화를 풀어 나가기 쉽다.

chapter **33.**

긍정적인 사람에게 사람이 모인다

낙관주의자는 될 이유를 찾고

비관주의자는 안 될 이유만 찾는다

세상에서 가장 강력한 무기는 말이다. 말은 인생을 그르칠 수도 찬란하게 꽃을 피우게 할 수도 있는 양날의 칼과 같은 특별한 무기다. 어떤 말을 듣고 어떤 말을 하며 어떤 말을 믿느냐에 따라 승부는 물론 행과 불행도 결정된다. 비난은 살상무기요, 칭찬은 육성무기다. 희망의 소리는 희망의 꽃을 피우지만, 상처를 주는 말은 무가치한 역사를 만들 뿐이다.

긍정의 언어, 낙관의 언어는 힘을 주고 역사를 만든다. 긍정적인 사람과 함께하면 기분도 좋아지고 힘을 얻는다. 당연히 그와 있고 싶어진다.

중동의 국가들이 많은 나라들에 개발을 해 달라고 요청했지만 선뜻 나서는 국가가 없을 때 박정희 대통령이 정주영 현대회장에게 상의했다.

"우리가 도약할 유일한 기회요. 열사의 땅이라 방법이 없다고 세계 각국이 손을 들었는데 정 회장 생각은 어떻습니까?"

"현장에 직접 다녀와서 말씀 올리겠습니다"

그날로 중동으로 날아간 정 회장은 다녀오자마자 청와대로 달려갔다.

"각하, 기뻐하십시오. 가능성은 충분합니다"

"섭씨 40도가 넘는 사막이라 작업이 불가능하다는데……"

"낮에는 잠을 자고 밤에 작업하면 됩니다"

"건설에는 물과 모래가 필수조건이 아니요?"

"사막이니 모두가 모래고 물이야 실어 오면 됩니다"

낮에는 잠을 자고 밤에는 횃불을 켜고 작업을 하는 장면은 세계가 보도했으며 우리나라는 한 단계 도약하게 됐다. 오일머니라 불리는 달러가 우리나라로 들어왔고 경제개발자금으로 쓰일 수 있었다.

낙관주의자는 될 이유를 찾고 비관주의자는 안 될 이유만 찾는다고 한다. 어떤 일을 실천해 보지도 않고 안 된다고 하는 사람에게 정주영 회장이 입버릇처럼 한 말이 있다.

"해 봤어?"

어떤 일을 시작하면 잘 될 것이라 생각하는 자세가 필요하다. 하다 보면 걸림돌이 생기겠지만 이를 디딤돌로 삼을 수 있는 것은 긍정적인 태도, 낙관적인 자세다.

긍정적인 사람의 긍정적인 기운은 전염성이 강해서 밝고 긍정적인 기운이 곧잘 퍼진다. 그렇기에 긍정적인 사람 주변에 사람들이 모여드는 것이다.

식사를 함께할 때 되도록 음식에 불평하지 말고 감사하게 먹는 걸 실천해 보라고 권하고 싶다. 맛있다고 하면서 먹으면 더 맛있게 느껴지는데 이리저리 흠을 잡으며 먹으면 부정적인 사람으로 보이고 주변사람들의 식사까지 망친다. 우리나라는 전통적으로 음식 투정하는 사람을 좋게 보지 않는다. 특히 어른들은 식사를 감사히 여길 줄 모르는 사람에게 일을 맡겨선 안 된다고 생각한다. 지금도 사위를 볼 때 음식을 맛있게 잘 먹으면 합격이고 맛없이 먹으면 퇴짜를 놓는다. 잘 먹는 사람은 복이 있고 맛없이 먹으면 복이 나간다는 얘기 때문이다.

chapter **34.**

'감사합니다'와 '죄송합니다'라는 말

'감사합니다'는 입에 배어야 한다

잘못했으면 재빨리, 과감히 사과

사람들이 생각보다 고맙다는 말, 미안하다는 말을 잘하지 않는다. 자존심이 센 탓일까? 감정을 잘 표현할 줄 몰라서일까? 잘못했으면 빨리 시인하고 잘못했다고 이야기하고 조그마한 고마움에도 즉각 고맙다고 말하는 것, 간단하다. 그렇게 해야 한다.

조그만 도움이라도 받았으면 표현하는 게 맞다.

뭔가를 잘못했을 때 즉각적으로 잘못을 시인하고 사과를 해야지 그 말을 안 하려 버티다 일을 크게 만드는 걸 회사 생활하다 보면 종종 느끼게 된다. '감사합니다'와 '죄송합니다'만 잘해도 사회생활 잘할 수 있다.

진지해 과장과 배려해 과장이 다니는 회사의 사장은 큰 소리로 대화를 나누고 사무실에서 떠드는 것을 싫어하는 스타일이다. 되도록 업무지시도 사내전산망 메신저를 이용하도록 하고 있다. 그런데 어느 날 전산망에 바이러스가 침투,

업무를 진행하기가 힘들게 됐다. 이틀이 걸려 복구한 후 사장으로부터 전체 메신저가 왔다. 경과를 설명한 후 "앞으로 주의해 주시기 바랍니다"라고 써져 있었다. 배려해 과장, "네, 잘 알겠습니다. 주의하겠습니다"라는 답신을 보냈고 진지해 과장은 "저도 바이러스에 감염되고 싶지 않았습니다. 제 업무에 막대한 지장을 주니까요. 바이러스를 제가 주의한다고 해서 막아지는 것도 아닌데 어떻게 해야 더 주의할 수 있는 겁니까? 제가 바이러스라도 유포했습니까?"라고 답신을 보낸 것. 사장이 격노했음은 물론이다. 그냥 "죄송합니다" 하거나 입을 다물면 큰일이라도 나는 줄 아는 사람들이 있다.

입을 다물어야 할 때와 말해야 할 때를 잘 구분하라.

특히 '감사합니다'라는 말을 자주, 주문처럼 많이 해야 하고 잘못했을 때는 즉각적으로 '죄송합니다'라고 해야 한다. 잘못해 놓고 끝까지 변명하며 정작 해야 할 한마디, "죄송합니다"라고 하지 않아 화를 부르는 경우가 얼마나 많은지. 자신이 잘못했거나 실수를 했는데도 불구하고 '미안하다'는 말은커녕 오히려 눈을 동그랗게 뜨고 "그게 어때서?"라며 자기를 옹호하기 바쁘다. 순간은 모면할지 몰라도 다른 사람들은 그 사람을 사과할 줄 모르는 사람으로 규정한다. 또 너무 '죄송하지만', '죄송합니다만'으로 말을 시작하는 사람들도 있는데 겸손해 보이기 보다는 비굴하다는 느낌도 줄 수 있고 뭔가 폐를 끼치려 하는 것 아닌가 하는 경계심을 가지게 할 수도 있으니 주의해야 한다.

세상에 얼마나 감사한 일이 많은가, 내가 살아가기 위해 얼마나 많은 사람들의 호의와 도움에 기대야 하는가 말이다. 내가 감사할 일에 제대로 감사하지 않으면 나에 대한 호의가 부정으로 바뀔 수도 있다. 감사는 행복을 부르는 씨앗이다.

우리가 가장 못하는 말 중에 하나가 '감사합니다'란 말이다. '감사합니다'란 말을 입에 달고 살자!

chapter **35.**

사람은 기대대로 행동한다

사람의 본성을 이해해야

기대한 대로 행동하는 특성

수많은 연구결과에서 사람은 기대받은 바대로 행동한다고 증명됐다.

미국에서 교육심리 연구자들이 주도면밀한 사전 시험을 통해 학업성취능력이 거의 같은 초등학교 두 클래스를 만들었다. 학급구성을 마친 후 교장은 경험과 능력이 비슷한 두 교사를 개별면접을 했다. 교장은 첫 번째 교사에게는 운 좋게도 최고의 학급을 맡게 되었다고 말했다. "선생님이 올해 맡으실 학급은 무한한 잠재력을 가진 학생들로 구성되었습니다. 그러니 제발 학생들의 앞길을 막는 일이 없도록 해 주십시오. 선생님 반의 학생들은 출발신호가 떨어지기만을 기다리는 달리기 선수들입니다" 두 번째 교사에게는 이렇게 말했다. "선생님이 올해 맡으실 학생들에 대해서는 유감스럽게 생각합니다. 하지만 해마다 최고의 학생들을 가르칠 수는 없는 거 아닙니까? 그냥 최선을 다해 주세요. 결과야 어떻게 나오든 저희는 모두 이해할 겁니다" 그해 말 두 학급은 시험을 치렀고 첫 번째 학급의 성적은 두 번째 학급의 성적보다 월등히 높았다. 이 결과를 낳은 가장 중요한 요인은 학생들에 대한 교사의 기대치였다.

이런 일을 '사회적 낙인(social labeling)'이라고 부른다. 사람들은 자신에게 부여된 낙인에 따라 행동하려는 경향이 있다. 그것이 긍정적이든 부정적이든.

이 원칙을 비즈니스 협상이나 인간관계에 적용시킨다면 무엇이 될까?

이미 협상이 타결된 것으로 행동할 것을 기대하고 있다는 암시를 주는 것이다.

매매계약서에 서명하길 기대하며 자신의 펜을 건네준다거나 언제 배달받고 싶은지 묻는다거나 구매를 기대하며 할인 쿠폰을 주는 것도 이런 연장선장에 있다. 상대방이 할 업무나 과업에 대해 기대하고 격려하면 더 잘 해낼 수 있다. 이미 인간관계가 다져졌다는 기반 위에서 상대방을 도우면 실제로 좋은 관계를 형성해 나갈 수 있다.

자녀교육에 있어서는 특히 그러하다.

칭찬과 격려, 잘 해낼 거라는 기대를 표시할 때 기대대로 행동한다.

이이들은 뛰어놀다가 넘어지거나 다치면 부모를 쳐다본다. 만일 부모가 놀라서 소리 지르거나 걱정을 보이면 울기 시작한다. 그것은 고통과는 상관이 없다. 어릴 때를 생각해 보면 아파서 우는 게 아니라 부모가 놀라고 걱정하자 그의 기대대로 울었던 기억이 날 것이다. 그것이 별거 아니고 금방 잊혀지는 고통이라는 것을 체화하면 아무렇지도 않게 받아들일 수 있다. 아이들은 부모의 기대를 토대로 행동한다. 부모의 목소리와 행동, 사용하는 단어를 통해 자녀에 대한 기대를 드러낸다.

유태인들은 자녀에게 항상 긍정적인 평가를 하고 기대감을 표시한다. 성경에서 야곱과 에서가 그들의 아버지 이삭의 축복을 놓고 음모와 갈등을 벌인다. 임종 전 아버지가 자식의 머리에 손을 얹고 기도하는 것은 '그대로 이루어지는 것'이기에 장자에 대한 축복을 받고 싶어 온갖 희생을 감내한다. 유태인들은 부모가 자식에게 이러이러한 사람이 되라고 비는 것이 그대로 되는 것이라 믿었기에 장자에게 주는 축복과 차남에게 주는 축복마저 달랐던 것이다.

chapter **36.**

나는 어떻게 말하고 있나?

자신을 객관적으로 보기 어렵다
특히 말하는 것은 평가받아야

사람은 각양각색인 만큼 말하는 방식도 각양각색. 다 다른데 다 좋은 건 아니다. 사람의 개성은 존중받아야 하지만 호감을 주는 대화법은 개성 존중과는 다른 문제다. 조금만 신경 써서 사소한 버릇을 고치면 인간관계가 훨씬 쉬워지는데도 그 사소한 버릇을 의식하지 못하는 경우가 많다.

대다수가 자신이 어떤 스타일로 말하는지 잘 모른다. 내가 다른 사람과 길게 통화를 할 때 한번 녹음을 해 보라.

물론 프리젠테이션 할 때 녹화를 하고 이를 보는 것이 가장 좋은 방법이다.

그리고 내 단점에 대해 솔직하게 얘기해 줄 사람과 이야기를 나눠 보라.

자신의 수준을 잘 알아야만 그것을 향상시킬 수 있는 방법도 찾아진다. 개선하기 위해 노력하다 보면 그 과정에서 향상이 이뤄진다.

다음 사항을 염두에 두고 자신의 '말하는 방식'을 체크해 보자.

- 사투리를 쓰지 않는지, 억양의 고저가 부드러운지
- 전문용어, 약어나 영어 등을 거슬리게 섞어 쓰지는 않는지
- 남녀차별이나 지역감정 등이 드러나는 표현을 쓰지 않는지
- 어, 저, 글쎄요, 에 그러니까 등의 상투어를 반복하고 있지 않은지
- 너무 빠르거나 느리지 않은지
- 숨을 헐떡거리거나 입 냄새는 없는지
- 신뢰감을 주는 복장과 자세인지
- 말하다가 머리를 쓸어 넘긴다거나 코를 만지는 등의 습관이 없는지
- 아무 데나 존칭어, 존경어를 넣고 있지 않은지

생각보다 많은 경우 의식하지 못하고 상투어를 남발한다. "있잖아요"로 꼭 대화를 시작하는 사람들도 많다. 그러면 꼭 이렇게 쏘아 주고 싶어진다. "있긴 뭐가 있어?"

쉽게 풀어 쓸 수 있는 말인데도 습관적으로 전문용어를 써서 호감을 주기는커녕 반감을 일으키기도 한다. 판결문의 경우 사건의 당사자가 결론에 수긍하고 논리적인 전개에 설득당해야 하는데도 어려운 말들의 나열로 반감을 사고 있지 않은지 판사들은 반성해 볼 일이다.

쉬운 얘기로 해야 설득이 된다. 상대는 처음 듣는 용어일 수도 있음을 명심해야 한다.

내용이 중요하지 포장이 뭐가 중요하냐고 하는 사람도 있다.

현대사회는 교류의 사회다. 누군가 척 보고 내용을 알아주면 좋겠지만 내용의 충실함을 드러내 줄 최소한의 포장은 필요한 것이다.

흔히 대학교수들이 저지르기 쉬운 오류가 학문적 내용이 뛰어 나면 된다고 생각해 전달방법의 문제를 등한시하는 것이다. 생소한 사투리로 중구난방 엄청나게 획기적인 이론을 설명한들 학생들에게는 고통의 시간이 될 뿐이다. 아무리 훌륭한 지식을 가지고 있다 해도 말과 글로 표현하지 않으면 세계적 석학인지 어떻게 알겠는가. 굳이 대학 강의를 듣지 않더라도 세미나, 심포지엄, 토론회 등에 나가 보면 저런 식으로 말하는 사람이 어떻게 교수가 된 것인지, 학생들이 불쌍해지는 교수들이 너무 많다.

또 하나 강조하고 싶은 것은 제발 존대어를 남발하지 말라는 것이다. 언제부터인가 아무 주어 뒤에나 "~시"를 넣어 굉장히 거슬리는 표현이 남발되고 있다. 문장에서 존칭은 한 번만 쓰면 되는 것인데 "화장실은 저쪽에 계십니다"에서 "이 제품은 짜지 않으셔서 맛있으십니다", "5천 2백 원이십니다"까지. 존칭의 가중화로 화장실을 높이면 듣는 상대는 낮춰지는 것인데 어디까지 존경받으려는지 듣기가 몹시 괴롭다.

chapter **37.**

자기를 연출하라

멋진 사람은 어떤 사람일까

머릿속에 그려 보고 따라하자

사람이 선택을 할 때 이성적, 논리적으로 하는 것 같지만 비슷한 제품이 있다면 광고로 쌓인 이미지나 판매원의 성의 등 감정적인 부분의 영향을 많이 받게 된다.

깨끗하고 단정하게 차려입은 사람과 장발에 지저분한 옷차림인 사람이 같은 이야기를 한다 해도 반응은 틀리게 마련이다. 이미지를 소비하는 사회이며 그 사람 내면이 아무리 아름답다 한들 알아내고 인정해 주기까지 시간이 없다.

그렇다면 어떻게 좋은 인상을 심어 줄 수 있을까?

사람이 모두 다른 환경에서 태어나고 자라 생각과 취향은 다 다르지만 우리가 호감을 느끼는 인상은 이상하리 만큼 비슷하다.

우선 옷차림이 직업과 어울려야 하고 자연스럽게 고개를 끄덕이며 미소 짓는 것이 대체적으로 좋은 인상을 준다. 거울을 보며 자연스럽게 웃어 보자. 자신의 사진들을 찬찬히 들여다보며 자신이 자연스럽게 웃었던 때의 입술모양을 기억해 두자.

미소의 힘이란 믿기 어려울 정도다.

늘 웃는 인상의 판매원이 무표정한 직원에 비해 얼마나 많은 매출을 올리는가 하는 것은 기업이 미소교육에 지출하는 액수를 보면 알 수 있다.

옷차림 역시 중요하다. 외양에 너무 치중하는 사회가 문제라곤 하지만 자기 자신을 돌아봤을 때 어떤 옷차림의 사람에게 정중하게 대했는가 생각해 보면 옷차림도 중요함을 느낄 것이다. 잘 갖춰 입으면 자기 자신부터 몸가짐이 달라진다. 예전과 달리 흰 와이셔츠에 감색 양복으로 규격화하지 않는 사회 분위기이지만 단정한 느낌의 옷차림은 호감도를 배가 시킨다. 자기의 직업, 하는 일에 걸맞는 옷차림, 주변과 어울리는 옷차림인가가 문제다.

자녀의 학교 담임선생님에게 상담하러 갔는데 선생님이 파격적인 미니스커트와 확 파인 블라우스, 요란한 화장을 하고 있으면 선생님의 지도를 신뢰할 수 있겠는가?

사실, 사기꾼이 가장 그럴듯하게 옷을 입는다. 영업하는 사람들을 자세히 관찰해 보라. 좋은 차에 깔끔한 옷차림, 좋은 인상을 준다. 남을 설득해 내가 원하는 바를 관철시키려면 좋은 이미지를 줄 옷차림에 신경 써야 하는 것이다.

시선은 상대방의 이마에서 어깨 사이로 둔다.

사실 눈을 쳐다보는 것이 좋다고 하지만 계속 눈만 쳐다보면 오해가 생긴다. 간간이 눈을 보고 이마와 어깨 사이 정사각형을 머릿속에 그려 그 안에 시선을 둔다. 서양에선 눈을 맞추지 않고 이야기하면 뭔가 숨기는 게 있다고 생각하는 모양이지만 우리는 정면으로 눈을 맞추면 불편해진다.

연설의 경우는 청중 한 사람, 한 사람과 개별적으로 눈을 맞출 필요가 있다. 눈을 맞춘 사람과 그렇지 않은 사람의 연설 집중도는 확실히 차이가 난다. 한곳만 바라보지 않고 가상으로 면 분할을 하고 고르게 쳐다보도록 한다.

허리는 똑바로 펴고 낮은 목소리로 천천히 말한다.

태아가 편안하게 느끼는 목소리는 의외로 엄마가 아닌 아빠의 목소리라고 한다.

인간이 편안함을 느끼는 목소리는 저음의 목소리라는 것. 그리고 변화를 주어야 한다. 강조할 때는 약간 높여서 말한다. 차분한 목소리는 설득력을 높여 준다.

천천히 말해서 알아듣기 쉬워야 할 경우도 있지만 약간 빨라야 힘이 있게 들리고 집중시킬 수도 있다. 특히 연설을 할 때는 관심을 지속시키기 위해 조금 빠르게 말할 필요가 있다. 프랭클린 루즈벨트는 1분에 110개의 단어를 말했지만 존 F. 케네디는 1분에 180개의 단어를 쏟아낸 것으로 유명하다. 그의 속사포 같은 연설은 청중을 흥분시키고 활기차게 만들었다.

하지만 약간 빠르게 연설하면서도 특히 중요하거나 심각한 주제가 많을 때는 속도를 늦추어 집중시키는 것이 좋다. 변화를 주어야 한다는 뜻이다. 천편일률적인 음성은 졸린다.

chapter **38.**

신뢰받는 사람이 되라

신뢰는 오랜 시간 쌓여야 생겨
상대를 소중히 여기는 마음 전하라

포장이 그럴듯하다고 해서 형편없는 내용물이 오래 통용될 수는 없다.

인간관계를 잘 만들어 가려면 신뢰할 만한 인간이 되는 것이 출발선이다. 처음 얼마 동안은 어떻게든 좋은 인상을 유지시킬 수도 있겠지만 인간관계는 전 인생에 걸쳐 함께 걸어갈 사람들을 형성하는 일이다 보니 신뢰받는 사람이 되지 않고서는 성공적인 인간관계를 오래 유지할 수 없다.

당연한 이야기지만 간과해 버리기 쉬운 이야기다. 여러 가지 테크닉들이 소개되고 사례들이 얘기되겠지만 신뢰받는 사람이 되어야 내 사람으로 만들 수 있는 것이다.

믿을 수 있는 사람이라는 것은 한순간에 만들어지는 것이 아니고 꾸준히 노력하는 과정, 작은 약속도 소중하게 지키려고 애쓰는 마음, 자신이 속한 기업과 파는 제품에 대한 열정, 제품에 책임지려는 자세가 배어 나와야 믿음이 만들어지는 것이다.

신뢰를 받는 것은 솔직하게 이야기하는 것을 기반으로 한다. 그렇다고 해서 연설의 서두에 “제가 이번에 바빠서 준비를 제대로 못했습니다”라고 솔직하게 이야기하면 어떻게 될까?

그런 연설을 누가 듣고 싶어 하겠는가? 마음의 장벽이 쳐진 사람들에게 연설이 귀에 들어올까?

신뢰감을 주는 솔직함이란 상대방에게 자기가 원하는 것을 솔직하게 말해 먼저 상대방이 준비하도록 해 주는 것이다.

협상을 할 때, 회의를 할 때도 어느 선까지 합의할 수 있는지, 상대를 위해 어느 선까지 양보할 수 있는지를 먼저 이야기하면 오히려 어려운 협상이 쉽게 해결되는 경우도 많았다. 내가 많이 양보했다는 것을 이해하기에 자신도 다른 부분에서 뒤로 물러서 주는 경우가 많았다. 성의를 다하는 솔직함이 성공을 부르는 경우다.

그러나 있는 대로 까발리는 게 능사가 아니다. 내 패를 다 보여 주어 내가 속한 조직에 해를 끼쳐선 안 된다. 상대를 배려하는 솔직함이 신뢰를 심어 준다. 그리고 그 신뢰를 끝까지 지켜야 한다.

만나는 한 사람, 한 사람을 소중하게 생각하고 사소한 인연이라도 소중하게 가지고 가겠다는 마음이 전해져야 신뢰가 쌓인다.

상대에게 신뢰를 주기 위해서는 자신이 무슨 생각을 하는지, 어떤 행동을 하는지 밝혀야 한다. 속마음을 내보이지 않는 사람에게는 누구든지 불안감을 느낀다. 당신은 신뢰감을 느낄 수 없고 불안한 사람에게 돈을 주고 물건을 사겠는가?

입장을 바꾸어 설득당할 입장에 서 있는데 설득하겠다는 사람이 아무런 표정이 없이 당신이 무슨 말을 해도 전혀 반응을 보이지 않으면 어떤 기분이 들까?

자신의 생각을 솔직하게 말하고 상대방의 말을 경청하며 적극적으로 반응을 보이라. 그리고 자기 얘기를 먼저 하라. 당신이 어떤 사람인지 알면 신뢰의 첫 단추를 끼울 수 있다. 연설 시작에 자신의 실수담을 피력하면 인간적인 매력을 느끼게 되는 경우가 많다.

'식사 한번 하시죠' 이런 약속을 남발하게 되는데 이것도 사실 피해야 하는 일이다. 사소한 어긋남이 신뢰를 갉아먹는다. 자기가 한 말은 아무리 사소한 것이라도 지키려고 해야 신용을 얻는다. 돈은 잃어도 회복이 되지만 신용을 잃은 사람은 재기할 수 없다.

공자는 제자와 처세를 논하면서 "말을 했으면 반드시 행하고, 행하였으면 반드시 결과가 있어야 한다"는 덕목을 제일 앞에 두었다. 공자는 "친구와 사귀면서 신의에 어긋나지는 않았는가?"라는 말도 했다. 신용을 지킨다는 것은 입신과 처세의 도리이며 자기 인격의 표현이다. 다른 사람에 대한 존중이자 자신을 존중하는 태도이다.

옛날에 엄마가 외출하려는데 귀찮게 아이가 따라붙자 엄마가 "따라오지 않으면 돼지를 잡아 고기를 먹여 줄게"라고 말했다. 아이는 엄마 말을 듣고 얌전히 집에서 엄마가 올 때까지 기다렸다. 집으로 돌아 온 엄마는 당황했다. 물론 돼지를 잡고 싶지도, 잡을 생각도 없었기 때문이다. 그냥 아이를 달래려고 해 본 말이었으니까. 아빠는 생각이 달랐다. 약속을 했으면 반드시 지키라고 했다. 돼지는 아무리 비싸 봤자 결국 한계가 있지만 신용의 가치는 무한하기 때문이다.

아이의 엄마는 남편의 말을 듣고 일리가 있다고 판단, 결국 돼지를 잡았다.

살아가다 보면 약속을 어기는 상황이 발생하기 마련이다. 차가 막혀 약속에 늦을 수도 있고 급한 일이 생길 수도 있다. 약속장소에 나타났는데 상대방이 개의치 않는 모습을 보인다. 당신이 아무 문제없는 줄 알고 바로 대화를 시작한다. 이래 가지고 만남이 소기의 성과를 낼 수 있을까? 약속장소에 늦었을 때 기다리게 한 사람의 시간을 낭비해 놓고 제대로 해명하지 않는다면 호감을 깎아 먹는 것은 물론이고 신용이 금이 가고 있음을 알아야 한다. 언제든 약속을 어겼다면 납득할 만한 이유를 들어 해명해야 한다. 해명은 상대방에 대한 존중이며 자신에 대해 책임을 지는 것이다. 다른 사람이 신경을 쓰는지와 상관이 없다. 자신이 책임져야 할 부분이다.

PART V

협상 필살기

CONTENTS

chapter **39.**

나를 낮추고 상대방을 높여라

약점을 드러내면 인간적 매력 어필

겸손해야 어디 가든 환영 받는다

겸손한 사람은 어디서나 환영 받지만 오만한 사람은 미움을 받는다. 대화에서의 기본은 나를 낮추고 상대방을 높이는 자세이다. 이런 자세를 항상 명심해야 대화에서 자연스럽게 스며 나온다. 오만해지기는 쉽지만 겸손하기는 쉽지 않다. 진정으로 자신을 아는 사람이 겸손해질 수 있다. 겸손은 사람의 마음을 작지만 튼튼하게 한다.

영원히 변치 않을 진실은 모든 사람은 자신에게 남보다 나은 부분이 있다고 생각한다는 점이다. 그러므로 상대방의 마음을 사로잡는 확실한 방법은 적어도 그가 자신의 자그마한 세상에서는 가장 중요한 사람이라는 것을 진심으로 받아들이고 또 당신이 그렇게 생각하고 있음을 은연중에 알게 만드는 것이다.

에머슨은 말했다. "모든 사람은 나보다 나은 점을 갖고 있다. 그런 의미에서 나는 모든 사람에게서 배울 수 있다"고.

자랑할 만한 장점이 없는 사람이 열등감을 해소하기 위해 자기 자랑에

열을 올리고 자신을 포장하는 데 급급하다. 주변을 불쾌하게 만들면서.

나를 낮추고 상대방이 인정받는다고 느끼도록 말하라. 단, 그를 진심으로 인정하라.

상대방이 자랑스러워할 분야를 물어보고 인정하되 내가 아는 척 전문가연하며 나서서는 안 된다.

인간관계가 어려운 이유는 상호작용이기 때문이다.

내가 잘났다고 완벽하다고 남이 나를 좋아해 주지 않는다. 인기 있는 사람은 사실 약간 허술한 구석이 있는 사람, 빈틈이 매력적으로 보이는 사람이다. 너무 맑은 물에는 고기가 살 수 없다. 자신의 실수담을 이야기하거나 자신 없는 부분을 솔직하게 드러내면 호감을 얻는 경우가 많다.

나를 낮추고 상대방을 높고 존귀하게 여기면 결국 나도 존귀해질 수 있다.

다만 면접을 보는 자리에서 겸손은 주의해야 한다. 능력과 겸손함을 연결시켜야 한다. 입사지원이나 직장에서 자신의 능력을 적극적으로 보여 주지 않고 지나치게 겸손하면 직무에 자신도 없으면서 왜 지원했는지, 왜 그 자리에 앉아 있는지 의아해할 것이다.

누구나 자신이 좋아하는 사람과는 비밀을 공유하려 하고 각별한 친밀감을 드러낸다. 친한 사이에서 약점을 드러내면 인간적 매력으로 받아들여지고 뭔가 비밀을 공유한 기분이 든다.

조지 부시 대통령은 자신이 브로콜리를 먹지 못한다는 사실을 고백

함으로써 국민들에게 부드러운 카리스마의 이미지를 심어 준 바 있다. 대통령후보로 선출된 적이 있는 20세기 정치가 아들라이 스티븐슨은 자신의 구두바닥에 구멍이 나 있는 것을 보여 줌으로써 서민층 유권자를 사로잡았다.

그러나 이때 주의해야 할 점은 약점을 드러내는 상대가 당신에게 호감을 갖고 있어야만 먹히는 전술이라는 것.

chapter **40.**

농담은 단순히 농담이 아니다

남을 비웃는 농담은 자기도 낮아져

짓궂은 말은 반드시 대가를 치른다

짓궂은 말이나 험담만큼 대인관계에 서툴다는 사실을 보여 주는 것도 없다. 한 사람의 기분을 망치는 농담을 통해 다른 사람들에게 싸구려 웃음을 가져다줄 수는 있다. 하지만 이것은 명심해야 한다. 인간관계에 성공한 사람은 어떤 경우에도 상대를 폄하하지 않는다. 상대를 이용해 다른 사람의 환심을 사려 들지 않는다.

자신은 굉장히 인품이 좋은 사람이라고 자부하는 심모 부장. 옆 부서의 동기 부장은 그만둔 직원들도 연락하고 만나고 하는데 자기와 함께 수십 년 일한 직원들은 그만두고 나가면 절대로 연락하지 않는다. 처음엔 몰랐는데 반복이 되고 20년이 넘도록 자신은 현재 일하고 있는 사람들 외엔 자기를 찾는 사람이 없음을 깨달았다. 그의 주변이 왜 이렇게 된 걸까? 그만 모르고 남들은 다 안다. 그의 특기는 빈정거리기다. 그의 비아냥거림이 특별히 악의가 있지 않다는 건 안다. 그러나 매번 당하던 사람들은 상처가 쌓이고 회사를 그만두면 다시는 보고 싶지 않은 1순위가 되는 것이다. “어휴, 넌 맨날 하는 일이 이 모양이냐?”를 하루에도 몇 번씩 듣다 보면 넥타이 풀어 던지고 한판 붙어보고 싶었던 거다.

짓궂은 말은 반드시 대가를 치른다.

함부로 던지는 말 한마디가 비수가 되어 상대에게 박히면 치료는 불가능하거나 몹시도 오래 걸린다. 말로는 사람을 살릴 수도, 죽일 수도 있다.

남에 대해 함부로 말하거나 소문에 소문을 덧붙이는 것은 모두 말한 사람에게 돌아오는 것이다.

석가모니가 제자들과 걷고 있었다.

한 남자가 뒤를 따라오며 터무니없는 욕을 해 댔다. 참다못한 제자들이 “스승님 저렇게 말도 안 되는 욕을 하는데 어떻게 가만히 계시기만 합니까?”라고 성화였다.

석가모니가 빙그레 웃으며 뒤를 돌아 그 욕하는 사람을 보며 물었다.

“선생님께 여쭤볼 말이 있습니다. 선생님은 귀한 친구가 내 집을 찾아온다고 하면 성대한 잔칫상을 차리시는지요?”

“물론입니다”

“그런데 그 친구가 와서 한 숟갈도 뜨질 않고 돌아가면 잔칫상 음식은 누가 먹나요?”

“당연히 내가 먹어야죠”

“나쁜 말도 이와 같습니다. 당신이 내게 욕을 하였으나 내가 상대도 하지 않았으므로 그 욕은 모두 당신에게로 갔습니다”

chapter **41.**

논쟁에서 이기는 방법은 하나뿐, 피하는 것이다

논쟁에서 얻을 것은 아무것도 없다
생각이 바뀌지도, 승복하지도 않는다

진지해 씨는 거래처에 가서도, 회식에서도 논쟁을 벌이길 좋아한다. 현란한 말솜씨와 막힘없는 논리전개, 상대 논리의 허점을 정확히 찌르는 논법으로 논쟁에서 져 본 적이 없다. 그러면 상대는 "네, 당신이 옳고 나는 틀렸습니다" 승복하며 계약서에 사인할 것 같은가? 사람의 마음은 논쟁으론 절대 바뀌지 않는다. 논쟁에서 만신창이가 되면 미워하게 될 뿐이다. 거의 언제나 논쟁은 양측 참가자 모두가 논쟁 이전보다 더 확실하게 자신이 옳다고 생각하는 것으로 끝난다. 논쟁으로는 이길 수 없다. 지면 그냥 지는 것이고 이겨도 지는 것이다. 만일 상대방의 논리의 허점을 지적해 상대방을 묵사발을 만들었다고 하자. 상대방이 제 정신이 아님을 증명해 냈다고 치자. 그래서 그게 뭐 어쨌단 말인가? 이긴 여러분의 기분은 좋겠지만 상대방은 어떻겠는가? 상대방에게 열등감을 느끼게 했고 상대방의 자존심을 구겨 버렸다. 상대방은 여러분의 승리에 이를 갈 것이다. 사람의 마음은 논쟁으로 바뀌지 않기 때문이다.

프랑스의 철학자 라 로슈코프는 이렇게 말했다.

“적을 만들려면 친구에게 이겨라. 벗을 만들려면 친구가 이기게 하라”

아무리 내 친구들이라도 내가 자랑하는 것을 듣고 있기보다 자신의 업적에 대해 소개하고 싶어 한다.

상대방이 완전히 틀렸을 수도 있다. 하지만 상대는 틀렸다고 생각하지 않는다. 상대방이 완전히 틀렸더라도 비난하지 말라. 그렇게 하는 건 누구라도 할 수 있다. 그 상대를 이해하려고 노력하라.

논쟁만큼 무익한 것이 없다. 누구나 자기 말이 옳고 자신이 맞다고 생각한다. 상대방이 맞다는 베이스 위에 서로의 절충점을 조금씩 찾아가는 게 대화다.

상대방을 비난하기에 앞서 상대방은 당신이 문제라고 생각하고 있다는 것을 떠올려야 한다.

우리가 자신을 문제로 보지 않는 이유는 실제로 자신이 문제가 아니기 때문이기도 하고 자신의 말에도 일리가 있기 때문이기도 하다. 그러나 상대방의 말에도 일리가 있다. 그것을 깨달아야 한다. 내 말에도 일리가 있다는 것을 상대방이 이해하도록 당신도 도와야 한다.

물론 이런 자세가 모든 문제를 해결하진 않는다. 하지만 중요한 첫걸음이다.

논쟁을 벌이기보다 상대방을 이해하려고 노력할 때 왜 그렇게 생각이 제각각인지 알면 도움이 된다.

세상을 살면서 무수한 정보를 받아들일 때 그 엄청난 시각적 · 청각적·촉각적 정보를 전부 받아들일 수는 없다. 어쩔 수 없이 어떤 것은 받아들이고 어떤 것은 무시할 수밖에 없는데 어떤 것은 인식하고 어떤 것은 무시해 버리는가가 사람마다 다 다르다. 사람들 각자가 접근할 수 있는 정보의 종류가 서로 다르기 때문이다. 같은 직장을 다니는 동료와 회사에 대해 깊이 있는 대화를 나눠 보라. 같은 회사를 십여 년씩 함께 다녔는지 놀랄 정도로 생각이 다를 것이다. 사람들은 서로 다른 것에 관심을 갖고 있고 서로 다른 정보에 바탕을 두고 있다는 사실을 인식하지 못한 채 대화를 하고 관계를 유지한다. 똑같은 정보가 주어져도 서로 다른 정보를 선택하는 것은 물론이고 우리에게 주어지는 정보 자체가 다른 경우가 많다. 나에 대해 나는 알지만 남이 모르는 경우가 얼마나 많은가. 어렸을 때의 기억, 꿈, 희망, 어떤 것에 대한 트라우마, 경험 등의 다양한 프리즘을 거쳐 우리 의견이 형성된다.

논쟁을 벌이는 건 누구에게도 도움이 되지 않는다. 나와 상대방은 다른 사람이고 다른 생각을 한다. 논쟁에서 이긴다고 생각을 바꾸거나 승복하지 않는 게 본성이다.

상대방이 무슨 말을 하든 고개를 끄덕이고 웃으면 그만이다. 사람들은 대부분 조금이라도 자신과 생각을 같이하는 사람을 좋아하고 사사건건 트집 잡는 사람을 싫어한다. 정말 잘못을 저질렀다 해도 누군가 그것을 문제시하고 시비를 따지려 들면 사람들은 싫어하게 마련이다. 시야를 넓혀 궁극적인 목표를 '길게 가는 인간관계'로 잡으면 현명하게 처신할 수 있을 것이다.

chapter **42.**

상담을 신청해 보라

멘토로 삼고 상담을 신청하면
든든한 내 지원군이 되어 준다

어려운 일이 닥쳤을 때 주변에 상담을 청한 일이 있는가? 그럴 때 거절당한 적이 있는지?

인간은 누구나 다른 사람이 나를 필요로 한다고 느끼고 싶어 하는 본능을 가지고 있다. 누군가 상담을 청하면 정말로 싫어하는 사이가 아닐 경우 기뻐하며 이야기를 들어준다. 상담의뢰를 받는다는 것은 상대방이 당신을 상담하기에 충분한 사람 또는 상담을 청할 만한 가치가 있는 사람이라고 생각한다는 증거이기 때문이다.

회사생활을 힘들어하는 이유를 들어보다가 특별히 한 상사나 선배와 사이가 나빠 힘들어하는 제자들이 있다. 다른 면은 다 괜찮은데 유독 한두 사람과 잘 지내지 못해 회사생활이 난관에 봉착했으면 정면돌파도 괜찮은 방법이다. 그 상사나 선배에게 허심탄회하게 "저는 선배님의 일처리능력을 정말 존경하고 있습니다. 제가 너무 기대에 미치지 못하는 것 같아 죄송합니다. 제 멘토가 되어 주실 순 없으신가요? 제가 무엇을 고치면 될까요?"라고 상담을 신청하는 것이다. 이 방법으로 성공해 지금은 멋진 사회인이 된 제자들이 많다. 꽤 괜찮은 방법이다.

상사의 도움을 받아야 할 때 '멘토'를 요청해 보라.

딱히 일만이 아니라 인간적인 면에서의 충고를 구하고 업무에서 도움을 청해 보라.

상담을 신청하면 대화는 우호적으로 흘러갈 수밖에 없다.

충고는 상대방으로 하여금 자신이 중요하다고 느끼도록 만든다. 상담을 신청하는 것은 상대방의 의견을 잘 들을 준비가 되어 있음을 알리는 것이며 상대방은 결론에 자신이 영향을 미쳤거나 자기가 결정한 것으로 믿게 하는 효과가 있다. 상담의뢰를 받았다는 생각에 당신이 어떤 행위를 유도해도 그 행위를 일방적으로 강요받았다는 느낌보다는 자기가 직접 결단을 내렸다는 생각을 갖게 될 것이다. 그래서 상담을 청하는 방식은 대등하거나 손윗사람을 대할 때 쓰면 좋은 방식이다. 특히 부부 사이에는 간섭이나 강요로 여겨지는 부탁도 의논하는 방식, 상담하는 방식을 쓰면 좋은 결과를 가져온다.

"여보, 회사에서 후배들이 일을 시켜도 잘 듣지를 않네. 당신은 내가 뭐가 문제인 거 같아? 아무래도 난 요새 너무 밥을 안 사서 그런 게 아닐까 싶어. 용돈 올려 준 지가 한참 됐잖아. 나 밥 사먹기도 정말 빠듯해서 말이지. 후배들이 밥 사주면 말 잘 듣고 꼭 그런 건 아니겠지만 상사가 돼가지고 너무 안 사니까 내가 그냥 켕기네. 사회생활 정말 힘들어. 어떻게 해야 좋을지. 휴~우"

나와 사이가 왠지 불편한 상사나 선배가 있는가? 허심탄회하게 상담을 요청해 보라. 직장생활 적응이 어려운데 선배님은 너무 능숙하게 잘하시고 주변의 인정을 받으시는 것 같다, 너무 부럽다, 좀 가르쳐달라며 매달리면 대부분은 솔직하게, 기뻐하며 이야기하게 된다. 내 편 만드는 요령, 생각보다 단순하다.

chapter **43.**

내 말에 감히 반기를 들어?

반대의견을 고마워할 줄 알아야
제대로 된 판단을 할 수 있다

우리 대학교 한 학생이 총학생회장 선거에 출마했었다. 대학 내에서 학부학생회 활동과 동아리연합회장 등 학생회 활동을 두루 역임했기에 본인은 자신했었다. 왜냐하면 만나는 모든 후배들이 본인에게 긍정적이었기 때문이었다.

아무리 생각해 봐도 코웃음이 날 만큼 '근거 없는 낙관'이었다고 한다. 감히 선배 면전에 대고 부정적 견해를 표할만큼 싸가지 없는 후배가 없었기 때문이었다. 그런데 상대 후보에 비해 의외로 본인의 지지도가 바닥이었는데 그것을 암시해 주는 후배가 몇 명이라도, 아니 한 명이라도 있었더라면 낙선 후 실패를 받아들이기가 훨씬 수월했을 것인데 그것을 전혀 눈치채지 못했던 것이다.

그날 이후로 그는 반대의견이 참 고마웠다고 한다. 반대의사를 밝힌다는 것은 사실상 내 말에 관심이 있고 귀 기울이고 있다는 뜻이다. 선거를 나가 보면 누구나 그의 앞에서 긍정적인 말과 듣기 좋은 말들을 해 주는데 투표함을 개봉해 보면 당선은 한 명만 되지 않나 말이다.

반대의견을 얼마나 잘 처리하는가에 설득의 성패가 달려 있다.

공개적으로 반대를 표할 때 어떻게 핸들링 하는가가 당신 능력의 지표다.

먼저, 상대방이 자신의 반대의견을 분명히 밝히도록 분위기를 만들어야 한다. 절대 중간에 끼어들어선 안 된다. 끝까지 들어야 한다. 상대방이 하고픈 말을 여한 없이 마치고 당신의 반응을 기다릴 준비가 됐을 때 말을 시작해야 한다. 그러면 상대방에게 요점을 고쳐 말하거나 다시 말해 달라고 요청하라. 다시 한번 말하다 보면 당신과 상대방의 머릿속에는 사안이 명확해진다. 당신은 생각할 시간을 벌게 되고 상대방도 처음부터 반대의견을 밝히는 이유를 판단하는 데도 도움이 된다.

무엇보다도 중요한 것은 반대의견에 대해 감사하는 마음이다.

그리고 그 감사하는 마음을 말로 표현해야 한다. 반대가 있으면 설득 과정에서 어디에 집중해야 하는지 알게 되고 어느 지점에서 합의가 필요한지 찾을 수 있게 된다. 감정적으로 흐르지 않도록 경계하면서 침착하게 반응하고 이후에 상대방이 내 설득에 동의하더라도 자존심이 상하지 않도록 여지를 주어야 한다. 상대방의 반대에 공감하는 다른 사람들도 많다고, 타당한 반대라고 얘기해야 한다.

100% 완벽한 사람은 없다.

또 그걸 증명할 필요도 없다. 나의 의견이 틀렸을 수 있다. 반대의견을 경청하고 수정해 나가면서 합의가 이루어지는 것이다. 나에 대한 개인적 비난으로 받아들이지 않고 반대의 이유를 정확히 파악하는 데 주력해야 한다.

어떤 변호사가 고객인 건설회사를 대신해 지역주민들과 대화하는 자리에 나간다고 하자.

건설회사는 그 지역에 쇼핑센터를 건립하려고 하고 용도변경을 추진 중이다. 이 과정에 아무런 법적 하자가 없었다. 건설회사는 쇼핑센터의 미래고객인 주민들과 원만하게 일을 처리하고자 한다. 변호사는 아마도 주민들과 우호적인 분위기에서 법적 정당성을 설명하고자 할 것이다. 그러나 막상 대화가 시작되자 노골적인 적대감이 흐른다. 주민들은 팔짱을 낀 채 변호사를 노려본다. 공사가 시작되면 시위라도 벌일 기세다.

어떻게 해야 할까?

이런 경우는 대화에 나서기 전에 냉랭한 분위기의 원인이 뭔지부터 파악해야 한다. 이전에 다른 건설사와 변호사가 주민을 배신한 적이 있어서인지, 선동가 한두 명만이 억지를 부리고 있는 상황인지 미리 알고 나서야 한다. 설득의 초점을 잘못 맞추면 걷잡을 수 없게 된다.

chapter **44.**

상대방을 개입시켜라

상대방의 영향력을 확인시켜라
그러면 일이 잘 풀릴 것이다

오래전 교사생활 30년이 되어 가는 선배가 이런 얘기를 했다.

"오랫동안 담임을 맡아 보니 요령이 생기더라. 아이들에게 일을 시킬 때 긴 목록표를 만들고 자기가 하고 싶은 일에 이름을 쓰게 하는 거야. 반 아이들 전원이 뭔가 하나 맡아서 하도록 말이야. 근데 '지각학생이름 적기'란에 세상에나, 지각대장이 하겠다고 이름을 쓴 거야. 신기한 건 말이야. 걔가 그날 이후로 지각을 한 번도 안 하는 거야. 자기가 하겠다고 해서인지 뭔진 몰라도. 그 목록표 만든다고 3월 한 달이 다 가긴 했는데 그게 끝나니 학급이 정말 잘 돌아가는 거 있지"

누군가와 친분을 쌓아 가고 일을 해 나가는 것도 마찬가지다.

사람들은 자신이 주도적인 역할을 하면 적극적으로 관계를 만들어 갈 가능성이 크다.

학급 일을 나누어 잘하라고 설득하기 위해서는 잘할 수 있는 일을 선택하라고 결정에 개입시켜야 하는 것이다. 상대방에게 참여의 선택을 줄 경우 자신의 문제에 상대방을 성공적으로 개입시킬 수 있다. 연설을 할 때 공감이 가는 질문들을 던져 참여를 시킨다. 제품을 한번 만져 보라고 한다. 써 보라고 나눠준다.

대학에서 교수들이 강의하는 모습을 지켜보면 무척 흥미로운 결론에 도달한다. 아무리 이론이 정교하고 학계에서 인정받는 실력자라 하더라도 학생들에게 일방적으로 설명만 해서는 반응이 영 신통찮다. 그러나 약간 엉성하고 서툴러 보여도 학생들이 한 명씩 자신의 생각을 이야기할 수 있는 분위기, 각자의 지식과 견해 차이를 이해할 수 있도록 하는 강의는 열렬한 호응을 얻는다. 한 명씩 나가서 발표를 하는 동안 서로의 생각과 경험을 흡수할 수 있고 강의내용이 좀 빈약한 것은 문제되지 않는 경우도 많았다.

소비자에게 사용 후기를 얻는 것도 비슷한 이유다. 어떻게든 참여시킬 때 기업에 대한 호감도가 상승하고 구매로 이어진다.

회사 경영과 관련 어떠한 의견이나 제안도 낼 수 없고 자신의 아이디어를 표현하는 것조차 허용되지 않는 노동자들은, 분명 어떤 형태로든 회사경영에 기여하도록 요구받은 노동자들만큼 열심히 일하지 않는다.

자녀에 대해 충고를 하고 싶다면 '가족회의'를 통해서 시도해 보라.

최종결정을 하기 전에 자신의 주장이나 의견을 제안할 수 있는 기회가 주어질 경우, 아이는 최종결정을 훨씬 적극적으로 받아들이게 되고 부모의 충고도 우호적으로 받아들이게 된다. 인간관계를 형성해 나가는 과정이나 비즈니스 협상의 과정에서도 상대방을 개입시켜 결정에 영향을 주었음을 느끼게 한다거나 나를 형성하는 데 상대방이 기여했음을 확인시키는 멘트는 특별한 관계로 느껴지도록 만든다. 상대가 나에게 영향력을 끼쳤다고 믿게 되면, 그 비즈니스협상은 성공한다.

chapter **45.**

친밀감 10배 높이는 법

비슷한 옷차림, 비슷한 말투

어떻게 호감을 안 가지겠나

누구나 나와 비슷한 사람에게 호감이 간다. 같은 분야에 관심이 있고 좋아하는 것이 비슷할 때 상대방의 인식이 긍정적으로 변한다. 지연, 학연이 일치하는지 대조해 보라는 이야기가 아니다.

상대방과 비슷한 분위기가 되도록 옷을 입고 비슷하게 말해 보라.

은연중에 느껴지는 일체감, 동질감이 더 효과적이다.

어느 직업군에나 주로 쓰는 용어, 은어 등이 있다. 미리 알고 준비해야 한다. 디자이너들을 상대하러 가면서 후줄근하게 입으면 어떤 반응을 얻겠는가?

학교에 자녀의 진로를 상담하러 갔는데 교사가 지나치게 짙은 화장과 속옷이 보일 것 같은 옷을 입고 있으면 학부모가 신뢰를 할 수 있을까?

어떤 직책이든 어울리는 옷차림과 화장, 외양이 있다.

그래서 수십 년 직장 생활을 하면 누가 봐도 직업을 짐작하게 된다. 면접시험을 보러 갈 때는 그 직장 사람들의 옷차림을 예의 주시해 보고 그와 비슷한 차림을 하고 가는 것이 성공률이 높다는 것은 거의 상식이다. 그리고 새 옷보다는 몇 번 입어 자신에게 편안한 옷이 자연스럽다는 것도 알아 두어야 한다.

결속감이나 연결감을 만들어 낸다는 것은 당신과 함께 있는 것을 편하게 느끼도록 한다는 의미이다. 오랫동안 알아 온 듯한 느낌, 당신을 쉽게 이해할 수 있는 사람으로 생각해야 당신이 하는 말을 호의적으로 받아들인다. 누군가와 연결되었다고 느낄 때 마음이 편안해지고 신뢰감이 싹튼다.

광고에서는 이런 심리를 잘 이용해 광고 속 배우를 자신과 동화시켜 생각하도록 광고를 만든다.

광고를 접하는 대중들이 유사성을 생성시킬 수 있도록 어디서 본 듯 익숙하지만 좀 더 밝고 환한 모습을 광고에서 담아내는 것이다.

또 친밀감은 그 사람을 알아야 쌓인다. 먼저 자기가 가족이야기나 취미이야기를 시작하는 것이 좋다. 자기가 스스럼없이 얘기하면 상대도 친밀감을 느끼고 다가설 수 있다. 이때 주의할 점은 시작은 자기가 하지만 자기 얘기만 떠벌려선 안 된다는 것. 누구나 알고 있지만 일단 시작하면 의외로 많은 사람들이 이 부분에서 실수를 한다. 자기가 지금 무슨 이야기를 하고 있는지 마음속으로 계속 체크해야 한다.

chapter 46.

선입견을 가지지 마라

사람은 저마다 다 다르다
미리 단정하면 자기만 손해

미리 준비하고 정보를 수집하는 것은 좋지만 사람은 겪어 봐야 안다. 이러이러한 사람이라고 단정 지으면 볼 수 있는 모습이 한정된다. 직접 말해 보고 부딪쳐 보면 의외의 모습에 놀라게 되는 경우가 많다.

사람은 다 다르다. 한 가지 측면만 보고 섣불리 판단해선 안 된다. 동전은 위에서 보면 둥그렇지만 옆에서 보면 사각형으로도 보인다. 그런 시점을 하나라도 더 많이 아는 사람이 성공한다. 그런 발상으로 인맥속의 인간관계를 관찰해 보라. 인간관찰에서 중요한 건 느끼는 힘이다.

업무 측면에서는 상사, 부하직원, 거래처 사람들, 가정에서는 부모님, 아내, 아이, 친구, 이웃, 지인 등 실로 다양하다. 이 다양한 사람들이 원하는 것을 어떻게 파악할 수 있을까?

먼저 상대에게 관심과 흥미를 가져야 한다. 이해하기 힘든 사람이라고 치부할 것이 아니라 왜 그런 태도를 보이는지, 무엇을 좋아하는지를 유심히 관찰하라.

평소에도 사람들에게 관심을 가지고 관찰하는 습관을 가져야 상대방의 관심사를 알아챌 수 있다. 사람을 좋아해야 영업을 할 수 있다. 인터뷰를 할 때는 그 상대를 진심으로 좋아해야 좋은 인터뷰가 나온다. 내게 호감을 가졌다고, 나를 좋아한다고 여겨지는 사람에게 우리는 마음을 연다.

당신에게 적대적인 상대방이라도 이기고 지는 싸움이 아니라 윈-윈(WIN-WIN) 결과를 추구한다는 것을 표현하고 사전에 충분히 연구한 사실을 보여야 한다. 유머를 사용해 긴장감을 늦추고 공통점을 찾아내야 한다. 되도록 상충적인 입장으로 대립하기 전에 한 번 이상 만나보는 것이 좋다. 당신에 대해 잘 몰라서 적대적인 것이라면 당신의 주장을 지지하는 전문가나 자료에서 얻은 지식으로 신뢰성을 높여야 한다.

중립적이고 무관심한 사람과 사귀려면 어떻게 해야 할까? 싫다는 사람에게 매달리는 것은 인맥 만드는 일에서 피해야 할 일이나. 상대빙이 솔깃해할 이야기로 주의를 끌어들인 후 나와 너무 파장이 안 맞을 때는 깨끗이 물러서야 한다.

상대방에 대해 아무런 정보가 없다면 상대방이 가능한 한 많은 질문을 하도록 격려해야 한다. 그들이 존경할 만한 전문가의 말을 인용하면서 사례와 간단한 통계 등으로 신뢰요소를 강조해야 한다. 사실은 간단하고 솔직하게 표현해 신뢰의 기반을 만드는 것이 포인트.

VI

대화법 필살기

chapter **47.**

잘 들어야 잘 말할 수 있다

잘 말하려고 애쓰다 잘 듣지 못해
경청이 가장 좋은 커뮤니케이션 기술

커뮤니케이션이 잘 안 되는 경우는 대개 잘 듣지 않아서이다. 똑같은 말이어도 우리는 자기 생각에 따라 다르게 해석한다. 자기 편한 대로 듣고는 예상한 것과 다르다고 화를 낸다. 잘 듣는다는 것은 정확하게 듣는다는 것이며 상대방이 말하는 내용에 대한 이해를 포함, 상대방의 기분과 감정까지 이해한다는 것을 의미한다. 그래야 진정한 의미의 '듣기'이다.

데일 카네기는 "경청은 가장 중요한 대인기술 중 하나"라고 말했다. 들어야 상대방이 무얼 원하는지, 어떤 가치관을 가졌는지 알 수가 있다. 그래야 당신이 말하고자 하는 메시지를 그에 맞춰 전달할 수가 있다.

사람은 누구나 주연으로 살고 싶어 한다. 자기가 주인공으로 스포트라이트를 받고 싶어 하고 자기가 말하고 싶어 한다. 한 말씀 하고 싶어 하는 정치인들 덕에 영화제는 늘 말썽이 인다. 기껏 어렵게 초대해 놓은 외국 영화감독, 영화관계자들이 국회의원, 자치단체장들의 줄줄이 계속 되는 한 말씀에 자리를 박차고 나온다.

그만큼 사람들은 주목받고 싶어 하고, 말하고 싶어 한다. 그 이야기는 뒤집어 말하면 들어줄 사람이 필요하다는 이야기다. 이야기를 열심히 들어주고 열렬한 반응을 보이고 재미있다고 호응하는 사람이 필요하다는 이야기다.

바람둥이인 내 친구에게 비결이 뭐냐고 물었더니 의외로 간단했다.

"열심히 들어주니 다들 좋아하더라구"

독일의 대화전문가인 도리스 메르틴은 다른 사람의 말을 들을 때 KIWI원칙을 적용하라고 충고한다.

자제한다(Kontrolliert) - 상대방이 말을 끝낼 때까지 기다려야 한다는 것은 누구나 잘 아는 사실이다. 여기서 더 나아가 친절한 사람들은 자기가 발언권을 넘겨받기 전에 몇 초 정도 기다린다. 어쩌면 상대방이 덧붙이고 싶은 말이 있을지도 모르니까. 그 밖에도 누군가 적당한 단어를 찾고 있을 때는 상대방에게 충분히 생각할 시간을 주고 그를 대신해서 말을 끝내는 일을 피해야 한다.

흥미를 보인다(Interessiert) - 상대방에게 관심을 기울인다. 주위환경 때문에 혹은 자기 생각에 빠져 신경을 다른 곳으로 돌리지 않도록 한다. 그러기 위해선 휴대폰을 꺼 놓고 주위를 두리번거리지 않는 것이 중요하다. 약간의 여유가 있다면 대화의 핵심내용을 받아 적도록 한다. 이것은 단편적인 생각을 연결해 주고 상대방에게는 그의 말이 중요하다는 인상을 전해 준다.

인정해 준다(Wertschatzend) - 경청은 효과적인 대화전략이다. 이때 애정을 가지고 듣는다면 훨씬 더 효과적이다. 상대방을 향해 몸을 약간 기울이고 "아하!" "정말?" "좋겠다!" 등과 같은 대화증폭기로 상대방을 격려한다. 거기서 더 나아가 조심스럽게 대화 상대방의 감정을 반영한다. 상대가 패널티킥 순간을 열정적으로 이야기할 때는 미소를 보이고 수치를 비판적으로 검토할 때는 이맛살을 찌푸린다.

영감을 불러일으킨다(Inspirierend) - 상대방의 메아리가 되어 준다. 상대방이 자신의 생각과 감정을 말하면서 검토할 수 있는 기회를 준다. 니체는 "한 사람이 그의 생각을 탄생시키기 위한 산파를 구한다. 여기 그를 도와줄 또 한 사람이 있다. 그렇게 해서 두 사람은 멋진 대화를 나눈다"고 말했다.

대화를 나눌 때 가능한 한 멋진 조언을 하거나 해결방안을 제시하는 것은 자제하도록 하자. 그래야 상대방이 자신을 발전시킬 수 있는 것이 무엇인지 스스로 찾아낼 여지를 가질 수 있다.

chapter **48.**

들었으면 반응하라

잘 듣고 있음을 전해야

리액션은 크고 분명하게

그저 고개를 끄덕이며 웃어 주는 것으로는 부족하다. 상대방이 무엇을 말하는지 인정하고 그 내용을 이해했다는 사실을 말해야 한다. 단순한 아첨꾼인지 진정한 이해자인지 선을 그어야 한다. 상대방이 말하는 중간에 끼어들어선 절대 안 되지만 "그 일에 대해 좀 더 말씀해 주시겠습니까?", "당신의 생각이 맞습니다"라고 귀를 기울이고 있음을 표시하는 것이 좋다.

상대방의 기분과 감정을 표현하는 말을 포착해 그 말을 되물어 동감의 정도를 표한다. 상대방이 말하는 중에 그의 신념이나 가치관 등이 나온다면 절대 흘려선 안 된다. 민감하게 반응하고 그 말을 사용해서 되물어 본다면 상대방은 자신이 중요한 사람이며 이해받는다고 느낀다. 상대방의 자존감이 충족될 때 그는 당신의 조력자가 될 것이다. 텔레비전 예능프로그램의 단골 출연자는 말을 잘하는 사람도, 몸을 구르며 웃기는 사람도 아니다. 리액션, 남의 말에 반응을 확실하게 하는 사람이다.

잘 들어야 한다는 것은 누구나 아는 원칙인데도 왜 자꾸 실수를 하고 잘못 이해해 문제를 만드는 것일까?

자신의 실패를 되돌아보면 상대방이 말할 때 '내가 말할 차례가 되면 무슨 말을 해야지' 하고 생각하느라 상대방의 이야기에 집중을 못한 경우가 많을 것이다. 나의 경우 '훌륭한 선배', '훌륭한 상사' 등 내가 멋있어 보이기 위해 애를 쓰느라 정작 상대방의 중요한 이야기를 제대로 못 듣고 나의 질문이 무식해 보이지 않을까 전전긍긍하느라 실패한 적이 참 많았다. 내 차례를 기다리느라 지금 말하고 있는 내용을 놓치는 실수를 한 것이다. 중요한 것은 상대의 말을 잘 듣는 것이지 내 말을 멋지게 하는 것이 아니다.

우리는 분당 120~150개 단어의 속도로 말한다. 하지만 머릿속으로는 분당 400~800개 단어를 생각할 수 있다고 한다. 3배의 차이가 난다. 상대가 말하는 중간에도 우리는 생각할 수 있다. 그래서 머릿속으로는 딴 생각을 하면서 열심히 듣는 척할 수 있다.

그리고 우리는 상대방의 말을 넘겨짚으려는 속성이 있다. 다음에 무슨 얘길할지 알고 있다고 생각해 다음 말을 제대로 듣지 않는다. 심지어 속단한 대로 상대방이 말했다고 믿어 버린다. 그래서 오해를 만든다.

상사가 말을 할 때, 회의를 할 때 제대로 들으려면 메모를 하는 것이 좋다. 사람의 기억력이란 한계가 있어서 들은 것의 80%는 잊어버린다. 써야 한다. 제대로 듣는 방법 중에 메모만한 것이 없다.

chapter **49.**

작은 선물로 마음을 얻어라

부담 가지 않을 정도의 선물은
상대방의 마음 문을 열어 준다

몇 번을 만나 친해졌을 때 마음을 표현하는 작은 선물을 주는 것은 효과적이다.

오늘 만나는 사람에게 고맙다는 뜻을 전하고 싶으면 약간 뜻밖의 선물을 준다. 그러면 다들 무척 기뻐한다.

부담을 주는 선물이 아니라 상대방이 필요로 하는 것, 기억에 남을 만한 소품이나 고향을 떠올리게 하는 전통과자 등이 적당하다.

약간은 특이하고 신경 쓴 듯한 선물을 준비하면 그걸로 대화가 부드럽게 풀릴 수 있다. 대개 책을 좋아하는 스타일이라면 문구류에도 관심이 많고 옷차림이 개성적인 사람은 독특한 액세서리, 재밌는 아이디어 상품에 관심이 많다.

해외유학이나 출장을 가는 사람에겐 미리 그 지역 생활을 준비할 수 있는 것도 괜찮다. 30년 전 독일 유학을 떠날 때 친구가 구해 준 독일

어성경이 일생에 가장 기억나는 선물이라고 한 분도 보았다. 그 선물은 평생 친구로 잘 지내자는 의미가 담긴 셈이다. 나도 미국유학 중인 딸에게 평소에 딸이 잘 먹던 과자, 영화 보며 함께 먹던 오징어 등 이런 것들을 채워 소포로 보낸 적이 있다. 딸이 아빠의 자상함에 감격했음은 물론이다.

선물은 꼭 생일이라든지 결혼 같은 이슈가 있을 때가 아니더라도 따뜻한 호의를 느낄 수 있게 하고 상대방에게 깊은 인상을 심어 준다.

작은 선물은 꼭 돌려받기 위한 계산이 아니라 마음이 느껴져 강한 인상이 남는다. 특히 상대방이 지방근무를 가게 됐다든지 소위 끈 떨어졌다고 느낄 때 선물을 하면 더욱 고맙게 느껴진다.

감정표현이 인색한 문화에서 살아오다 보니 선물 하면 이상한 것만 떠오르는 지경이 되고 말았지만 마음을 담은 작은 선물은 닫힌 마음을 열게 한다. 회사에서 나온 시제품이라며 꼬박꼬박 가져다준다거나 '필요한 자료 같아서'라며 신문스크랩을 보낸다던지, 자녀에게 줄 작은 장난감을 준다든지 하는 것은 효과가 크다. '그런 것은 보험모집인이나 한다, 영업직이나 하는 거지' 따위의 생각은 제발 하시 밀기를.

사람은 받았으면 돌려줘야 한다는 생각을 은연중에 하게 된다.

그래서 수많은 시식코너와 샘플들이 있는 것이다. 이젠 너무 공짜로 받는 것이 버릇이 돼서 채무감을 느끼지 않는다고? 그럼에도 불구하고 투자비용보다 결과가 좋으니까 기업이 계속 샘플을 나눠 주는 행사를 하는 것이다.

잘 지내고 싶은 사람에게 호감을 표시하는 작은 선물을 주는 것은 일종의 사전정지작업인 셈이다. 주의해야 할 것은 순수한 호의로 느껴지도록 해야 하는 것이다. 호의를 제공하고 호의를 기대하는 정도에 그쳐야 한다. 당신이 베푸는 호의가 상대방을 고려하지 않은 채 자신의 이익을 챙기기 위해 잔꾀를 부리는 것으로 여겨진다면 효과를 기대하긴 어렵다는 걸 명심하라.

우리는 누군가 나를 향해 미소를 짓거나 칭찬을 하면 대개 미소나 칭찬을 되돌려 주어야 할 부담을 느낀다. 아주 사소한 호의인데도 돌려주어야 한다는 느낌을 받는 것이다.

장교들은 전국을 이동하며 근무를 해야 한다. 친하게 지낸 동료 또는 선·후배가 전방 또는 후방으로 보직이동을 하게 되면 나는 명함지갑 같은 작은 선물을 했다. 함께 근무하다가 헤어지면서 건네는 작은 선물은 받는 사람도 부담이 없고 나도 홀가분하게 선물을 할 수 있었다. 하지만 몇 년은 금방 가고 작은 선물이라도 받았던 사람은 이후 잊지 않고 안부를 전해 오며 기억해 주었다. 사람들의 장교에 대한 인식이 어떤지 모르겠지만 내가 직접 경험한 바로는 가장 책임감과 인간미가 넘치는 사람들이다. 당장의 효과를 기대하기보다는 시간이 꽤 지난 지금도 잊지 않고 상호 안부를 전할 수 있는 이유이다.

chapter **50.**

때론 침묵이 설득의 도구다

많은 말을 한다고 꼭 좋진 않아

오히려 주도권은 침묵 후에 온다

미국 시장에서 김밥 열풍을 주도하고 있는 김승호 씨(식품회사인 JFE 대표)는 'CBS 배한성의 아주 특별한 인터뷰(FM 98.1Mhz, 연출 김우호 PD)'에서 이런 말을 했다. "지금 이 프로그램 주도하시는 분은 배 선생님이시잖아요. 그렇지만 제가 이 주도권을 뺏어 오고 싶다면 선생님의 질문에 제가 10초 동안 말 안하고 쳐다보면 됩니다. 그럼 상당히 초조하고 당황스럽겠죠? 그렇게 되면, 그 시간의 주도권이 제게 오는 게 됩니다. 그럼 제 쪽의 시간이 많아지게 되는 상황변이가 오게 되죠"

그는 이런 절묘한 침묵법으로 협상해 미국 최고의 식품점에 김밥판매대를 설치, 1백 60억 원의 이익을 냈다.

판매원들이 끊임없이 말을 쏟아 내고 끈질기게 장점을 설명한다고 구매가 이뤄지진 않는다.

때로는 아무 말도 하지 않는 것이 설득이 될 때가 있다.

자신은 침묵하고 상대방의 최종 결정만 앞두고 있을 때 자신의 최종 방안을 밝힌 다음 입을 다물어라. 침묵은 상대방을 초조하게 만들기도 하지만 당신이 주절주절 제품이나 서비스의 장점을 떠드는 대신 상대방이 결정할 여유를 주는 소중한 시간이 될 수도 있다.

당신이 결정하려는 순간에도 판매원이 계속 끈질기게 장점을 떠들면 의심이 고개를 들고 자리를 떠나 생각해 봐야 할 것 같은 기분이 든다.

더 많은 대화가 늘 성공적인 것은 아니다.

많은 사람들은 자신의 지식을 과시하면서 상대방에게 깊은 인상을 남기려고 노력하지만 그런 전략은 대개 성공하기 힘들다. 절제의 미덕을 발휘해야 하는 순간을 잘 캐치해야 한다.

침묵의 설득은 자신이 어느 정도 우위에 있다고 여겨질 때, 상대방이 거의 결정을 하였고 당신이 여유가 있음을 보여야 할 때 사용하면 좋다. 많은 대화가 이루어져야 성공한 대화라는 압박을 가지면 피곤한 대화가 되기 쉽다. 오히려 여백을 주고 상대가 생각할 시간을 주는 것이 더 효과적일 수 있다.

자기가 생각하는 것을 다 말해야 직성이 풀리는 사람들도 있는데 우리가 실제 살아가는 사회는 초등학교 발표시간이 아니다. 자기가 하고 싶은 말의 30%만 말하면 이미 할 말을 다한 것이다.

chapter **51.**

'아' 다르고 '어' 다르다

천냥 빚도 말로 갚는다

표현의 중요성 절감해야

사람들은 말로써 설득을 당한다. 말은 인간의 지각, 태도, 신념, 감정에 영향을 미치므로 설득과정에서 어떤 말을 쓰느냐에 따라 결과가 달라진다. 판매원의 한 마디가 기분이 나빠 마음에 들었던 제품을 사지 않고 돌아섰던 기억이 나에겐 아주 많다.

성공하는 사람들의 공통점은 언어를 사용해 상대방으로 하여금 생생한 사고와 감정 그리고 행동을 일으킨나는 점이나.

상황과 사건에 따라 적절한 단어가 다르다는 사실을 먼저 인식해야 한다. 하나의 단어가 모든 상황에서 다 효과적인 것은 아니다. 심지어 단어 하나만으로도 상대방이 인지하고 용인하는 데 크나큰 변화를 일으킬 수도 있다.

'노인'이라는 단어사용을 배제하고 '어르신'이라는 단어를 쓰자는 운동이 일어난 적도 있었다. 단어에는 가치를 규정하는 힘이 있기 때문이다.

한 항공사 승무원이 기내식으로 준비한 스테이크가 다 떨어진 사실을 알았다. 그 승무원은 손님들에게 남은 것은 닭고기뿐이라고 말하는 대신에 이렇게 말했다. "손님, 살짝 익힌 버섯과 가벼운 크림소스가 곁들여진 양념이 잘 배인 닭 가슴살과 쇠고기 스테이크가 있습니다. 어떤 것을 드시겠습니까?" 당연히 사람들은 닭요리를 선택했다.

같은 상황을 표현하는 말이라고 해도 어떻게 표현하느냐에 따라 상대방이 받아들이는 것은 달라진다. '비용'을 들이는 것이 아니라 '투자'를 하는 것이다. 내 짐을 잃어버린 게 아니라 다른 장소에 잘못 둔 것이다. '비행기가 고장을 일으킨'게 아니라 '기술적 장애가 생긴'것이다. 숫자를 표현할 때도 강조하고 싶으면 '십중팔구는…', '3분의 2이상은…'이라고 쓰고 숫자가 얼마 안 된다고 느끼게 하고 싶으면 '3분의 2도 안 되는…'이라고 표현하는 식이다.

긍정적인 단어를 사용하면 상대방은 더욱 자신감 있고 안정적이며 행복하다고 느껴지는 데 비해 부정적인 단어를 사용하면 우울하고 불안하며 슬픈 감정을 느끼게 만들 수 있다. 긍정적인 단어를 사용할 때 당신은 상대방의 관심을 당신이 원하는 바에 집중하게 하고 유지하게 할 수 있다. 즉, 상대방의 관심을 유지할 수 있는지 여부는 당신이 어떤 단어를 쓰느냐에 달려 있다는 말이다. 반대로 상대방의 의식 속에 의심을 심고 싶으면 부정적인 단어를 쓰면 된다. 부정적으로 생각하기 시작하면 그 주장의 모순점이나 약점을 찾기 위해 더욱더 몰입하게 된다.

미국의 전 하원의장인 뉴트 깅리치는 『언어: 핵심통제매커니즘』이라는 지침서에서 공화당 의원들에게 공화당의 이상에 대해 말할 때는 '상식, 용기, 꿈, 의무, 권위, 공정함, 가족, 자유' 같은 단어를 사용하라고 조언했다. 반면 민주당과 그들의 입장에 대해 말할 때는 '배반, 기괴한, 속임수, 붕괴, 부패, 위기, 파괴, 탐욕스런, 불명예' 따위의 단어를 사용하라고 충고했다.

① 절반 가격!

② 하나 사면 하나가 공짜!

③ 50% 할인!

당신이라면 어느 물건을 사겠는가?

3가지는 모두 똑같은 의미지만 나라면 2번 물건을 사겠다. 이렇게 효과적인 단어는 따로 있다. 다양한 연구결과에 따르면 '공짜'라는 단어가 포함된 문구를 사용하면 다른 문구를 사용할 때보다 매출이 40%는 증가한다고 한다.

'이득, 돈, 쉬운, 새로운, 공짜, 당장, 재미있는, 입증된, 보증, 결과, 건강, 안전한, 방법, 절약, 사랑, 당신/당신의'

광고에서 흔히 사용되는 이런 단어들이 물건을 팔 때 특히 효과적이라고 한다.

당신이 지시하거나 명령할 때 "이것 좀 해 주세요" 대신에 "이렇게 하죠. 오늘 중으로 이것을 하도록 하죠. 괜찮겠죠?"로 바꿔 말해 보자. '하자'라고 하면 일체감과 연대감을 이끌어 낼 수 있고 적대적인 태도를 누그러뜨릴 수 있다.

또 다른 사람을 설득할 때는 자신의 말이 얼마나 효과가 있을 것인가를 고민하지 말고 단순하고 직접적인가를 생각해야 한다. 상대방이 애를 써야 이해할 수 있는 말을 하지 마라. 상대방이 당신이 하는 말을 이해하지 못하면 설득하려는 모든 노력은 무위로 끝난다. 한자어를 섞어 쓰지 말고 쉬운 우리말로 하자. 일상적인 언어를 사용해 당신을 친숙하고 이해하기 쉬운 사람으로 보이게 하자.

chapter **52.**

너와 나는 다르다는 것을 인정하자

표현하지 않으면 알 수 없다

내 입장은 자세히 그러나 간략히

박철수 씨는 지방국립박물관의 학예사인데 구한말 유명화가인 ○○의 특별전을 기획 중이다. 국내 최초로 그의 작품을 집대성해 조명하는 것으로서 소장가들과의 조율, 작품해설 등 산적한 현안에 몇 달째 야근 중이다. 그저께는 한 교수가 자기가 가진 ○○작품을 최고의 작품으로 평가하지 않았다는 이유로 대여를 철회하겠다는 통보까지 받아 신경이 날카로워져 있다. 하지만 이런 어려운 일들에도 불구하고 꼭 역사적 의미가 큰 일이기에, 해야만 하는 일이기에 묵묵히 해내고 있다. 박철수 씨는 이 특별전에 꼭 필요한 작품을 소장하고 있는 서울시 모박물관 담당자 김미자 씨에게 전화를 했다. "공문 보내드린 것은 받으셨죠? 소장하고 계신 ○○그림을 꼭 빌려주셨으면 합니다" 그런데 김미자 씨는 딱 잘라 이렇게 말하는 것이었다. "안 돼요"

영화 '라쇼몽'으로 유명해진 일본소설 '덤불속'을 보면 한 살인사건을 두고 엇갈린 증언이 나온다.

3명의 증인이 서술하는 사건의 내용은 너무 다르다. 살인사건을 두고 왜, 누가 죽였는지에 대해 각자의 증언이 너무 달라 사건의 실체를 알 수가 없다.

이 유명한 소설은 구로자와 아키라 감독이 영화로 만들기도 했는데 이 소설의 저자인 아쿠다가와 류노스케는 35살에 자살했다. 후대의 학자들이 사건의 진실이 무엇인지를 캐는 숱한 논문들을 냈지만 아직도 오리무중이다.

박철수 씨는 사명감에 투철한 공무원인데 김미자 씨는 귀찮은 일이 싫은 딱딱한 여성인 걸까? 박철수 씨의 입장에서 서술된 이야기만으로는 더 이상 추론할 거리도 없는 것 같다. 과연 그럴까?

대화를 나누면서도 우리는 각자가 인식하는 사건의 진실이 다르다.

의견이 다르다는 것이야 문제될 것이 없지만 무슨 일이 벌어지고 있는가에 대한 인식 차이가 크고 그것이 필연적으로 논쟁으로 이어지고 서로가 상처받는 일로 번진다면 문제가 된다.

문제가 발생하게 된 원인에 대해 당신은 어떻게 설명을 할까?

누구든지 기분이 좋을 때는 '사람마다 의견이 다른 법이지'하거나 '모든 일에는 양면성이 있지'라고 생각한다. 그러나 자세히 들여다보면 그것은 진심이 아니다. 우리 마음 깊은 곳에서는 상대방이 문제라고 생각하고 있다.

만일 상대방이 순진하다면 우리는 인생이 어떤 것인지 가르치려 들고 상대방이 이기적이거나 능수능란한 사람이라면 순진한 척하며 상대방을 비난하려고 든다. 내가 옳다는 걸 인정받기 위해 대화를 이어가다 보면 각자는 자신의 말이 무시당했고 자신만 부당한 대접을 받았다는 생각에 부아가 치밀어 오르기 시작한다.

의견 차이가 없는 척할 수도 없고 그것이 중요한 문제가 아닌 척할 수도 없고 아무래도 상관없는 척할 수도 없을 때 어떻게 해야 하는가? 그때 우리가 할 일은 상대방의 말에 귀를 기울이는 것이다.

베른트 피세츠리더는 "배우려는 자는 들어야 한다. 자기 이야기만 하면서 배울 수 있는 건 없다"고 말했다. 배우려는 자세로 상대방의 이야기를 들어야 한다.

똑같은 사실을 두고도 다르게 말하는 것은 우리의 과거경험에 그동안 배워 온 관습, 자신이 무의식적으로 내면화해 온 규범들 때문이다. 그것을 인식하든 인식하지 않든 우리는 이 세상이 어떤 식으로 돌아가야 하는지, 사람들은 어떻게 행동해야 하는지를 규칙으로 만들어 가지고 있다.

매번 5분정도 일찍 오는 사람과 매번 5분정도 늦는 사람은 교통사정과는 상관없이 자신의 규범들 때문에 행동하는 것이다. 그렇게 법으로 정해진 게 아니라 알게 모르게 내면화된 것이기에 이런 것들이 충돌되어 갈등을 빚는다면 물어봐야 한다. 자신이 생각하는 규칙을 말하고 상대방이 생각하는 규칙이 무엇인지를 말이다. 누구 규칙이 올바른가의 문제가 아니라 사람마다 규칙이 다르다는 것을 인정해야 상대방의 말이 제대로 들린다.

또 우리는 자기 결론을 자기 입장에서, 자기 이익을 위해 냈다는 것을 인정해야 한다. 대부분의 경우 우리는 자신의 생각을 뒷받침해 줄 정보를 찾아내고 그 정보를 자신에게 가장 유리한 방법으로 해석한다. 그리고 자신의 생각이 옳았다고 확신한다.

하버드 경영대학의 하워드 라이파 교수가 학생들을 상대로 실험을 했었다.

한 그룹에게는 기업을 사기 위해 협상을 하도록 하고 다른 그룹에게는 그 기업을 팔기 위한 협상을 하라고 지시했다. 그리고 나서 각 팀에게 그 회사의 가치, 그러니까 사거나 팔기 위해 제시하는 금액이 아니라 실제적인 가치를 최대한 객관적으로 평가해 보라고 했다. 그러자 팔려는 그룹 학생들은 시장가치보다 30% 높게 값을 평가했고 사려는 그룹 학생들은 30% 정도 낮은 값으로 평가하더라는 것이다. 자신도 모르게 스스로에게 유리한 쪽으로 생각을 발전시켰던 것이다. 그들은 자신이 믿고 싶은 것과 일치하는 것들에만 초점을 맞추고 그렇지 않은 것에 대해서는 무시하고 곧 잊어버렸다.

자신도 모르게 편향된 인식을 만들어 내는 경향은 어찌 보면 인간으로서 당연한 일이지만 때로는 위험할 수 있다.

chapter **53.**

왜 나와 다른 생각을 하는 걸까?

누구나 다른 입장을 가지고 있다
대화로 풀어 나가 합치에 이르러야

내가 옳든지 상대방이 옳든지 가려내려고 들지 말고 우선 상대방이 하는 이야기가 어떤 관점에서 어떤 감정으로 이야기하는지 들어야 한다.

다른 사람의 주장을 이해하려고 한다고 해서 내 주장을 포기해야 하는 것이 아니다.

세상은 복잡하고 자신이 상처받고 부당한 취급을 받을 수도 있고 상대방도 똑같이 상처받고 화나고 부당한 취급을 받는나고 느낄 수 있음을 전제로 하는 것이다. 각자 지닌 정보와 해석방법이 다르기 때문에 견해가 서로 달라지는 것이며 양쪽 모두 옳을 수 있다. '누가 옳은가'가 문제가 아니라 '이제 우리가 진정으로 서로 이해하게 되었으니 이 문제를 해결하는 가장 좋은 방법은 무엇일까'라고 묻는 것이다.

옛날에 두 성직자가 하나님의 일을 어떻게 수행해야 하는가에 대해 논쟁을 벌이고 있었다. 논쟁이 끝없이 계속되자 결국 서로 화해하려는 마음에서 한 사람이 다른 사람에게 이렇게 말했다.

"자네와 나는 사물을 보는 시각이 다른 것 같네. 그럼 할 수 없지. 우리의 의견이 일치해야만 하는 것은 아니니까. 자네는 하느님의 일을 자네의 방법으로 하게. 나는 하나님의 방법으로 할 테니까"

상대방의 말이 일리는 있지만 상대방은 틀렸고 나는 옳을까?

대화의 대부분은 옳고 그른 것과 상관이 없다.

담배 피우는 것이 옳기 때문에 피우는가?

술 마시는 것이 옳기 때문에 마시는가?

딸이 담배를 피울 때 말리고 싶은 당신이 옳은 줄 다 안다. 그렇지만 문제는 대화의 쟁점이 당신이 옳은지 그른지가 아니라는 것이다. 당신과 딸이 흡연을 어떻게 느끼는지, 당신이 어떤 역할을 해야 하는지에 대한 문제다. 딸이 담배를 끊게 할 수 없다는 데 대한 무력감과 분노의 문제다. 당신 딸로서는 자신이 어른이라는 느낌과 질식할 것 같은 '착한 아이'의 틀을 깨고 싶어 하는 것이 문제다.

알코올중독인 친구에게 그의 건강을 걱정하고 엉망이 되어 가는 가정생활을 걱정하는 당신의 의견이 옳다는 것은 아무런 도움이 안 된다. 그의 이야기를 이해하려고 노력하고 앞으로 나아질 방법을 찾고 계속 옆에 있어 주겠다고 말해야 도움이 되는 것이다.

하버드대학 커뮤니케이션 연구팀은 15년 동안 연구한 결과로 '그리고' 대화법을 추천했다. "어느 하나의 이야기를 선택하려고 하지 말고 둘 다 수용하라. 그것이 바로 '그리고' 대화법이다"라고 밝혔다.

노무현 전 대통령의 독특한 화법인 "맞습니다, 맞고요"는 '그리고' 대화법의 한 예로 보인다. 그가 토론의 달인으로 불린 것은 한국 사회에선 드물게 먼저 상대방의 의견에 긍정적 반응을 보인 후 자신의 의견을 피력했기 때문이다. 상대방을 이해한다고 해서 내 주장이 약화되는 것이 아니다. 그런데도 우리는 제대로 듣지 않고 자기 말만 하는 경우가 얼마나 많은가? 제대로 들어야 제대로 말할 수 있다. 경청이 최고의 대화기술이다.

어떤 환자가 퇴원수속을 밟기 위해 원무과 창구로 다가왔다. 그의 표정은 무척 어두웠다. 하지만 원무과 직원은 모른 척하고 물었다.

"저희 병원의 서비스가 마음에 드셨습니까?"

그러자 그 환자는 이렇게 대답했다.

"대체로요"

이 말에는 어느 정도 환자의 불만이 드러나 있지만 대개 원무과 직원은 이렇게 말한다.

"다행이군요. 안녕히 가세요"

이처럼 뭔가 불만이 있다고 해도 그냥 좋다고 말하며 덮어 두는 예를 흔히 볼 수 있다.

"잘 지냈어?"라는 인사말에는 "심각한 얘기는 싫으니 가볍게 인사나 합시다"라는 의미가 숨어 있다. 당신이 다른 사람으로부터 솔직한 이야기를 듣고 싶으면 먼저 솔직한 말을 들을 준비가 되어 있어야 한다.

"대체로요"라는 말에는 "혹시 그동안 불편한 점이 있었다면 말씀해 주세요"라고 관심을 가져야 한다.

상대방과 똑같이 대응하지 말고 상대방이 왜 그런 식으로 나오는지 먼저 관심을 가지고 그 관심을 드러내야 한다. 환자의 불만을 말할 수 있는 상황을 만들어 주고 어떤 불만이든 뭐라 할 사람 없다는 것을 알려줘야 한다.

그런데 상대방으로부터 뭔가 우리와 관련된 부정적인 의견을 듣는 일이 그리 유쾌할 리 없다. 이에 우리들 대부분은 변명을 하거나 상대방의 생각이 틀렸다는 점을 밝히려고 든다.

"치료 잘 받으시고 그런 말씀을 하시다니요? 환자를 일부러 아프게 하는 의사도 있답니까? 그렇게 말씀하시면 안 되죠!"

상대방의 부정적인 의견을 듣고 기분이 나빠졌다면 억지로라도 이렇게 생각하자. '왜 논리적이고 이성적이고 예의 바른 사람이 이렇게 얘기하는 것일까?'

이렇게 생각하면 상대방이 한 말보다 그런 말이 나오게 된 원인에 집중할 수 있게 해 준다. 상대방의 공격에 직접적으로 맞서는 것은 악순환만 되풀이될 뿐이다. 우리 유전자에 공격을 받으면 맞받아치라고 소리치는 유전자 정보가 새겨져 있다 하더라도 잊지 말아야 할 점은 무엇을 보고 들었기에 그런 말이 나오게 됐는지에 집중해야 한다는 것이다.

상대방으로부터 뭔가 할 말이 있다는 신호를 받았다면 그 말을 하도록 만드는 것은 당신의 몫이다. 그런 신호는 단순한 형태로 나타난다.

상대방이 입을 다물고 아무 말도 안 하거나 언성을 높인다면 그 사람에게는 뭔가 할 말이 있다고 보면 된다. 상대방의 이런 감정을 풀어 주지 않으면 나중에 큰 문제로 발전할 수 있다. 상대방이 어떤 말을 하더라도 들을 준비가 되어 있음을 보여 주고 대화를 해야 한다.

무엇보다 중요한 것은 상대방에 대해 진심으로 배우려는 자세로 듣고 대화하는 것이다.

박철수 씨는 왜 안 되는지는 묻지도 않고 안 된다는 말에 너무 화가 나서 "그렇습니까?"하고 전화를 끊어 버렸다. 그녀가 자기 박물관만을 생각하는 이기심과 귀찮은 일을 싫어하는 공무원 근성 때문에 그랬다는 생각을 떨칠 수가 없었다. 김미자 씨는 특별전까지 2개월이나 남았는데 공문을 보니 다음 주에 빌려 달라고 되어 있어 그렇다면 특별전 2개월을 포함, 4개월이나 자기 박물관의 대표작을 대여하는 셈이 된다고 생각했다. 그런데다 대표작이어서 박물관 소개 오디오시스템에도 그 작품해설이 자세히 나온다. 대여해 주면 여러 가지 시스템을 바꿔야 한다. 그리고 박철수 씨가 자기는 국립박물관 직원이고 자신은 시립박물관직원이라고 무시하는 듯한 느낌이 들어 "안 돼요"라는 단답형의 대답이 나왔다. 박철수 씨가 자신의 입장을 자세히 설명하고 왜 안 되는지를 물었다면 어떻게 됐을까?

chapter **54.**

내 감정이 좋아야 인간관계를 잘하지!

내 감정표현을 잘할수록
남의 감정도 잘 받아들인다

자신을 잘 표현할 줄 모르기 때문에 남의 표현에도 경청하기 어렵다. 잘 들으려면 상대방에 대한 열린 마음과 호기심이 필요한데 자신의 억눌린 감정은 계속 머릿속을 휘젓는다. '저 사람은 어째서 그렇게 생각하게 된 걸까'하며 듣기보다 '나는 그에게 화가 나있어', '그는 나를 조금도 배려하지 않아'라는 생각을 반복하게 된다.

비록 표현을 하지 않기로 했지만 남이 자신을 인정해 주지 않는다고 느낄 때는 다른 사람의 말을 듣기가 힘들다. 또 뭐라고 맞받아쳐야 한다는 생각, 중요한 감정을 표현하지 못하고 억눌러야 한다는 생각은 자존심, 자기 스스로의 존중감에 상처를 준다. 또한 당신의 소중한 가족, 친구, 동료에게 당신의 감정을 알고 대응할 수 있는 기회를 빼앗는 것이 된다. 그것은 인간관계의 손상이다.

무엇보다 감정은 정상적이며 자연스런 것임을 인정해야 한다. 많은 경우 착한 사람들이 느껴서는 안 되는 감정이 있다고 생각한다. 하지만 장례식에서도 슬프지 않을 수 있고 어머니에 대해서도 좋은 감정만 느끼지 않을 수도 있다. 오랫동안 열망하던 일이 마침내 이루어져도 기쁘지 않을 수도 있다. 말이 되든 안 되든 그렇게 느낄 수 있다. 사람은 누구나 그런 갈등을 겪을 수 있다. 당신 가슴속의 감정이 무엇인지부터 파악해야 한다.

자신의 감정을 잘 모르게 되는 이유 중 하나는 언제부턴가 자신의 감정보다 다른 사람의 감정이 더 중요하다고 생각했기 때문이다.

40대 독신 여성인 진수아 씨는 삼 남매의 가운데이다. 위로 언니와 아래로 남동생이 있는데 둘은 다 결혼하여 자녀들을 두고 있다. 남동생이 막내이고 맞벌이 부부이다 보니 어느샌가 집안 행사를 자신의 집에서 하는 것이 당연시되고 있다. 독신이니 누구 눈치를 보지 않아도 되고 요리도 꽤 하는 수아 씨이다 보니 처음 한두 번은 자신도 즐거워하며 할 수 있었다. 그런데 이게 관례화되고 남동생 댁도 이젠 별로 미안해하지도 않는 기색이었다. 올해 어버이날 모임도 수아 씨 집에서 하자고 하자 울컥하는 기분이 됐다. 부모님이 오시는 것까지야 괜찮지만 언니 부부와 남동생 부부, 조카 넷까지 치다꺼리는 정말이지 사양하고 싶다. 싫다고 한마디 했더니 부모님이 몹시 서운해하셔서 죄책감까지 든다.

당신의 감정을 무시하면서까지 다른 사람의 감정을 존중하기로 하는 데에는 몇 가지 이유가 있다. 당신이 따르고 있는 묵시적 규칙이 당신보다는 다른 사람의 행복을 중요시해야 한다고 말하기 때문이다. 만일 당신의 친구나 동료가 원하는 대로 하지 못하면 그들 기분이 나빠질 것이고 그러면 당신도 그 영향을 받을 것이다. 이것이 사실인지도 모르겠지만 그것은 당신에게 부당하게 느껴진다. 그들의 분노와 당신의 감정은 대등한 것이다.

당신은 "누가 나에게 화내는 건 정말 싫어. 내가 조금만 참으면 돼는 걸, 뭐"라고 생각한다면 자신의 감정과 이익을 평가절하하고 있는 것이다. 그러면 친구, 이웃, 동료가 그 사실을 알아채고 당신을 자기 마음대로 할 수 있는 사람으로 생각하기 시작한다. 자신의 감정보다 다른 사람의 감정에 더 신경을 쓴다면 다른 사람에게도 당신의 감정을 무시하도록 가르치는 셈이 된다.

진수아 씨는 이번 어버이날 식구들이 다 모인 자리에서 이야기했다. 부모님 두 분이 오시는 것은 상관없다고 하고 식구들이 다 함께 모이는 것은 번갈아 가면서 하자고 제안했다. 그리고 집에서 음식을 준비하기보다 대식구이니 음식점에서 사 먹고 차 마시는 것만 각자 집에서 돌아가며 하자고 말했다. 누구라도 힘들어하고 싫어하게 된다면 식구들이 자주 모이는 것도 의미가 없다고 말했다. 남동생은 자기네 집에서 모이면 되지 않느냐고 하다가 동생댁의 제지를 당하고는 곧 동의하게 됐다.

감정표현을 잘하고 대화에서 적절히 감정을 표현할 줄 알아야 인간관계가 순조롭다. 아무리 업무적인 대화만을 하는 사이라 해도 자신의 감정을 적절히 표현하고 상대방의 감정도 잘 살필 줄 알아야 관계가 건강하게 형성된다. 흔히 기분이라고 표현하는 감정을 제대로 표현할 때 알맹이 있는 대화가 가능하다. 서로 간의 감정적인 교류가 있어야 인간관계가 형성이 되는 것이다. 내 감정에 대해 말할 수 없는 사이가 어떻게 친한 사이인가? 상대방이 나에게 자신의 감정을 말할 수도 없어 참고 있는데 어떻게 '내 사람'이겠는가? 서로가 지금 현재 겪는 감정의 굴곡들을 편안하게 말할 수 있는 사이, 그게 진짜 친한 사이이다.

chapter 55.

독설가들과 세상살기-따끔한 한마디를 연습하자

독설가들과 맞서야 하는 순간에

단호하면서도 분명하게 거절하자

나의 최대 약점은 사람들과 맞서지 못한다는 것이다.

아무리 TV프로그램을 진행하고, 수많은 책을 쓰고, 심리치료사들과 대화를 나누어도,

나는 여전히 사람들이 나를 철저히 짓밟도록 내버려 둔다.

간신히 용기를 내어 무슨 말이라도 하려면 며칠씩 꾸물거리며 고민해야 한다.

때로는 나는 괴롭히는 사람과 맞서느니 차라리 거리로 달려가 트럭에 치어 버리는 게 낫다고 생각할 때도 있다.

- 오프라 윈프리 자서전 중에서.

의외로 자신의 의견을 단호하게 밝히지 못하는 사람들이 많다. 친절하고 따뜻한 사람이 되는 것은 정말 중요한 일이지만 독설가들의 밥이 될 필요는 없다. 독설로 상대방을 깔아뭉개고는 "농담에 예민하게 군다"며 비웃고 자신의 우월감을 맛보는 나쁜 사람들과 사이좋게 지내려

면 세련된 대화법이 필요하다. 의외로 자신을 괴롭히는 이에게 용감히 맞서면 친구가 되는 경우도 있다. 독설가들은 자신이 조종하거나 괴롭힐 수 없는 사람들에게는 위협을 가하거나 부당한 요구, 무례한 행동을 하지 않는다. 심리학자들은 독설가들이 자신보다 강하다고 생각하는 사람을 높이 평가하기 때문에 그렇다고 한다.

사람들이 야비하고, 무신경하고, 무례한 말을 하는 이유는 다양하다. 독설가 중에는 자긍심이 매우 낮고 자기 자신에 대해 콤플렉스가 있는 경우가 많다. 자기가 불행하기 때문에 남들도 그 불행의 구덩이로 끌어넣고 싶은 것일까? 남의 기분을 나쁘게 만들어야 자기 기분이 좋아지는 사람도 있다. 어떤 남편은 아내에게 심한 말을 하고 형편없는 존재로 느끼게 만들면서 이렇게 못난 남자인 자신에게 어울리는 사람으로 느껴져 안심한다.

어떤 사람들은 남을 지배하고 통제해야 한다고 느낀다. 그리고 그렇게 얻어지는 힘과 우월감으로 남에게 모욕을 가한다.

그런데 사실 독설을 해 대는 사람들의 대부분은 무신경하고 남의 감정을 잘 헤아릴 줄 모르기 때문에 그런 말을 한다. 별다른 이유 없이 어리석은 말을 해 대는 것이다. 하지 않아야 할 말이 무엇인지를 깨닫는 사회적 품위가 부족한 것이다.

제일 먼저는 그들의 모욕적인 발언을 정중히 지적하고 이들과 상관하지 않는 것이 상책일지도 모른다. 이 눈치 없는 인간들은 주변의 사람들이 하나둘씩 연락을 끊어도 자신의 문제를 느끼기는커녕 늘 새로 괴롭힐 상대를 찾아낸다.

문제는 상관하지 않을 수 없는 직속상관이거나 친척인 경우이다.

친척이라는 이유로 극히 개인적인 부분을 웃음거리로 만들거나 칭찬하는 듯 말하며 괴롭히고 은혜를 베푸는 척하다가 빈정대는 질문을 던지는 사람들이 있다.

독설가가 모욕을 주는 동기가 무엇이든, 혹은 괴롭히는 본질이 무엇이든 그 사람에게 맞서는 것은 내가 감당해야 할 몫이다. 그렇지 않으면 한 인간으로서 자신의 가치를 스스로 거부하는 것이 된다.

로버트 M. 브램슨 박사는 『까다로운 사람 다루기』라는 저서에서 독설가들을 다루는 첫 번째 규칙이 그들에게 맞서는 것이라고 충고한다. 그들은 자신을 괴롭히게 내버려 두는 사람은 배려할 가치가 없다고 본다는 것이다. 브램슨 박사는 "묵인을 한다는 것은 당신을 괴롭힐 가치가 없다는 신호로 받아들이는 것이 아니라 당신을 못살게 굴어도 된다는 허락으로 받아들인다. 대처하기 힘든 사람을 상대할 때 두려움과 혼란을 느끼는 것은 정상이며, 심하게는 공격을 받았을 때 생기는 자연스러운 반응으로 인식하는 것이 도움이 된다. 마음이 혼란스럽고 화가 나고 불편해질 것이라고 미리 예상하라. 하지만 어떤 식으로든 의사표현이 분명한 발언을 할 수 있어야 한다"고 지적했다.

당신 주변에 있는, 말을 함부로 하는 사람들은 당신이 생각하는 것만큼 성가신 사람이 아닐 수도 있다. 다만 그가 생각 없이 내뱉은 말들로 당신에게 낸 상처가 차곡차곡 쌓여 있고 그것을 한꺼번에 떠올리기 때문에 그에 대해 그렇게 부정적으로 생각하는지 모른다. 그 사람이 했던 말 가운데 당신을 가장 괴롭게 했던 것이 무엇인지 생각해 보라. 그가 최악의 상황만을 가정하여 말하는 것은 아닌가? 혹시 그는 감사하다는 말, 미안하다는 말을 할 줄 모르는 사람이 아닌가?

상대방의 말하는 습관을 분석해 보고 이렇게 얘기하는 것이다.

"난 우리가 앞으로도 계속 좋은 우정을 함께 지켜 나가기를 원해. 아니, 지금보다 더 나은 우정으로 발전시켜야겠지. 그래서 너와 함께 말하고 싶은 것이 있어. 해도 되니?"

상대방의 말하는 습관은 단번에 고쳐지지 않는다. 수십 년에 걸쳐 만들어진 것이다. 다만 계속 관계를 유지하고 싶을 때 정면으로 돌파하는 것도 좋은 방법이다. 이 방법으로 시누이로부터 받은 30년 간의 상처를 씻어 내렸다는 50대 여성도 만나 보았다.

괴롭힘을 당하는 사람들은 어느 정도 자신을 괴롭히도록 허용한 것이기 때문에 괴롭히는 사람만큼이나 책임이 있다고 한다. 독설가들의 빈정거림을 인식하고 제압할 수 있는 능력에 따라 자긍심은 결정된다. 누군가의 발언이 나를 괴롭히기 위한 것으로 판단됐다면 단호하게 자기주장을 할 책임이 나에게 있다. 스스로 어떤 대응에 나서기 전까지 분노나 굴욕감으로 괴로워하게 될 것이다.

독설가들에게 대응을 하는 목적은 그들이 잘못을 뉘우치고 변화하게 하려는 것보다는 나 스스로 나에 대해 자긍심을 가지기 위해서이다. 그러기 위해서는 일단 모욕이 과녁을 빗나가게 해서 그들의 목적을 달성하지 못하게 만들어야 한다.

"말은 쉬워요, 그렇지만 워낙 엉겁결에 당하기 때문에 그때는 정신이 아득해져서 아무 생각도 안 나는 걸요"

"그들은 우리가 상식이라고 생각하는 테두리 밖의 말을 해요. 그러니 평소 때처럼 말이 나올 리가 없어요"

독설에 당하는 이유는 언제, 어디서, 어떤 식으로 당할지 예측하기 어렵기 때문이다. 그렇다면 몇 가지 대응방법을 정해 두고 연습을 하자. 피아노 배우기가 힘들지만 연습하면 누구나 할 수 있다. 한번 해보고 자신감이 붙으면 의외로 쉽다는 것을 알게 된다.

커뮤니케이션 분야의 세계적 강사인 폴렛 데일은 괴롭히는 사람들에게 대처하는 방법을 추천하면서 "대응을 할 때는 단호한 몸짓언어가 항상 따라야 한다. 상대방과 눈을 맞추면 용기가 생긴다. 용기까지는 아니어도 스스로 자신감을 느낄 수 있고 상대방의 눈에도 그렇게 보인다"고 충고했다.

PART

VII

칭찬 필살기

CONTENTS

chapter **56.**

칭찬, 상대방을 얻는 마법

나만이 해 줄 수 있는 칭찬 포인트 찾아
타이밍에 맞춰 진심을 다해 칭찬하자

사람들이 내가 원하는 대로 움직여 주면 얼마나 좋을까?

내 아이가 내가 칭찬하는 방향대로 성장하고 공부도 열심히 하고 내 주변의 사람들이 내가 하는 몇 마디 칭찬으로 나를 좋아해 주고 원하는 걸 준다면 얼마나 좋겠는가!

세상에나!

그런 마법은 없다는 것을 다들 아실 것이다.

하지만 자신의 관점을 바꾸고 주변을 따뜻하게 덥히는 칭찬의 마법은 있다.

누구나 알듯이 칭찬을 들으면 기분이 좋다. 하지만 마음에 와닿는 칭찬은 드물고 칭찬 몇 마디로 마음이 열리기는 힘들다. 어떤 외국인의 칼럼이 기억나는데 왜 한국인은 그렇게 마음에 없는 외모 칭찬을 많이 하느냐는 내용이 있었다. 칭찬으로 기분을 좋게 하긴 해야겠는데 무슨 말을 해야 할지 잘 모르겠고 그냥 "우와 예뻐지셨네요" "피부가 좋아요" "넥타이가 멋져요" 등의 멘트를 인사처럼 하는 것이다.

이런 말들의 문제는 무엇일까?

딩동댕!

상투적이라는 것이다. 이건 수능만점자가 "그냥 국영수 중심으로 예습 복습 철저히 했습니다"처럼 아무런 감동도, 애정도 없다.

물론 좋게 말하는 것이 비관적으로 말하는 것보다야 낫겠지만 칭찬에서 제일 피해야 하는 것은 상투적인 것이다. 상투적인 말을 반복하는 것과 겸손은 다르다. 적어도 수능만점자에게 인터뷰하는 이유는 남다른 노하우를 알려 달라는 것인데 하나마나 하는 소리를 할 바에야 "땅콩 같은 견과류를 열심히 먹었어요"보다 못하지 않느냐 말이다. 상대가 원하는 것을 알려 주지 않는 건 결코 겸손이 아니다. 칭찬도 마찬가지. 상대가 원하는 칭찬을 해 주어야 한다, 결코 상투적이지 않는 말로.

"너는 정말 특별한 아이야"라는 말을 아이에게 많이 하는 것이 부담만 주고 별로 효과가 없다고 교육학자들이 지적하는 것도 그런 이유다. 한 개인이 갖고 있는 독창적인 장점이나 특징에 대해 칭찬하고 가끔은 좀 과장해서 그 부분을 칭찬하는 것이 효과적이다. 그러려면 그 사람에 대해 관심을 갖고 지켜보아야 한다. 그리고 구체적이어야 한다.

"당신에게선 정직을 중요시한다는 느낌이 들어서 믿음이 가요" 라든가 "솔직히 말해 줘서 고마워. 쉽지 않았을 텐데 엄마에게 있는 그대로 네 감정을 말해 주었고 엄마도 앞으로 바꾸어 나갈게. 솔직하게 말할 줄 안다는 것은 정말 장점이라 생각해" 같은.

칭찬의 포인트는 '나만이 할 수 있는' 포인트를 찾아내는 것이다. 면밀하게 준비하지 않으면 찾아내기 힘든 한마디에 설득력이 있다. 상대방은 당연히 그런 말을 해 준 당신에게 호감을 느끼게 된다. "넥타이 좋네요"같은 상투성에서 벗어나 "그 도트무늬 넥타이가 경쾌해 보이고 잘 어울리세요"가 훨씬 기분 좋게 만든다. 그냥 넥타이가 멋있다고 하면 그 사람을 칭찬하는 느낌보다는 의례적인 말로 들린다. 그러나 넥타이가 잘 어울린다는 말은 넥타이를 고른 상대방의 센스나 감성을 칭찬하는 말이 된다.

칭찬할 거리가 없으면 칭찬하지 않고 넘어가도 좋다. 억지스러운 칭찬은 안 하느니만 못하다. 칭찬을 받으면 당연히 기분 좋겠지만 상대방이 인정받고 싶은 부분이 아니면 칭찬 이상의 의미가 없다. 상대방의 마음을 열기 위한 칭찬에는 철저한 사전준비가 필요하다. 그런 수고를 아까워한다면 마음을 얻기는 어렵다.

'격려하다 encourage'는 프랑스 단어 심장eneur에서 유래되었고 '마음을 가득 담았다'라는 의미라고 한다. 우리가 다른 사람을 격려할 때에는 진심으로 그가 성공할 수 있도록 힘을 전해야 한다.

토미 라소다(Tommy Lasorda) 전 LA다저스 감독은 "칭찬은 단순히 '대단하다'거나 '훌륭하다'는 미사여구를 갖다 붙이는 게 아니다. 상대가 진심으로 듣고 싶어 하는 말을 전해야 비로소 칭찬이다"라고 말했다. 그는 현역시절에는 별 볼일 없는 선수였지만 감독이 된 후에는 2군, 3군 팀을 연달아 우승시켜 메이저리그 감독으로 발탁됐다.

칭찬을 하려면 업무적인 것뿐만 아니라 개인적인 것에도 관심을 갖고 그들의 발전을 진심으로 걱정해야 한다. 그들의 성장을 어떻게 도울 것인가의 관점으로 관찰하면 칭찬할 만한 점이 보이기 마련이다. 세대 차이가 나도 같은 시대를 살아가는 사람들이다. 젊은 사람일수록 합리적인 이유를 말해 주고 협조를 구하면 움직인다. 인정해 주고 격려하면 열정을 가지고 일할 수 있다. 나와 너무 다르다고 느껴지면 왜 다른지, 어떻게 다른지 호기심을 가지고 관찰하라. 호기심이 관심이다. 칭찬은 잘하는 부분을 찾아내려는 관심에서 출발한다.

또 칭찬은 신뢰감을 바탕으로 해야 한다. 상대가 좀 심각한 음치여서 '생일 축하합니다'라는 간단한 노래에도 돼지 멱따는 소리를 내는데 천상의 목소리를 가졌다고 해 봤자 영혼 없는 아첨꾼으로 비칠 뿐이다. 칭찬을 했으면 그 기조로 자주 언급을 해야지, A를 장점이라고 했다가 다음날 배치되는 B가 장점이라고 하면 무슨 소린가 싶을 뿐이다.

칭찬은 또 타이밍의 예술이다.

무언가를 해내고 칭찬을 바라는 아이의 눈을 마주했을 때는 바로 그 칭찬을 해야지 딴 소리 한참 한 다음에 칭찬하면 아이 마음에 상처를 주는 결과가 되는 것처럼 성인들도 때에 맞는 적절한 칭찬을 해야 한다. 어렵게 공개수업을 마친 동료에게는 곧바로 다가가 "정말 좋았어요. 그동안 얼마나 신경 쓰고 준비하셨는지 느꼈어요. 교장선생님도 감동받으신 거 같아요"라고 말해야 한다. 다 끝나고 집에 가는 사람 붙잡고 얘기해 봤자 버스는 이미 지나갔다. 칭찬이 제대로 먹히려면 제때에 하는 것이 중요하다.

칭찬을 꼭 말로 할 필요는 없다. 카드나 문자메세지, 메모 등 다양한 방법으로 칭찬하는 것이 마음을 움직일 때가 많다. 상사들이 부지런히 돌아다니고 관찰해 직원들의 노력을 알아주는 것만으로도 성과를 보인다고 CEO들이 입을 모은다. 교사도 마찬가지일 거라 생각한다. 애정을 가지고 아이들을 관찰해 어떤 부분을 신경 쓰는지 알아차리고 격려해 주면 최상의 칭찬을 해 줄 수 있다. 교사가 정말 부러운 직업인 이유는 자기가 맡은 반(class)에서는 이상적인 사회를 구현할 수 있기 때문이다. 아이들의 세상을 천국으로도, 지옥으로도 만들 수 있는 직업이 아닌가! 나의 한마디 칭찬이 아이의 세상을 구원할 수 있다는 마음으로 아이를 바라보는 선생님이라면 아마 세상 최고의 선생님일 것이다.

관심과 신뢰 속에 칭찬의 포인트를 찾아내 타이밍 맞춰 칭찬을 아낌없이 하다 보면 상대방은 어느새 내 편, 내 사람이 되어 있을 것이다!

chapter **57.**

칭찬은 존재를 긍정하는 힘

당신은 소중한 존재

서로가 말해 주는 것, 칭찬

박순철 씨는 대기업 차장이다. 대학을 졸업하자마자 입사한 데다 동기들보다 빨리 승진을 거듭해 왔다. 워크홀릭으로 불릴 만큼 일찍 출근하고 늦게 퇴근했으며 열심히 일해 왔다. 그런데 요사이는 한계에 다다른 느낌이다. 팀장의 역할을 맡은 지 2년째인데도 팀원들이 전혀 따라와 주질 않고 있다. 회의는 고성을 지르다 끝나기 일쑤였고 부장은 실적이 낮다고 밤낮으로 지적을 해 대고 있다. 중학교에 들어간 아들은 자기와 말도 안 하려고 하고 아내는 "이 월급으로 어떻게 사냐"고 매일 잔소리를 해 댄다. 정말 박 차장에게 출구는 없을까?

우리나라는 유엔 산하 자문기구인 지속가능발전해법네트워크(SDSN)에서 발표한 2019 세계 행복보고서에 따르면 '국민행복지수'에서 10점 만점에 5.785점을 받아 54위였으며, OECD에서 발표하는 BLI(Better Life Index)지표 중 '삶에 대한 만족도 지표'에서 5.9점으로 '보통' 수준에 해당하는데, 이는 결국 우리나라의 사람들이 행복하지도, 불행하지도 않다는 것을 이야기하고 있다.

'2018년 OECD 보건통계'에 나타나 있는 국가별 '자살률' 지표에서도 확인할 수 있다. 이 지표에서 우리나라는 불명예스럽게도 OECD 국가 중 가장 높은 자살률을 가지고 있다. OECD 국가의 평균 자살률이 인구 10만 명당 11.6명인데 비해 우리나라는 인구 10만 명당 25.8명으로 2배 이상 높다.

왜 이런 현상이 발생하는 걸까?

OECD에 가입하고 먹고 살 만해졌는데 국민은 행복하지 않고 일에 대해 만족하지 못한다. 근로시간은 가장 긴데 생산성은 거의 최하위다.

무엇이 문제인 걸까?

무엇이 사람들이 행복하지 않다고 느끼게 하는가?

근원적인 해결책이 다양하게 제시될 수 있겠지만 '나 자신이 소중하다고 느끼고 싶다'라는 욕구를 충족시켜 주지 못하기 때문이 아닐까 하는 생각이 든다.

사람은 남에게 인정을 받고 싶어 한다. 날카로운 이빨도, 언제든 도망갈 날개도 없이 인류가 살아남은 것은 협력관계를 만들었기 때문이다. 좋든 싫든 혼자서는 살아갈 수 없다. 자신이 협력관계의 틀 안에 들어있지 않다는 것은 곧 죽음이다. 그렇다면 공동체로부터 한 몫을 감당한다는 인정을 받을 때, 비로소 불안감을 제어할 수 있도록 유전자에 새겨진 것이 당연하지 않겠나?

일의 성과를 인정하는 것뿐만 아니라 "안녕, 잘 지냈어?"하는 사소한 인사로도 서로 간의 인정을 나누고 확인하는 것이 된다. 여기에 더 나아가 칭찬이 보태지면 상대방의 불안을 씻어 낼 뿐 아니라 서로의 플러스 에너지를 증폭시키게 된다. 무관심은 소리 없는 살인자다.

내가 하는 일이 소중하고, 내 존재 자체가 소중하고 필요한 사람이라는 것을 느낄 때 인간은 행복할 수 있다.

언제든 건전지처럼 교체될 수 있고 볼일 다 본 후에 버려지는 존재가 아니라 꼭 필요한 존재라고 일터에서, 가정에서 느껴진다면?

그렇게 사람에게 '당신은 소중한 존재'라고 인식시키는 것이 바로 '칭찬'이다.

2020년 3월 구인·구직 매칭 플랫폼 사람인에 따르면 직장인 379명을 대상으로 '일과 직장 내 인간관계'에 대해 조사한 결과 응답자의 81%는 일과 사람 중 퇴사에 더 영향을 미치는 것은 '사람'이라고 답했다. 또 업무 관련 스트레스(28.2%)보다 인간관계 스트레스(71.8%)가 훨씬 심한 것으로 조사됐다. 직장인 10명 중 8명은 일보다 사람 때문에 퇴사하는 것으로 나타났다.

칭찬은 고래도 춤추게 하고, 고갈된 잠재력도 끌어낸다고 한다.

누군가의 말이 떠오른다.

* 칭찬은 웃음꽃을 만들어주는 마술사다. 장미도 백합도 진달래도 아름답지만, 웃음꽃만큼 아름다운 꽃은 이 세상에 없다.
* 한 방울의 꿀이 수많은 벌을 끌어모으지만, 1만 톤의 가시는 벌을 모을 수 없다.

박순철 씨는 무엇이 문제일까? 그는 소위 엘리트로 좋은 학교를 나왔고 입사성적도 좋다. 자신의 업무에 대해서는 완벽할 만큼 잘 알고 있다. 그러나 그는 팀장이 되기 위한 덕목이 무엇인지, 아버지로서 어떻게 대화해야 하는지를 배우진 못했다. 그는 매사에 자기 일만 열심히 하려고 했고 상사에게 자기가 인정받고 싶어 했다. 자기와 부하직원을 비교해서 보고 일처리가 성에 차지 않는다고 늘 생각했다. 그리고 그것을 말로 표현했다. "이것밖에 못해?" 라는 질책을 하루에도 몇 번씩 했다. 자녀들에게도 마찬가지였다. 성에 차지 않았던 것이다. 그가 자녀를 사랑하지 않는 것이 아니다. 다만 건강하게 사랑하는 법, 칭찬의 방법을 모를 뿐이다. 이런 패턴이 이제는 한계에 다다랐다고 느낀 박순철 씨. 팀원들에게, 자녀에게 이제는 다른 모습으로, 대하려고 한다.

팀원들을 모아 놓고 이제 긍정적인 면을 보고 서로 칭찬하자고 말하고 자신이 먼저 팀원의 잘한 일을 회의에서 발표하고 있다. 팀원들이 점심을 함께하는 장소는 팀원들이 선택하도록 하고 자신은 주로 들으려고 애를 썼다. 잘한 일들을 서로가 이야기해 주는 분위기로 바꾸어 가기로 했다. 쉽지는 않은 일이다. 어색해하는 팀원도 있고 저의를 의심하는 팀원도 있다. 진심을 다하면 통하리라고 믿고 매일 저녁 팀원들에게 메일을 쓰고 있다. 자신의 실수도 솔직히 고백하고 사과도 한다. 팀의 돌아가는 상황도 솔직하게 얘기한다. 가족들에게도 마찬가지다. 아내에게도 자주 전화하고 일은 근무시간에 집중해 하려고 한다. 자녀들과 있을 때는 그들의 이야기에 귀를 기울이려고 애를 쓴다. 처음엔 어색해하던 아들, 딸이 함께 보드게임도 하고 장난도 치다 보니 예전과는 달라진 느낌이다.

chapter **58.**

신뢰와 관심이 칭찬의 시작

칭찬은 믿고 있는 사람이 해 줘야

관심 갖고 보면 칭찬할 게 보인다

칭찬은 자신이 신뢰하는 사람으로부터 들었을 때 의미가 있다. 칭찬함으로써 주변 사람들과 관계를 개선하고 싶다면 '내가 얼마만큼 신뢰받는 사람인가'부터 점검해야 한다. 신뢰는 아주 섬세한 문제다. 잃기는 쉬우나 얻기는 어렵다. 상사로서 일관성 있는 태도와 공평무사한 평가가 신뢰를 얻게 만든다. 그리고 부하직원을 신뢰해야 신뢰를 받을 수 있다.

다른 사람에게 절대 위임하지 못하고 두 번, 세 번 시시콜콜한 부분까지 직접 점검하면서 자신이 신뢰받는 상사라고 믿는 사람들이 있다. 자신과 함께 일하는 팀원도 신뢰하지 못하면서 자신은 신뢰받는 사람이라고 할 수 있을까?

믿음직한 직원에게는 아낌없는 신뢰를 보내 주어야 한다. 그래야 자신도 신뢰를 받고 직원들이 믿고 따르게 된다. 자신이 원하는 것을, 일의 목표를 분명하게 드러내야 한다. 그리고 그에 준하는 결과가 도출되었다면 신뢰와 함께 칭찬, 즉 포상을 하면 된다. 그러면 당신이 목표를 세울 때마다 직원들은 당신이 원하는 것, 그리고 그에 대한 보상을 확실히 알게 된다.

물론 모든 사람을 신뢰할 수는 없고 아무리 신중을 기해도 사람을 채용하는 일에는 실수가 있게 마련이다. 당신이 가장 믿었던 직원이 아주 형편없는 사람으로 판명날 수도 있다. 그러나 당신이 먼저 의심을 갖고 근본적으로 진실하지 않았다면 모든 사람이 이 사실을 알게 된다. 이 때문에 훌륭한 직원들과의 관계까지 망치게 된다.

관리자들은 직속 상관이나 중견 간부들의 지지를 얻는 일에만 집중한 나머지, 자신이 관리하는 직원들을 살피고 인정하는 일을 잊고 산다. 실제로 많은 중견 간부들이 관리자들과 직원 사이를 멀어지게 만든다. 침체된 기업문화에서는 중견 간부들이 관리자들에게 '통념'을 강요한다. 직원들이란 게으르고 사악한 존재이기 때문에 매정하게 대해야 하며 보상은 임금으로 족하다고 말이다. 이런 식이라면 건강한 칭찬문화는 싹을 틔울 수 없다.

직원을 신뢰한다는 것은 어떻게 드러날까?

그의 의견을 물어보고 진지하게 들을 때, 중요한 일을 전적으로 위임할 때이다.

아이디어를 물어보고 진지하게 검토하라. 직원의 아이디어가 설익고 비현실적으로 들려도 끝까지 참견하지 말고 들어라. 실제 채택된다면 해당 직원은 공개적인 칭찬과 포상을 받은 셈이다. 열심히 들어주는 것만으로도 그의 존재를 응원하는 것이고 회사를 위해 더 열심히 일하게 된다.

한 회사원이 들려 준 이야기다. 1박 2일간 회사의 문제에 대해 토론하고 대안을 만드는 합숙을 한 적이 있었다. 조별로 나누어 주제별로 토론하고 대인에 대해 논쟁을 벌였다. 8시간이 넘는 마라톤 회의 끝에 상무 이사가 나와 말했다.

"수고 많았다. 그러나 현실에 적용되기엔 너무 이상적 대안들이다. 회사의 장기적인 과제로 삼겠다"라고 하고는 끝이었다. 그날 이후 아무도 회사 업무개선에 대한 아이디어를 내 놓지 않았다.

일을 믿고 맡기라.

맡긴다는 것은 어떤 전략도 없이 불쑥 던지는 행위가 아니다. 번지점프하듯 그저 할 수 있다는 용기를 불어넣고 뛰어내리라고 재촉하는 것이 아니라는 얘기다. 사람을 잘 부리는 상사는 직원을 잘 관찰하여 이 사람의 수준은 이 정도니까 이 정도 일을 맡기면 조금 무리가 되더라도 해낼 수 있을 것이라고 판단하는 것이다. 설령 그 일이 실패한다 하더라도 부하직원의 성장에 큰 도움이 될 거라는 믿음 아래 끊임없이 맡길 만한 일을 찾아야 한다. 맡길 만한 일을 발견하면 목소리 톤을 조금 낮춰서 진지한 눈길로 "부탁한다, 믿고 맡긴다"하고 명확하게 말해 줘야 한다.

업무현장에서는 쓸데없는 참견, 억압, 강요가 난무한다. '판단은 상사가 하는 것이니 자네는 거기 따르게'하는 식으로는 신뢰가 형성될 수 없다. 아무리 좋은 충고라도 일방적으로 밀어붙이거나 말할 기회도 주지 않는 충고는 받아들여지지 않는 법이다. 일을 믿고 맡긴다는 것은 전폭적인 신뢰가 바탕이 되어야 한다. 도약의 기회가 주어지는 회사에서 사람들은 열심히 일하게 된다.

현대의 위대한 발명가는 최고의 인재를 발견하는 관찰자이다. 같은 사무실에서 일하고 있어도 누가 제대로 일하는지도 파악하지 못하는 관리자가 있다. 누가 자리를 뜨는 게 아닌지, 사적인 전화를 하는지에만 관심을 기울이면 정말로 잘한 일에는 관심을 주지 못한다. 모든 직장인들은 직장에서 최선을 다하고 싶어 한다. 자신의 성과에 자부심을 느끼고 싶어 한다. 그러나 이런 헌신도는 상사가 직원들이 화장실 가는 시간을 재거나, 뒤에서 염탐하거나, 직원들의 기여를 알아주지 않으면 흔적도 없이 사라진다. 칭찬을 하려면 업무적인 것에서 확장하여 인간으로서 관심을 가지고 직원들을 바라보고 그들의 발전을 걱정해야 한다. 그들의 성장을 어떻게 도울 것인가의 관점에서 관찰하면 칭찬할 만한 점이 보이게 마련이다. 세대차이가 나도 같은 시대를 살아가는 사람들이다. 젊은 사람일수록 합리적인 이유를 말해 주고 협조를 구하면 움직인다. 인정해 주고 격려하면 열정을 가지고 일할 수 있다. 나와 너무 다르다고 느껴지면 왜 다른지, 어떻게 다른지 호기심을 가지고 관찰하라. 호기심이 관심이다. 칭찬은 잘하는 부분을 찾아내려는 관심에서 출발한다. 잘하는 부분을 찾아내면 나도 배우고 성장할 게 아닌가.

chapter 59.

칭찬의 놀라운 힘

인간관계를 풍부하게 만드는 기술

인정하고 격려하라, 칭찬하라

일터에서, 사회에서 인간관계를 풍성하게 해 주는 훌륭한 기제임에도 우리 사회는 참 칭찬에 인색하다.

칭찬은 비위맞추기나 아첨과는 다르다.

칭찬은 일에 대한 동기를 부여하고 자신의 존재를 긍정하게 만든다.

어떤 사람은 누가 칭찬을 하든 말든 자기가 만족하고 열심히 일하면 된다고 말한다. 그런 사람일수록 내면에서 다른 사람으로부터 인정받고 싶은 욕구가 더 강하고 그렇게 말해서 더 멋지게 보이고픈 욕구가 내재해 있는 게 아닐까? 인정을 바라고 한 일이 아님에도 주변에서 그 노력을 알아주고 "정말 멋지다"라고 말해 줄 때 기쁘지 않을까? 인간관계를 풍성하고 윤기 있게 만들려면 칭찬을 잘해야 한다.

칭찬은 주변을 긍정적으로 바라보고 그 긍정적인 부분을 찾아내 인정하고 격려하는 행위다.

칭찬이 생활습관이 될 때 당신 주변이 얼마나 따뜻한 색으로 물드는지, 당신이 얼마나 행복해지는지 체험해 보길 바란다.

칭찬이 좋은 줄 알면서도 이렇게 말한다. "아이 버릇을 망치면 어쩌죠?", "괜히 자만심에 들떠 자기가 잘난 줄 안단 말이야"

스투더 컨설팅 그룹의 사장인 퀸트 스투더는 칭찬하기를 주저하는 관리자들에게 이렇게 묻는다.

"상사에게 호출 받은 직원 중에 '이런, 또 칭찬을 받게 되다니, 이놈의 칭찬은 언제쯤 끝날까? 너무 지겨워서 생산성이 떨어지는군'하며 걱정하는 사람이 몇이나 됩니까?"

보통 상사의 부름을 받았을 때 가장 먼저 떠오르는 생각은 '뭘 잘못한 거지?'이다.

관리자가 직원을 지나치게 칭찬하기란 정말 매우 어려운 일이다. 하지만 직원을 제대로 인정해 주지 않는 것은 매우 쉽다. 직원들이 일을 잘 못할 때까지 가만히 놔 뒀다가 어느 순간 나타나 소리를 지르면서 잘못을 지적하여 '자신의 똑똑함을 드러내기'위해 잔소리를 늘어놓으면 된다.

만약 자녀가 동생과 잘 놀아 주면서 즐겁게 지내고 있을 때는 아무 관심도 쏟지 않고 안심하며 자기 할 일을 하다가 싸우기라도 하면 소리를 지르고 아이를 질책한다. 우리는 그렇게 긍정적인 면보다 부정적인 면에 집중하고 관심을 쏟아 온 것이다.

직원들이 열심히 일하고 있고 고객들과 문제를 일으키지 않으면 아무 말을 하지 않다가 상사의 무반응에 지친 직원들이 실수라도 하면

득달같이 나타나는 것이다.

인간에게 관심은 햇살과도 같다. 움직이지 못하는 식물도 햇살 쪽으로 자라나는 것처럼 부정적인 면에만 관심을 쏟으면 무의식적으로 부정적 행태를 반복하게 된다.

사람들이 일을 잘하고 있을 때 긍정적이고 상세한 피드백을 해 주어 사람들이 그 행동을 더 많이 할 수 있도록 해야 한다.

사회가 너무나도 빨리 그리고 자주 변하고 있기 때문에 많은 사람들이 자신이 맡은 분야에서 전문가가 되는 것이 힘들어지고 있다. 우리 대부분은 계속해서 배워야 하기 때문에 이렇게 하는 것이 잘하고 있는 것인지 의문스러울 때가 많다. 그럴 때 긍정적인 반응을 얻으면 더 열심히 잘할 수 있다. 실수했을 때는 부정적인 반응보다 왜 실수하게 됐는지를 알아보는 과정이 필요하다. 실수했을 때 비판을 가하는 것은 쉽다. 그렇지만 일상에서 긍정적인 면을 찾아내고 격려하는 것이 어려운 일이다. 그야말로 이제까지 익숙해진, 사물과 사람을 보아 오던 관점을 바꾸는 일이다. 직원들이나 가족들과 함께 있을 때 항상 모든 사람들이 '내가 잘한 일을 알아주세요'라는 커다란 표어를 붙이고 있다고 상상하는 것도 좋은 방법이다.

잘못된 행동에 허비하는 에너지를 전환시켜 제대로 된 행동이나 다른 행동으로 그 주위를 돌리게 하는 것도 현명한 방법이다. 부정적인 반응을 보이는 대신 다른 곳으로 관심을 돌리면 사람들을 다시 본 궤도로 돌아가게 하는 동시에 궤도에서 벗어난 행동에 주의를 기울이지 않게 함으로써 신뢰와 존경을 지속할 수 있게 한다.

몇 년 전 '리더스 다이제스트'에 한 어머니의 감동적인 체험담이 실렸다. 잘못된 행동을 자주하는 소녀가 있었다. 소녀의 엄마는 계속해서 아이를 야단칠 수밖에 없었다. 그러던 어느 날, 소녀가 이상하게도 특별히 좋은 행동을 했고 야단맞을 행동을 전혀 하지 않았다.

"그날 밤 침대에 아이를 누인 다음에 아래로 내려갔어요. 그런데 숨죽인 울음소리가 들렸어요. 곧바로 달려갔죠. 아이가 베개에 머리를 묻은 채 흐느끼고 있었어요. 흐느끼면서 아이는 '엄마, 오늘은 예쁜 아이가 아니에요?'라고 하더군요" 아이의 울음은 그녀의 가슴을 날카롭게 파고들었다.

"녀석이 잘못할 때 저는 곧바로 그것을 고쳐 주었어요. 하지만 좋은 행동을 할 때는 제가 미처 그것을 보지 못했고 한마디 칭찬도 없이 잠자리에 재웠던 거예요"

우리는 대개 잘못했을 때 혼나고 꾸중 들을까 봐 조마조마하며 성장했고 이제 자녀들을, 부하직원을 그렇게 대하고 있다. 평소의 좋은 행동을 칭찬하고 긍정적인 면에 초점을 맞추어 살 수도 있는 것이다. 발상의 획기적 전환인 셈이다. 긍정적인 부분에 초점을 맞춰서 보고 부정적인 일이 발생하면 그에 관심을 돌리기보다 더 긍정적인 부분으로 관심을 전환시켜 긍정적인 부분이 계속되도록 이어 주는 것이다. 사람의 관점은 인생에 엄청난 영향을 미친다.

chapter 60.

칭찬으로 대화를 시작하자

서두는 항상 칭찬으로

핀트를 잘 맞춰서

무슨 일을 하더라도 처음이 어려운 법! 글을 써도 처음 서두가 잘 잡히면 술술 써지는 것처럼 인간관계도 처음이 어려운 것이고 첫인상이 좋게 형성되면 마음을 이어 가는 것이 순조롭게 마련이다.

그렇게 첫 시작을 기분 좋게 만들려면 칭찬을 잘해야 한다. 물론 다들 그런 마음이 강해서 한마디씩 덕담을 던지는데 그게 핀트가 안 맞았을 때는 안 하느니만 못한 칭찬이 된다.

내가 몇 년 전 한 교수에게 "교수님 늘 젊어 보이시네요" 했는데 영 표정이 좋지 않았다. 급한 논문 탓에 며칠 잠을 못 자 피부가 엉망인 교수님이었던 것이다. '방금 전에도 시커매진 얼굴에 기미 잔뜩 끼인 걸 확인했는데 뭐 이런 되지 않는 소리를…'하는 분위기였다.

한 외국인이 자기가 한국에 와서 갑자기 예뻐진 줄 알았다고 하는 걸 들은 적이 있다. 한국인들은 그저 만나면 칭찬으로 "아유, 너무 예뻐졌네요"하는 칭찬을 습관처럼 하더라는 것. 하도 그 얘기를 많이 듣다 보니 자기가 착각에 빠질 정도였으나 그저 문화라는 걸 이해하게 되자 약간 씁쓸하다고 토로했다.

칭찬이 좋은 것이긴 하나 습관적으로 예뻐졌네, 멋있어졌네 하다 보면 약발이 금세 떨어진다. 상대방을 전체적으로 관찰하고 그 사람의 특징을 잡아 칭찬해야 한다. 캐치의 달인이 칭찬의 달인이다. '그 시계 잘 어울리십니다', '그 안경은 어디 거지요?' 등.

시계는 핸드폰을 일반적으로 소지하게 되면서 자신을 드러내는 소품으로 활용되고 있다. 자신의 기호를 나타내는 물품으로 대개는 신경 써서 고른 것이니 만큼 그걸 알아봐 주면 효과적이다. 안경을 쓰는 사람은 알 테지만 사실 안경이 상당히 고가이다. 눈이 나쁜 사람은 안경에는 돈을 아끼지 않는 경향이 있다.

남자들은 대개 넥타이, 구두 등에도 신경을 쓰게 되는데 특이한 것인지 잘 관찰해 볼 필요가 있다. 초면이라도 칭찬하면 기분 나빠할 사람은 없다.

우선 재킷 색상을 눈여겨봐라. 여름에 청색이나 흰색을 입는 사람이라면 특별히 신경 써서 입고 왔을 가능성이 크니 칭찬하라. 그러면 마음의 벽을 허물 수 있다. 하얀 재킷이더라도 가는 줄무늬가 들어간 것이라면 "올해는 가는 줄무늬가 트렌드인가요?"라고 물어보면 상대방도 자기 패션에 흥미를 표시한 것으로 보고 기쁘게 설명해 줄 것이다. 여자일 때는 액세서리에 주목해서 질문하면 심리적 장벽이 훨씬 낮아지고 얘기를 풀어 가기 쉽다.

좀 친해졌으면 가끔씩 오버하는 칭찬도 나쁘지 않다. 그가 가진 매력적이고 구체적이고 독특한 장점을 찾아보라. 대화가 끝나 갈 즈음 상대방의 눈을 정면으로 쳐다보면서 상대방의 이름을 말하며 생각해 온 '오버스런 칭찬멘트'를 날려 보라. 깊은 인상을 남길 수 있다. 그리고 이 멘트를 6개월 후 다시 해 보라.

단, 칭찬을 할 때 천편일률적인 '예쁘다', '멋지다'는 오히려 무성의하게 보일 수도 있다. 관심과 호감의 표현이면서 상대방의 특징을 잡아내야 한다.

chapter **61.**

상사도 칭찬을 필요로 한다

윗사람은 '아부'보다 '칭찬'원해

좋은 면에 아낌없는 칭찬을 하자

'칭찬'은 윗사람이 아랫사람을 평가하는 뜻으로 들리고 '아부'는 아랫사람이 윗사람을 추어주는 것이라는 의미로 들린다. 그래서 상사에게는 칭찬을 한다기보다는 아부, 아첨을 하는 것처럼 느껴지고 진정성이 의심을 받는다. 칭찬론도 거의 어떻게 부하직원에게 동기부여를 하고 칭찬할까 하는 내용이 주류다. 그래서 상사, 관리직, 리더들이 칭찬에 관한 교육과 자극을 많이 받아서 열심히 칭찬한다면 직장인들이 한결 일하기가 수월해질 것이다. 그렇지만 상사의 책상 위에 '칭찬하자'류의 책을 놓을 수도 없는 노릇이고 하니 내가 먼저 변해서 상사의 인정을 받아 내고, 칭찬을 얻어 내는 것이 훨씬 현명한 해결책이다.

이러니저러니 해도 가장 많은 시간을 회사에서 보낸다. 직속상사에게 어떤 평가를 받는가, 어떤 관계를 맺느냐에 많은 영향을 받을 수밖에 없다.

이직하는 이유의 상당수가 직속상사와 관계가 껄끄러워서이다. 상사의 영향력이 큰 것만은 부정할 수 없는 사실이다.

많은 직장인들이 직장생활에서 상사와 잘 지낼 때는 일에 대한 동기부여도 잘되고 실적도 좋지만 그 반대일 경우 아침에 회사 가기도 괴로우니 실적이 안 좋았다고 말한다.

상사와 잘 지냈다는 것은 쉽게 말하면 그 상사가 칭찬을 해 주었다는 뜻이다. 잘 지내지 않았다면 그 반대일 것이다. 그렇다면 어떻게 하면 상사에게서 칭찬을 이끌어 낼 수 있느냐가 중요해진다.

뭐 능력이 출중하여 실적이 좋으면, 맡은 일을 훌륭히 처리하면 칭찬을 받지 않겠냐는 답변은 참 생기 없는 질문이다. 부서를 존폐위기에서 구해 내고도 아무런 평가를 받지 못한 경우도 있을 만큼 잘하면 칭찬받는다는 상식이 현장에선 잘 통하지 않는다.

상사에 대한 불만은 대개 내가 이 정도까지 했는데 어째서 그 사람은 날 인정해 주지 않는가 하는 것이다. 다시 말해서 본인 입장에서 보면 실적을 올리거나 그에 상응하는 일을 해 놓고서도 칭찬이나 평가가 그에 걸맞지 않다고 느낄 때이다.

잘하면 칭찬받는다는 상식이 꼭 통용되는 건 아니다. 이것이 세상의 부조리이고 모든 불만의 근원이 된다.

그럼 어떻게 하면 좋을까?

경영컨설턴트들은 이때 "첫째도 보고, 연락, 상담. 둘째도 보고, 연락, 상담. 셋째, 넷째는 없고 다섯째가 칭찬"이라고 말한다.

보고, 연락, 상담은 상사에게 '당신을 신뢰하고 있다. 의지하고 있다'

는 것을 전달하는 가장 효과적인 수단이다. 대부분의 상사는 아래 직원들이 자신에게 의지하기를 바라고 있다. 왜냐하면 누가 자신에게 의지한다는 것은 자신의 존재가치를 높여 주는 행위이고, 조직 속에서 자신의 위치를 확실히 인식할 수 있는 길이며 그로 인해 내면의 불안이 줄어들기 때문이다.

반대로 보고, 연락, 상담이 원활하게 이뤄지지 않으면 자신이 상사로서 인정받지 못하고 있다는 불안감을 유발하는 매우 곤혹스런 상황이다. 따라서 보고도, 연락도, 상담도 없이 실적만 올리는 부하직원은 결국 승진리스트에서 빼는 것이다.

내가 칭찬을 받기 위해 먼저 상사를 칭찬하는 방식은 어떨까?

위로 올라가면 갈수록 좀처럼 칭찬받을 기회가 없는 것도 사실이다. 아마 당신의 상사는 '칭찬 따위 필요 없어'라는 표정을 하고 있을 것이다. 그러나 절대 그렇지 않다. 칭찬이 필요 없는 사람은 없다. 좋아하는 칭찬방식이 다를 뿐이지. 단언컨대 분명히 칭찬해 주길 기다리고 있을 것이다. 당신 이상으로 칭찬에 굶주려 있을 것이다. 무엇이든 상관없다. 이제부터 칭찬해 보자. 넥타이든 머리스타일이든.

당신이 의식적으로 칭찬하기 위해 긍정적으로 바라보면 상사도 당신에게 그렇게 할 것이다.

"됐어, 상사의 인정 같은 건 필요없어. 어쨌든 하고 싶은 일만 하면 되는 거니까"

말하는 사람도 있고 특별히 출세 같은 걸 바라지 않는다고 말하는 사람도 있다. 출세를 위해 아부를 하라는 것이 아니다. 많은 시간을 함께 보내는 상사, 어차피 해야 할 업무라면 좀 더 마음 편한 업무환경을 조성하기 위해 노력하라는 것이다.

기억하자. 상사도 칭찬을 필요로 한다.

VIII
유머 필살기

chapter **62.**

유머는 신중하게 사용하라

유머는 잘 못쓰면 독

신중하게 적절하게

허버트 가드너(Herbert Gardner)는 "일단 사람들을 웃게 만들 수만 있다면 그들은 당신의 말에 귀 기울일 것이고, 따라서 당신은 어떤 말이라도 거의 다 할 수 있다"고 말했다.

유머는 인간관계를 만들어 가는 강력한 도구인 것이 틀림없다. 더 친근하고 가까이 가기 쉬운 사람으로 보이게 한다. 유머를 효과적으로 사용하면 당신이 주는 메시지를 더 잘 기억하게 된다. 또한 긴상을 완화시키고 관계를 강화하며 사람들을 자극한다.

유머가 설득의 강력한 수단이라는 것을 광고계 사람들은 잘 알고 있다. 이 때문에 영국 텔레비전 광고의 36퍼센트, 미국 텔레비전 광고의 24퍼센트에 유머가 사용된다고 한다.

유머는 상대방이 부정적 논증에 관심을 두지 못하도록 방해함으로써 메시지를 주의 깊게 분석하거나 반박주장을 펼칠 수 있는 능력을 떨어뜨린다.

우리나라의 첫 국제재판소 재판관인 박춘호 국제연합 국제해양법재판소 재판관은 국제무대에서 활약할 수 있는 이유로 유머를 꼽았다. 어렵고 힘든 상황을 뒤집어 볼 줄 아는 여유, 그리고 그 여유에서 나오는 유머로 주변 사람들이 스스로 그를 돕게 만들었다. 그의 유머는 주변을 너그럽고 훈훈하게 만드는 것으로 유명해 해양법재판소에서 의견대립이 팽팽한 날이면 재판소장이 박 재판관을 슬며시 쳐다본다고 한다. 그의 몇 마디면 폭소가 터지고 금세 분위기가 달라진다고.

1980년 미국 해양법연구소와 독일 키일 해양법연구소 공동 연차대회 의장을 맡았을 때 북유럽 날씨를 잘 몰라 눈과 비바람이 몰아치는 날 회의를 시작했다고 한다. 회의장에 불평이 터져 나오고 있는데 그가 개회사로 "독일은 음악의 나라이기에 오늘의 날씨 역시 음악적으로 우리를 환영해 주고 있습니다. 지금 이 순간에도 창 밖에는 봄, 여름, 가을, 겨울이 교대로 나타나고 있습니다. 그런데 4계절이 아니라 사실은 8계절입니다. '하이든의 4계절'과 '비발디의 4계절'이!"

순간 회의장에는 폭소가 터졌고 분위기는 반전됐다.

이렇게 유머는 상대방의 저항력을 약화시키거나 무장 해제시킨다.

그러나 유머를 사용할 때는 정말 신중해야 한다. 유머를 부적절하게 사용한다면 오히려 상대방을 불쾌하게 해서 등 돌리게 만들지도 모른다. 유머는 문화나 시대에 민감하게 반응하는 코드인 만큼 어떤 사람에게는 유머가 되지만 또 다른 사람에게는 모욕으로 들릴 수도 있다. 그래서 코미디 프로그램은 빈번하게 명예훼손 논란에 시달린다.

남자들이 모이면 스스럼없이 음담패설을 내뱉는 사람들이 있다. 그것이 습관이 되고 사람들의 반응을 즐기다 보면 긴장감이 풀어져 여성이 있는 자리에서도 어느샌가 야한 농담을 하게 된다. 물론 그가 여성을 비하하거나 곤란하게 하려는 악의는 없는지도 모른다. 악의를 가지고 있는지 아닌지는 그 자신만 안다. 문제는 듣는 사람이 느끼는 방향이다.

당신이 평소에 유머를 시의적절하게 사용해 늘 환영받는 사람이 아니라면 설득이나 상담 등 비즈니스 상황에서는 농담은 하지 않는 편이 낫다. 한다면 반드시 재미있고 유쾌한 유머를 사용하라. 재미없는 유머는 효과가 없을 뿐 아니라 불쾌하게 만든다. 또 하나, 한 번 써먹은 유머는 폐기하라.

chapter **63.**

내가 즐거워야 사람들과 즐겁게 지낸다

힘들고 어려운 세상의 구원은 유머

유머를 잘 쓰면 인기인이 된다

살기 힘든 세상이다.

다들 힘들다고 내뱉는 한숨소리가 여기저기서 들려온다. 이렇게 힘든 세상에 웃을 일이 있는 걸까? 웃을 일이 있어야 웃을 게 아닌가?

그러나 한번 바꾸어 생각해 보면 웃을 일이 생겨 웃는 것이 하루 중에 얼마나 되겠는가?

행복하기 때문에 웃는 것이 아니라 웃기 때문에 행복해진다고 많은 이들이 전한다. 종교가 더 나은 내세를 꿈꾸게 한다면 '유머'는 현실의 삶에서 정서적인 구원을 선사한다.

6백만 명의 유태인이 무참히 학살당했던 아우슈비츠포로수용소에서 기적적으로 살아남은 빅터 프랭클 박사는 웃음이 생존의 수단이었다고 고백했다. 가스실로, 실험실로 죽음의 행진을 이어 가던 그 순간에도 유태인들이 잊지 않았던 것은 유머였다. 그들은 매일 우스운 얘기를 나누며 절망을 극복하고 슬픔을 이겨 냈던 것이다.

희극배우 찰리 채플린은 빈민가에서 태어났고 아버지는 그가 다섯 살 때 알콜 중독으로 사망했다. 어머니는 정신질환을 앓았다. 그런 그가 코미디배우, 감독이 되었다.

유머는 이처럼 괴로운 상황에 처했을 때 그에 대한 거리감을 갖게 하는 힘이 있다. 채플린에게 웃음은 괴로운 상황에 억눌려 질식하지 않고 살아갈 수 있도록 만든 힘이었다. 채플린은 말했다.

"인생은 가까이에서 보면 하나의 비극이다. 하지만 멀리서 보면 하나의 코미디다"

미국의 존경받는 대통령 링컨은 통나무집에서 태어나 힘겨운 어린 시절을 보냈으며 어른이 되어서도 직장을 잃기를 수십 번, 사업도 계속해서 실패했다. 선거에 나가 선 낙선을 거듭했고 사랑하던 여인의 죽음을 극복하고 한 결혼에서 얻은 세 아들을 잃었다.

링컨은 "나는 울지 않기 위해 웃어야 할 이유를 찾아야 했다. 매일 나를 짓누르는 두려운 고통을 이기기 위해 웃음을 무기로 선택하지 않았다면 나는 삶에서 실패자가 됐을 것이다"

이런 거창한 의미의 유머탐구가 아니더라도 재미있는 사람이 인기 있고 능력도 더 높이 평가받는다. 예전에는 심각해 보이고 점잖은 이미지가 좋아 보였을지 몰라도 현대사회는 창의성, 적극성의 상징인 유머가 중요한 능력으로 평가받고 있다.

누군가 '유머는 벤츠와 같다'라는 말을 했다.

재미있고 유쾌한 사람, 팀의 분위기를 활기차고 유연하게 만들어 누구나 좋아하는 사람, 누군들 되고 싶지 않겠는가마는 쉽지 않기 때문이다. 누구나 가지고 싶지만 쉽게 가질 수 없는 벤츠마냥 유머의 감각도 누구나 가지고 싶어 하지만 쉽사리 가질 수 없다.

그렇다면 어떤 걸 알아 두고 연습하면, 대화를 가볍게 해 주고 긍정적이고 낙관적인 분위기를 만들어 주면서도 일의 능률을 올릴 수 있는 유머를 구사하는 멋진 사람이 될 수 있을까?

박은옥 대리(31)는 7년차 직장인이다. 그녀의 업무는 성형외과 등 병원직원들에 대한 친절 교육이다. 업무를 하면서 좀 더 효과적으로 교육을 전달할 방법을 고민해 오다 '유머'를 적절히 사용할 때 제일 좋은 반응을 얻는다는 걸 알게 됐다. 하지만 텔레비전 개그프로그램 흉내 내기도 한두 번이지 유머가 쉬운 게 아니라는 걸 느끼면서 벽에 부딪친 느낌이다. 조금 더 나은 결과를 원하는 상사의 매일같이 해 대는 '어이없이 비꼬는' 유머를 듣고 있노라면 도대체 유머는 무엇일까 회의하게 된다.

박 대리 같은 고민을 하는 사람은 무수히 많다. 자기를 표현해야 하고 남을 설득해야 하는 일은 특정 직업에만 국한된 일이 아니다. 서양에서는 적극적으로 자신을 표현하는 의미로 쓰이는 '공격적'이라는 말이 우리나라에선 얼마나 부정적으로 들리는가? '모난 돌 정 맞는다'는 식의 말로 자신을 숨기고 튀지 않는 게 최선이라는 교육을 받아왔는데 막상 사회생활을 하려니 그런 태도가 얼마나 발목을 잡아끌게 되는지 경험해 본 사람은 이해할 것이다. 적극적으로 자신을 드러내고 남들이 매력으로 느낄 유머의 기술을 '배우고 익혀' 자신의 삶의 질을 개선해 보자.

결혼하고 싶은 사람의 기준에 유머가 첫손에 꼽힐 만큼 유머를 잘 구사하면 인간관계를 잘 만들어 갈 수 있다. 만나면 즐겁고 유쾌하니 또 보고 싶어지는 사람이 되고 호감 가는 사람, 인기인이 되는 것이다.

chapter **64.**

유머의 힘을 믿어라

사람을 웃게 만드는 힘, 유머

이제는 기업도 유머에 관심둬

한 독일 남자가 성당에 갔다. 고해성사를 하기 위해서였다.

"신부님, 저는 죄를 지었습니다. 2차 세계대전 동안 유태인을 다락방에 숨겨 주었습니다"

"그건 죄가 아닙니다. 옳은 일을 한 것입니다"

"하지만……그 사람한테서 계속 숙박비를 받았는데요"

"그건 바람직한 일은 아니지만 그렇다고 죄가 되는 것은 아닙니다. 그를 죽음에서 구해 주었으니까요"

"신부님의 말씀을 들으니 마음이 가벼워지네요. 그런데 신부님, 한 가지 더 물어볼 것이 있습니다"

"말씀하십시오"

"그 사람한테 2차 세계대전이 끝났다고 말해 줘야 할까요?"

독일의 잡지 「매니저제미나레 ManagerSeminare」는 독자들을 대상으로 '직장 내 공동작업에 미치는 유머의 긍정적인 영향'에 관한 설문조사를 했다. 그 결과 스트레스 해소와 평정을 찾는 데 도움이 된다(84%), 창조적인 해결책 모색을 장려한다(68%), 갈등이 발생했을 때 객관적이고 이완된 분위기를 조성하는데 도움이 된다(68%), 기존의 업무처리 방식에 대한 건설적인 의문을 제기할 수 있는 가능성을 제공하는 한편 금기사항에 대한 발언도 유연하게 한다(62%), 팀워크와 동료들 사이에 소속감을 강화한다(48%), 동기의식과 잠재적인 업무능력을 고취시킨다(43%), 기업에 대한 직원들의 일체감을 고취시킨다(25%)의 순으로 나타났다.

이런 평가는 유머와 사회적인 능력 사이에 매우 밀접한 관련성이 있음을 짐작하게 한다. 따라서 유머감각이 풍부한 사람은 사회적인 능력도 뛰어난 사람으로 간주될 수 있다. 유머를 장려하는 기업은 직원들이 사회적인 능력을 발휘하는 데 꼭 필요한 여건들을 제공한다. 유머러스한 분위기가 형성되어 있으면 소위 말하는 의욕박탈인자들이 줄어든다. 그뿐만 아니라 도저히 어떻게 해 볼 도리가 없는 상황이 벌어졌을 때도 참고 견디기가 수월해진다.

유머의 파급효과를 대강 적어 보자면 '보다 활기찬 대화가 이루어진다, 상황이 부드러워 진다, 긴장이 완화된다, 솔직한 대화가 이루어진다, 주의력이 상승된다, 동등한 상호관계가 이뤄진다' 등을 꼽을 수 있겠다.

오늘날 비즈니스는 가시적인 요소에 좌우된다. 주주총회나 프레젠테이션을 한번 떠올려 보라. 어디를 가나 매체 위주이며 자기 홍보의 법칙에 반하는 사람들이 어려움을 겪고 있다. 이런 종류의 쇼 비즈니스나 자기 홍보에는 상당한 노력을 요한다. 그리고 그 자체가 나름대로 주요한 사안이 되었기 때문에 많은 사람들이 난감해하고 있다. 이때 유머를 동원하면 효과적으로 접근할 수 있다.

박 대리의 경우처럼 일에 지친 코디네이터나 간호사들에게 아무리 좋은 내용의 친절교육을 한다 한들 듣지 않으면 아무 소용이 없다. 유머를 적절히 섞어 지루해질 때쯤이면 집중시켜야만 한다. 아무리 좋은 내용의 강의도 수강자들이 졸려한다면 효과를 볼 수 없다. 하지만 한 가지 유념해야 할 사항이 있다. 우스갯소리를 하려면 그 전에 이야기하는 기술을 익혀 두어야 한다. 반드시 이야기하는 기술을 익힌 후에 무대에 올라가야 한다.

유머감각을 겸비한 동시에 자신을 드러내는 법을 터득한 간부들은 항상 미소를 짓는다. 밝은 인생관을 나타내는 미소는 직원이나 고객의 입장에서 볼 때, 상징적인 부가가치를 나타낸다. 이를테면 윤리성을 모토로 하는 기업이라고 해도 고객들에게 돈을 어디에 투자했는지만 열심히 얘기해서는 별다른 효과가 없다. 환경은행인 외코뱅크는 환경친화적인 재생용지를 사용해서 고객들이 부가가치를 구체적으로 체험할 수 있도록 한다.

이런 원리는 고객친화 정책이나 직원 중심적인 경영태도에도 적용된다. 부가가치는 고객들이나 직원들이 일상 속에서 직접 체험하는 가치로 측정된다. 직원들이나 고객들은 특정상품이나 서비스에 대한 확신을 원한다. 물론 미소가 어떤 구체적인 성과물을 만들어 내는 것은 아니다. 하지만 커뮤니케이션을 제안하는 수단이자 신뢰관계를 강화하는 역할을 한다.

유머감각을 나타내는 유머러스한 표현, 미소 또는 웃음 등은 현대적인 커뮤니케이션의 양식이다. 이미 모양새부터가 가벼움과 홀가분함에 대한 소망을 전달한다. 이런 특징은 광고에서 가장 두드러지게 나타난다. 광고는 언제나 시시각각으로 얼굴을 바꾸면서 부담 없는 가벼움을 전한다. 순수한 정보와 합리적인 논거, 심각한 메시지들이 점점 줄어드는 반면, 감성적인 면을 자극하는 기법이 대두되고 있다. 위트, 넌센스, 허튼 소리, 부조리한 언행 등은 순수한 객관성에 대항한 일종의 저항을 의미한다. 상품이나 서비스에 감성적인 요소를 가미하면 '제품'자체에 대한 냉철한 검증이 힘들어진다.

고객은 자신의 결정이 탁월한 선택이길 원한다. 고객의 입장에서는 자기가 내린 결정에 어떤 장점과 단점이 있는지 도무지 파악할 도리가 없기 때문이다. 유머러스한 광고화면이나 문구는 직원들과 고객들의 이런 분열 상태를 일시에 제거한다. 위트나 유머러스한 표현은 파악하기 힘들고 복잡한 상황을 통찰 가능하고 간단한 상황으로 바꾼다. 따라서 어려운 상황이 닥쳤을 때 현실을 위트 있게 얘기하고 나면 금세 쉽게 공감할 수 있는 해결책이 제시된다.

인간관계를 만들어 가기 위해 대화를 할 때 유머를 곁들여 이야기하면 자기를 제대로 이해했다는 느낌을 받게 되고, 무엇보다도 상대가 요점을 제대로 파악했다는 생각을 하게 된다. 그리고 이런 느낌은 상대방에게 신뢰감을 준다.

chapter 65.

유머의 부정적인 면?

불쾌하게 만드는 나쁜 유머

하지 않느니만 못하다

유머는 긍정적인 면도 있지만 부정적인 부분도 있다.

유머러스한 태도를 견지하는 회사간부들은 언제나 모순에 부딪히게 된다. 객관적인 측면에서 유머러스하거나 반어적인 표현은 명료성도 떨어지고 구속력도 없다. 또 입장에 따라 달리 해석될 수도 있다. 유머러스한 태도로 일관하는 사람들은 대개 인간적인 효과를 믿고 의지하려 한다. 또한 겉으로는 내색하지 않지만 상대방의 긍정적인 호응을 기대한다.

그렇기에 효과적인 유머능력자가 되기 위해서는 유머와 진지함을 넘나드는 자신의 방식을 만들어 가야 한다.

유머는 가벼움의 결과물이다. 그러나 이때의 가벼움은 어떻든 상관없다는 식의 태도나 천박함과는 다르다. 유머는 세속화된 회개의 한 형태라고도 할 수 있다. 유머러스하거나 익살맞은 표현은 유죄선고와도 같고 웃음은 회개에 해당한다. 따라서 고객들의 입장에서 볼 때 웃음은 죄책감에서 벗어나게 하는 면죄부와도 같다.

반면 진지한 태도는 무슨 큰 잘못을 저질러 결코 용서받을 수 없는 듯한 분위기를 조성한다. 바로 이러한 상황에서는 공격적인 태도와 각종 페인트 모션이 만들어진다. 이렇게 되면 고객과의 관계가 유지된다고 해도 죄의식과 불신으로 얼룩져 있게 마련이고 언제나 막연한 불안감을 느끼게 된다. 그때 유머를 활용하면 홀가분한 즐거움과 더불어 긍정적인 감정들이 강화되고 부정적인 감정들이 완화된다.

그러나 관리자나 지도자의 위치에 있는 사람들은 또 다른 문제와 마주하게 된다. 그들은 언제나 관찰의 대상이 되기 때문에 지나치게 익살맞은 태도는 진정성이 부족하다든가 심지어는 무능력하다고 평가되기도 한다. 반면 지나치게 진지한 관리자는 냉혈한이라는 소리를 듣기도 한다.

얼마 전까지만 해도 굳건한 도덕성과 근면함으로 업적을 이루고 명예를 얻는 것, 이것이 산업화의 동력이었다. 일하는 시간과 휴식 시간의 구분도 엄격했다. 매분 매초를 반드시 의미 있게 더 많은 가치를 창출해야 했다.

그러나 이제 그런 자본주의 시대는 갔다고 이야기한다.

감성의 시대가 대두되고 있다. 상품들이 나날이 규격화, 모듈화되고 있기 때문이다. 언제든지 교체 가능한 상품들이 탄생했고 이런 상품들에서 변별력을 찾아보기란 거의 불가능할 지경이 되었다. 그리하여 사람들은 이제 상품에 상징적인 의미를 부여하기에 이르렀다. 이제 돈은 사회적인 위상이나 근면함을 대변하는 의미를 상실했다.

사람들은 특정한 상표를 마치 성스러운 물건처럼 숭배한다. 이제는 그저 돈을 벌어들이는 것만으로는 충분치 않다. 재산증식과는 별도로 부수적인 그 무엇이 충족되어야만 한다. 감성적인 부가가치는 백 마디 말보다 실천이 중요하다. 반드시 실제 행동을 통해서 상징적인 성격을 부여해야 한다. 예컨대 "저희는 고객 여러분을 친절하게 모십니다" 같은 구호만으로는 도움이 되지 않는다. 아무리 입이 아프게 고객친절을 외쳐 댄다고 해도, 무뚝뚝하고 불친절한 얼굴로 고객을 대한다면 헛수고에 불과할 뿐이다.

30년 전과는 달리 오늘날에는 엄격한 의미의 윤리나 도덕이 더 이상 중요시되지 않고 있다. 현대사회에서는 그 중요성을 즐거움이라는 요소가 대체하고 있다. 이것은 날이 갈수록 기업문화에 점점 더 많은 영향을 미치고 있다. 삼성전자 글로벌마케팅연구소 조은정 소장은 한 보고서에서 "경쟁이 치열해지고 사회의 부정적인 면이 강해질수록 펀(fun)에 대한 수요가 늘어난다"고 말했다.

실례로 미국에서의 사례를 보면 IBM, HP, AT&T, 전 세계적인 회계법인 프라이스워터하우스쿠퍼스(PwC)같은 저명한 기업들이 유머컨설턴트를 고용하는 등 업무에 재미와 즐거움을 선사할 수 있는 방안을 모색하고 있다. 미국에서 가장 저명한 유머 컨설턴트 폴 맥기(Paul Mcghee)는 "유머는 기업 내부에 노동 윤리를 고취시키고 팀워크와 창의력을 고양하며 일상적인 비즈니스에서 생성되는 스트레스를 감소시키며 심리적인 저항력을 향상시킨다"고 말했다.

뱅크 오브 아메리카(BoA)는 직원들이 유머를 좀 더 가까이하게 하기 위해 한 달간 '매일같이 웃음을'이라는 캠페인을 시작했다. 캠페인 기간 동안 직원들은 재미있는 이야기나 만화 등을 선물해야 했다. 하루도 빠짐없이 모든 조건을 실천한 직원들은 캠페인 모토가 새겨진 티셔츠와 함께 그 동안 모인 최고의 위트와 만화, 유머러스한 이야기가 한데 담긴 책자를 선물로 받았다. 캠페인 결과 직원들의 건강 상태와 의욕이 개선되었고 생산성도 향상되었다.

사우스웨스트항공에 입사를 지원한 사람들은 면접 때 이런 질문을 받는다고 한다. "전에 일하던 직장에서 당신은 분위기 개선을 위해 어떤 식으로 유머감각을 활용하셨습니까?" 사우스웨스트항공은 값비싼 서비스나 고급스러운 설비, 장식물보다 유머를 중요시한다. 이 항공사에서 유머는 고용심사의 첫 번째 기준이다. 그리고 현재 회사의 매출은 유머전략의 효능을 증명하고 있다. 사우스웨스트항공은 미국 내 항공사들 중에서 25년째 흑자를 기록하고 있는 유일한 항공사이다.

최근 들어 국내 기업들도 '펀경영'을 적극 도입하고 있다. 초코파이로 유명한 제과회사 오리온은 회사 안에 '펀 스테이션'을 세웠다고 한다. 카페를 연상시키는 이 곳에서는 대형스크린을 통해 뮤직비디오가 쉴 새 없이 흘러나오고 아케이드 게임과 만화책, 잡지 등을 즐길 수 있도록 해 놓았다. 한편에는 회사에서 만든 과자가 수북이 쌓여 있다. 업무 도중 스트레스를 해소하고 즐거움을 느끼도록 만들어 둔 것이다. 정병윤 경영지원 부문 상무는 "제과사업은 '과자를 만드는 사업'이 아니라 '먹는 즐거움을 선사하는 사업'이며 고객에게 재미와 즐거움을 선사하기 위해서는 고객의 트렌드와 취향을 잘 알아야 하는 동시에 스스로도 즐길 수 있어야 한다"고 강조했다. 이와 같은 펀경영은 한 회사의 비전과 맞물려 장기적 관점에서 실행될 때 그 효능을 제대로 발휘할 수 있다.

이 밖에도 CEO가 전 사원에게 메일 보내기(오리콤), 생일을 맞은 임직원 아내에게 꽃다발과 샴페인 보내기(포스코건설), 롯데월드 놀이시설 게임 송년회(엔씨소프트), 주 1회 지각 데이(광고대행사 화이트) 등 기업들은 직원들에게 즐거움을 주어 회사전체에 활력을 불어넣고 있다.

유머가 얼마나 큰 힘을 발휘하는지 이해하고 있는 회사가 21세기를 주도할 것이다.

chapter 66.

실수가 웃음이 되려면

실수도 아름답게 만들어 준다
제때에 정확하게 사용한다면

서스펜스의 대가인 영화감독 알프레드 히치콕은 작품 속에서 역설적인 유머를 풍부하게 사용했다. 그는 "한 신사가 거리를 걷다가 하수구에 빠진다. 그것을 보고 모두가 웃는다. 잔혹한 일이지만 그 신사의 실수가 우습다. 그런데 만일 카메라가 하수구에 빠져 괴로워하고 있는 신사를 위에서 찍으면 웃음은 곧 멈추고 비극이 된다"고 말했다.

갓 결혼한 친구에게 부인 자랑에 잔뜩 열을 올리고 있었다.

"글쎄, 우리 와이프는 뭐든지 최고가 아니면 상대를 안 한다 이거야"

"그래? 하지만 딱 한 가지 이상한 게 있군 그래!"

"딱 한 가지 이상한 거라니?"

"최고만 상대한다는데 어째서 자네랑 결혼을 했는지 그게 이상하단 말씀이야!"

자랑을 자신에게서 찾지 않고 다른 데서 구하는 경우는 흔히 있는 일이다. 이런 경우는 그냥 들어주기 어렵다. 아내가 잘났다고 하는 상대방의 자랑은 그대로 인정해 주면서 자랑해 대는 친구에게 일침을 가하는 유머다. 아마도 다시는 그런 자랑을 못하겠지.

아래는 반대의 경우다.

"참 우리 마누라는 그렇게 미련할 수가 없어. 도대체 뭐 하나 제대로 하는 게 없고 일만 저지르니……. 속이 상해서 원!"

"그런 일이 있었군! 그런데 지금 이 순간에도 딱 하나 궁금한 게 있는데"

"딱 하나 궁금한 것이라니?"

"그렇게 뭐 하나 제대로 하는 게 없이 일만 저지르는 부인이라면 수준이 안 맞는다는 말인데, 그럼 누가 그 수준을 맞추면서 살고 있는가?"

'잘난 척 하지 말게, 당신이 아무리 잘난 척 해도 끼리끼리 만나는 거야!'라는 위대한 교훈을 담고 있다. 잘난 당신이 부인을 맞춰 가며 살고 있는지, 매사에 불평불만인 당신에게 부인이 맞춰 주고 있는지 생각해 보라는 말이다.

안 살 거면 몰라도 함께 살고 있는 사람을 흉보는 건 스스로가 '나는 바보예요'라고 천명하는 꼴이다. 친구의 험담을 하거나 자신이 속한 회사를 흉보는 것도 이와 같은 차원에서 한번 생각해 볼 일이다. 또는 누가 그렇게 험담을 하고 있을 때 말하고 있는 상대방의 수준을 그 험담거리와 동일하게 맞추면 독한 유머가 된다.

유머는 어떠한 위기에서도 곧 그 사람을 구해 낼 수 있는 매력의 화술이다. 실수를 저질렀을 때 그 실수를 상대의 품격을 높이는 쪽으로 방향을 몰면 그 실수는 패기 내지는 칭찬이 된다. 어차피 저질러진 실수를 만회하는 방법은 이 방법밖에 없다.

어느 아버지가 딸의 침대 위에 놓인 편지 한 통을 보게 되었다.

내용인즉슨

엄마, 아빠.

나 남자친구와 함께 살기로 했어. 내 남자친구는 정말 멋진 사람이야. 수많은 피어싱과 문신도 멋있지만 큰 오토바이를 몰고 다니는 모습은 더 멋있어. 그는 내가 임신하자 반지하인데다가 곰팡이가 약간 피어 있지만 작아서 친밀감이 더해지는 자기 집에서 행복하게 살자고 했어. 그와 나는 아이를 많이 낳고 싶어.

그리고 대마초는 전혀 해로운 게 아니더라고. 우리는 모두가 나눠 피울 수 있게 대마초를 재배할 거야. 그리고 친구들은 우리에게 코카인과 엑스터시를 주기로 했어.

과학자들이 빨리 에이즈치료제를 만들어서 내 남자친구를 고통에서 구해 주었으면 좋겠어.

그리고 내 남자친구의 친구들이 나를 주인공으로 지하실에서 영화를 찍고 싶대. 한 편당 1백만 원을 주겠다고 했어. 세 명 이상의 남자들과 영화를 찍으면 보너스도 준대.

아기를 낳으면 보여 주러 언젠가 엄마, 아빠를 찾아올게.

엄마, 아빠를 사랑하는 딸 올림

P.S. 아빠, 나 지금 옆집에서 텔레비전을 보고 있어. 지금까지 쓴 편지는 모두 거짓말이야. 왜 이런 거짓말을 했냐 하면, 세상에는 수학에서 낙제하는 것보다 훨씬 더 끔찍한 일도 있다는 걸 엄마, 아빠가 알아줬음 해서야. 엄마, 아빠, 사랑해!

chapter **67.**

착한 유머로 성공하자

비아냥과 조소는 유머 아냐

상처받는 사람이 없어야

아쉽게도 우리 사회는 비아냥대고 조소하고 말장난에 가까운 농담들을 유머라고 착각하며 살아왔다. 누군가를 조롱하고 힐난하는 데서 쾌감을 얻고, 누군가에게 상처를 줄 수 있다는 우월감을 지위로 여기기도 한다. 조롱개그에 익숙해진 웃음을, 어둡고 음습한 웃음을 밝고 건강한 웃음으로 바꿀 수는 없는 것일까?

프랑스의 정치가 브리야사바랭은 『맛의 생리학』이란 책에서 “네가 무엇을 먹고 있는지 내게 말해 준다면, 네가 누구인지 내가 가르쳐주겠다”라는 유명한 경구를 썼다.

이를 유머에 적용하면 이렇게 될 것이다.

“네가 어떤 유머를 즐기는지 내게 말해 준다면, 네가 누구인지 내가 가르쳐주겠다” 정도가 아닐지.

그 사람이 사용하는 언어습관이 그 사람을 표현한다면 그 사람이 즐기고 하는 유머만큼 그 사람을 드러내는 것 또한 없을 것이다. 특정인을 상처주지 않으면서도 웃기고, 분위기를 화기애애하게 만드는 유머, 때때로 자기의 허점을 내보이면서도 그로 인해 자신의 당당함과 자신감을 어필할 수 있는 '착한 유머'는 성공으로 이끈다. 가령 위기상황에 봉착했거나 적대세력을 상대해야 할 때, 여유롭고 재치있으면서도 당당하게 대처하는 처칠의 유머를 예로 들 수 있다.

영국의 총리 처칠이 정계 은퇴 이후 여든 살이 넘어 한 파티에 참석했을 때의 일이다.

어느 부인이 반가움을 표하면서 그에게 짓궂은 질문을 했다.

"어머, 총리님, 남대문이 열렸어요. 어떻게 해결하실 거죠?"

"굳이 해결하려고 하지 않아도 별문제가 없을 겁니다. 이미 '죽은 새'는 새장문이 열려 있어도 밖으로 나올 수 없으니까요"

처칠은 이렇게 조크를 통해 위기를 모면했을 뿐만 아니라 많은 사람들로 하여금 폭소를 디뜨리게 했다고 한다. '영국인이 뽑은 가장 위대한 영국인'으로 처칠을 꼽는 것도 그의 여유로운 마음에서 묻어나는 탁월한 유머 감각이 일조했다고 볼 수 있다.

처칠이 하원의원에 처음 출마했을 때 상대 후보가 그를 맹렬하게 공격했다. '늦잠이나 자는 게으른 사람'이라고.

그러자 처칠은 이렇게 응수했다.

"아마도 나처럼 예쁜 마누라를 데리고 산다면 당신들도 일찍 일어날 수 없을 겁니다"

결국 처칠은 그 선거에서 압도적인 차이로 당선되었다.

가족 간의 불화가 있는 집에 손님으로 초대를 받아 본 적이 있는가? 서로 큰 소리를 주고받진 않아도 서로를 향한 조용한 적개심만으로도 충분히 불편하다. 그들이 말로 언쟁을 벌일 때는 더 심각하다. 그 상황에서 누군들 편안하겠는가? 그들이 화해를 하든지 아니면 당신이 그 집을 떠나든지 둘 중 하나를 바라게 된다. 의도하지 않았다 해도 당신의 유머가 누군가의 기분을 상하게 한다면 다른 사람들도 그런 심정일 것이다.

유머가 누군가에게 상처가 되는 경우를 막는 첫 번째 안전장치는 태도이다. 유머를 만들고 사용할 때 무엇을 염두에 두고 만들었는지, 어떤 태도로 사용하는지를 말한다. 복수나 화풀이가 아니라 즐거움을 추구하기 위한 태도라면 대개는 무난하다. 앞에서 예화로 든 박은옥 대리의 상사의 유머는 왜 즐겁게 받아들여지지 않는 것일까? 부하직원을 닦달하고 잘못을 비꼬려는 태도로 한 유머는 반감만 살 뿐이다.

누구를 비난한다고 해서 꼭 나쁜 유머가 되는 것이 아니다. 소득세에 대한 다음과 같은 유머를 보자.

"단순하게 변경된 소득세 양식에는 세 가지 질문밖에 없다. 얼마 벌었니? 얼마 남았니? 그 돈은 언제 보낼래?"

"정부에서 소득세를 아주 간단하게 환급할 수 있는 방법이 있다. 돈에 반송주소를 인쇄하면 된다"

"돌에서 피를 짜 내겠다고? 국세청이라면 가능하지"

이 신랄하고 통렬한 말들이 불공정한 세율을 비난하는 것일까?

그렇지는 않다. 이건 필요악에 대한 선의의 유머다.

'꼬부랑 할머니가 꼬부랑 고갯길을 꼬부랑 꼬부랑 걸어가고 있네'

이건 불쾌한 말일까? 친근한 농담일까? 그건 충분한 정보가 없기 때문에 알 수 없다. 그 배경을 알아야 한다. 누구에게 상처를 주기 위한 것이었을까? 아니면 누굴 놀리기 위한 것일까?

하지만 즐거움을 주려고 한 유머도 가끔 다른 사람의 기분을 상하게 할 수 있다. 그럴 경우에는 최고의 조언이 이것이다.

'의심스러우면 하지 마라'

예비신랑이 목사를 찾아와 말했다.

"목사님, 주례 좀 부탁드립니다. 그리고 주례비는 어느 정도 드릴까요?"

목사는 빙그레 웃으며 말했다.

"신부가 예쁜 만큼 수십시오"

그러자 신랑은 주머니에서 봉투를 하나 꺼내 놓고 갔다. 신랑이 떠난 다음 봉투를 열어 본 목사는 황당하기도 하고 화도 났다. 봉투 안에는 달랑 만 원짜리 한 장이 들어 있었던 것이다. 그렇다고 주례를 취소할 수도 없어 괘씸한 마음을 달래며 주례를 보러 갔다.

결혼식을 시작하기 전 목사는 인사를 하기 위해 신부대기실을 들렀다.

곧이어 신랑을 찾아간 목사는 신랑의 손을 잡으며 이렇게 말했다.

"자, 거스름 돈 여기 있네"

chapter **68.**

유머를 효과적으로 표현하려면

힘들고 어려운 상황의 위로 – 유머

때로는 과감하게 몸개그에 도전하라

유머를 발휘하고 싶은 열망이 있다면 자신의 태도를 살펴보는 것도 도움이 된다. 창조적인 사고와 세상에 대한 따뜻한 시선을 가졌다고 할지라도 표현과 전달을 잘못하면 사람들에게 웃음을 줄 수 없다. 간혹 웃음을 주기 위해 몸을 던질 용기도 필요하다.

미국의 코미디언 체비 체이스는 미국의 대통령이었던 포드를 묘사하여 인기가 많았다. 그는 자주 발을 헛디디거나 부딪치는 흉내를 내어 포드를 둔한 사람으로 묘사했다.

1976년이었다.

워싱턴에서 열린 '방송인의 밤'행사에 포드와 체이스가 참석하게 되었다. 체이스는 비틀거리면서 마이크를 잡고 연단에 머리를 부딪치고 바보 같은 발언을 하는 등 계속해서 청중들을 웃겼다. 포드가 보는 앞에서 포드를 흉내 내 청중을 웃긴 것이다.

잠시 뒤 포드는 자리에서 일어나면서 테이블 위의 커피를 엎지르고 말았다. 포드는 연단에 서서 연설문을 펼치다가 원고뭉치를 흩트리고 체이스가 했던 것처럼 바보스런 말투로 연설을 시작했다. 장내는 엄청난 폭소가 터져 나왔다.

포드는 자신을 놀린 체이스를 비난하지 않고 오히려 자신이 체이스를 흉내 내어 좌중에게 웃음을 주었다. 몸을 움직여 웃음을 주는 것에 거부감을 가지지 않고 즐기는 모습을 통해 그가 낙관적으로 사고하는 여유가 있는 사람이라는 것을 과시했다.

유머리더십을 가진 유능한 리더들은 자신의 지위나 권위보다 사람들에게 웃음을 주는 것에 더 관심을 두고 있다. 케네디 대통령은 우스운 제스처를 자주 선보였고 레이건은 영화배우였던 이력을 살려 회의를 하던 중에도 영화배우처럼 포즈를 취하곤 했다.

다소 무거운 안건을 발표해야 하는 자리에서도 유머는 큰 힘을 발휘한다. 특히 몸을 움직여서 보여 주는 유머는 종종 말보다 더 큰 효과를 발휘한다. 그러나 제스처나 과장된 몸놀림으로 웃음을 주는 것은 일종의 모험이기도 하다. 유머를 하는 것도 어려운데 몸을 움직여야 한다는 것은 남들이 가볍게 여길까 봐, 존경을 받지 못할까 봐, 권위가 떨어질까 봐 쉽게 도전하지 않는다.

그러나 권위는 비전을 제시하지 못하거나 부정직했을 때, 본래의 역할을 못해서 떨어지는 것이지 유머를 즐기기 때문에 없어지는 것은 아니다. 매사 진지하고 엄숙한 표정을 짓는다고 저절로 권위가 생기는 것 역시 아니다. 오히려 그런 모습은 이미지메이킹에 방해가 될 뿐이다.

때에 따라서 진지한 모습과 유머러스한 모습이 적절하게 보여야 현명한 것이다.

어려운 일이 닥쳤을 때 힘들어하고 초조한 모습을 보이면 조직의 모든 사람들, 가족들이 함께 침체된다. 그럴 때일수록 긍정적인 분위기와 희망을 전하는 사람이 되어야 한다. 그러면 주변 사람들은 불안감이 덜어지고 신뢰와 기대를 하게 될 가능성이 크고 난관을 극복하는 마음가짐을 만들어 낼 것이다.

효과적인 유머전달을 위해 과감하게 몸을 써 보라. 열렬한 반응에 자신도 놀라게 될 것이다.

chapter **69.**

유머를 위한 몇 가지 조언

청중의 반응은 지휘되는 것

리허설 해 보고 시도하라

유머 역시 의사소통의 한 형태이다. 유머리스트와 그의 유머에 반응할 사람이 필요하다. 배꼽이 빠지게 웃든, 킬킬거리며 웃든, 눈물을 찔끔거리며 미소 짓든 청중의 반응은 자발적인 것이 아니라 지휘되는 것이다.

가끔 표현력이 뛰어난 사람들이 그저 그런 소재도 훌륭한 유머로 만드는 경우가 있다. 그러나 전달을 제대로 못하면 가장 훌륭한 소재도 제 가치를 발휘하지 못한다. 효과적인 전달을 위한 몇 가지 조언을 해 본다.

① 자신의 한계를 인정하라

세계적으로 유명한 코미디언들도 한계가 있다. 그들이 성공한 이유는 자신의 한계를 잘 알기 때문이다. 직업적으로 그들은 자신이 할 수 있으며 잘할 수 있는 것만 연기한다. 평범한 사람들은 '할 수 있을 것 같다'는 마음에 섣불리 시도한다. 그러나 '확실히 할 수 있는 것'만 시도해야 한다. 사람들에게는 저마다 사용할 수 없고, 사용해서는 안 되는 유머소재가 있다. 예를 들어, 유명배우의 성대모사가 필요한 유머가 있다고 하자. 재미있긴 하지만 말투가 정말 그 배우와 똑같아야 한다. 머릿속에서 당신의 말투는 그 배우와 똑같다. 그러나 실제론 어떨까? 성대모사는 누구나 가지는 재능은 아니다. 소리 내어 말해 보고 정직하게 결과를 평가하라.

② 유머에도 리허설이 필요하다

전달하고자 하는 유머가 있다면 그것을 잘 전달하는 방법을 배워야 한다. 그것은 연습을 통해, 즉 리허설을 통해 배울 수 있다.

마음은 우리를 속일 수 있다. 재미있는 유머라고 생각한 것도 사람들 앞에 서면 잊어버리게 된다. 중요한 단어를 까먹거나 갑자기 발음이 꼬인다. '안녕하세요'가 '녕하세요'로 나오는 것이다. 실수를 방지하는 유일한 방법은 실제와 똑같은 연습뿐이다.

③ 유머를 이해하라

말하기 전에 무슨 뜻인지 제대로 알고 말해야 한다. 조크나 이야기를 하기 전에 그것이 재미있다는 사실을 먼저 인지하고 왜 재미있는지를 알아야 한다. 그건 누군가를 앉혀 놓고 유머에 대해 합의해야 한다는 뜻이 아니다. 유머는 본래 분석적으로 설명하기 힘들다. 누군가 유머를 분석적으로 따지는 일은 개구리를 해부하는 것과 같다고 말했다. 분석 과정에서 무엇인가를 배울 수 있지만 그 과정에서 개구리(유머)는 죽게 된다. 유머에 대한 감으로 그 이야기를 즐기며 거기에는 논리적인 이유가 있다는 사실을 인식해야 한다.

유머란 듣는 사람의 발 아래에 깔린 카펫을 낚아채는 것과 같다. 그들을 속이는 것이다. 듣는 사람들을 카펫의 특정한 부분까지 올라서게 하고 안심시킨 다음 카펫을 잡아당겨서 넘어트리는 것이다. 이때는 타이밍이 중요하다. 만약 사람들이 자신의 발밑에 깔린 카펫을 누군가 잡아챌 거라는 사실을 눈치챘다면 그들은 카펫 위로 올라가지 않을 것이다. 또한 너무 빨리 잡아당기면 사람들은 쉽게 카펫에서 내려설 것이다. 그렇게 되면 남겨지는 것은 카펫과 썰렁함뿐이다.

유머는 펀치라인(웃음을 유도하는 결정적 단어 또는 제스처)이 관건이다. 펀치라인으로 이어지지 않는다면 효과가 없다. 자신이 사용하는 유머의 의미와 결과를 인식, 이해하고 어느 지점에서 웃음을 터뜨릴지 파악하고 있어야 한다.

④ 듣는 사람을 인식하라

어떤 것이 좋은 유머고 어떤 것이 나쁜 유머일까? 듣는 사람만이 그것을 말해 줄 수 있다. 들어주는 사람들이 유머의 파트너다. 성적인 농담의 경우가 주로 거론되는데 유머의 목적이 어디에 있는지를 생각해 보고 판단할 문제다. 청자들이 주로 동성에다 비슷한 연배여서 친근감을 고조시킬 목적인지, 자신이 전할 메시지를 강조하기 위해 하는 유머인지.

만약 유머가 듣는 사람의 기분을 상하게 한다면 메시지 전달에 방해

될 뿐이다. 그것은 그럴만한 가치가 없으므로 조금이라도 그런 의심이 든다면 그 유머를 포기하라.

유머는 뜻하지 않게 다른 사람에게 상처를 줄 수 있다. 우리는 유머를 통해 의사소통을 확장하려고 하는 것이지 무고한 사람에게 상처를 주려는 것이 아니다. 다른 사람에게 상처를 주는 유머는 그것이 의도한 바가 아닐지라도 우리의 메시지를 손상시킨다. 메시지의 뜻을 흐리게 하는 불필요한 긴장감을 만들어 내는 것이다.

언제, 어디서든 상대방의 연령과 성별, 그리고 분위기를 감안해야 한다는 것을 잊지 말자.

세 명의 부인이 파티에 초대되었다. 그녀들은 파티에 입고 갈 파티복을 고르느라 의상실에서 오랜 시간을 고민하고 있었다.

"이러다가는 오늘 안에 옷을 못 고르겠어. 우리 남편은 흰머리가 많으니까 거기에 맞춰 하얀 드레스를 입을 거야"

"우리 남편은 머리가 새까만 색이니까 나는 검정 드레스를 입어야지"

그러자 나머지 한 부인이 한숨을 푹 쉬며 말했다.

"그럼 나는 홀딱 벗고 가야 되는 거야? 우리 남편은 대머리인데"

다음에는 좀 소소한 문제점을 지적해 본다.

⑤ 이야기를 시작하기도 전에 혼자 도취돼 마구 웃는다.

이야기를 하기 전에 혼자 웃어 대는 사람, 꼭 있다. 이런 상황이 최악이다. 코미디언은 절대 자신이 먼저 웃지 않는다. 남을 웃기기 위해 자신은 철두철미하게 연기할 수 있어야 한다.

유머를 말할 때는 연기를 하는 것이다. 확신에 찬 태도와 진심으로 이야기해야 한다. 물론 예외는 있지만 대부분의 경우 유머를 하는 것은 당신이고 웃는 것은 듣는 사람이 되어야 한다. 유머를 할 생각이면 잘 해야 한다. 혼자 웃어대는 사람들의 특징은 거기다 자꾸 김새는 이야기까지 덧붙인다는 것이다.

"제가 웃기는 이야기 하나 해 드릴까요? 엄청 웃기거든요. 제가 듣다가 죽는 줄 알았어요"

그럴 바에야 이렇게 말하라.

"제가 김새는 이야기 하나 해 드릴까요?"

⑥ 상황을 너무 장황하게 설명한다.

유머에도 경제적 논리가 있다. 듣는 사람은 유머에 들을 만한 가치가 있을 때 시간을 투자한다. 대개의 유머에 상황설정이 필요하다. 일정한 양의 '기초공사' 없이는 유머를 전달할 수 없다. 그러나 상황설정은 간결해야 한다. 빨리 요점으로 들어가야 한다. 물론 무슨 얘기인지 모를 정도가 되선 안 된다. 상대방이 조크를 이해하는 데 필요한 정보만을 효과적으로 전달해야 한다. 원래 도입부가 지나치게 긴 유머라면 중간에 보너스처럼, 몇 번 가벼운 웃음을 넣어 주는 것이 좋다.

"정보기술(IT) 열풍이 몰아치면서 아파트 이름에 인텔리전트를 의미하는 'i'나 정보기술을 의미하는 'e'나 '닷(.)'이 들어가기 시작했고 환경과 주변경관을 강조하는 환경친화적인 브랜드도 잇따르고 있습니다. '그린(green)'이나 '뷰(view)'들이 담긴 브랜드가 바로 그것입니다.

한 걸음 더 나아가 최고급을 강조한 브랜드로 '리첸시아(부자나 지식인들이 사는 곳)', '메가트리엄(성공한 사람들이 사는 곳)' 등은 '우리 사회의 상류층만이 살 수 있는 곳'이라는 의미를 노골적으로 드러내며 차별화 전략을 쓰고 있습니다.

이렇듯 아파트 이름은 진화에 진화를 거듭하고 있습니다. 도대체 아파트 이름이 이렇게 진화(?)를 거듭하는 이유는 무엇일까요? 세계화 정책의 결과물로? 아니면 브랜드 가치를 높이기 위한 이미지 전략? 그도 아니라면 기업 간의 경쟁 때문에? 아닙니다. 답은 '시어머니들이 아파트를 못 찾아오도록'입니다"

이러면 결론이 나기 전에 지쳐서 지루해지기 쉽다. 이런 경우 재빨리 주제에 진입하는 게 낫다.

"요즈음 아파트 이름이 자꾸 복잡해지고 있습니다. 센터빌, 판테온 리젠시……왜 이렇게 복잡해지는 줄 아십니까? 시어머니들이 집을 못 찾아오도록 하기 위해서랍니다"

완성이란 무언가를 더 보탤게 없는 상태가 아니라 더 뺄 게 없는 상태를 말하는 것이다.

⑦ 천천히 말하라

그 이야기가 왜 웃긴지, 어디에서 웃겨야 할지를 잘 알고 리허설을 하는 일의 최대 단점은 이야기를 너무 잘 알게 된다는 점이다. 단어 하나하나가 머릿속에 박혀 있어 어느 지점에서 사람들이 웃으리라는 것을 알기에 그 결정적인 부분, 즉 펀치라인에 빨리 도달하고 싶은 조바심이 생긴다.

어떤 사람들의 경우 말을 너무 빨리해서 거의 알아들을 수가 없다. 그들의 유머는 마치 의사들이 처방전을 쓰는 것과 같다. 의학용어는 전문적이므로 약사들이나 이해할 수 있을 뿐이다.

물론 펀치라인은 유머를 전달하는 핵심이다. 사람들이 웃는 큐사인인 것이다. 그러나 만약 사람들이 유머를 한다고 나선 사람이 무슨 말을 했는지 한참 생각해야 한다면 그 효력은 떨어진다. 나중에 이해하더라도 말은 들은 순간 알아들을 수 없었다면 사람들은 웃지 않을 것이다. 그건 몇 조각이 사라진 퍼즐을 짜 맞추는 일과 같다. 의미가 제대로 전달되지 않으면 유머가 무슨 소용이겠는가? 사람들이 똑똑히 들을 수 있게 여유를 갖고 말해야 한다.

일요일 아침 아내는 즐거운 일이 있는지 연신 노래를 불렀다. 그러자 남편은 벌떡 일어나 베란다로 나갔다.

"내 노래가 듣기 싫어서 그래요?"

아내가 서운해하며 말했다. 그러자 남편이 목소리를 낮추며 대답했다.

"당신 노래를 내가 왜 듣기 싫겠어. 나는 다만 동네 사람들에게 내가 당신을 때리고 있는 게 아니라는 것을 보여 주려고 그러는 거야"

chapter **70.**

웃음, 최고의 건강법

잘 웃으면 실제로 건강해진다

유머 잘 쓰면 조직에서 인정받아

예로부터 사람들은 웃음을 가리켜 부작용 없는 최고의 약이라고 했다. 13세기 프랑스 외과의사 앙리 드 몽데뷰는 수술이 끝난 후에 환자들에게 우스갯소리를 했다고 한다. 웃음이 환자의 회복을 촉진한다고 굳게 믿었기 때문이다.

웃음을 약으로 인식한 사람은 미국인 의사 제임스 월쉬(James Walsh)가 처음이었다. 그는 1928년에 웃음이 상처치유에 도움이 되고 고통을 완화한다는 가설을 세웠다. 1960년 웃음연구를 시작한 유머 연구가 윌리엄 프라이(William Fry)는 웃음이 건강에 미치는 수많은 긍정적인 영향들을 증명했다.

웃음생리학이 확립되면서 유머의 효과와 기능에 대한 연구가 점차 증가하고 있다. 1979년에 레이먼드 무디(Raymond Moody)는 웃음을 주제로 한 최초의 학술연구서를 저술했다. 그러나 정작 웃음생리학 확립에 기폭제 역할을 한 사람은 의학에 문외한인 사람이었다.

1964년 「새터데이 리뷰 Saturday Review」의 잘나가는 기자였던 노먼 커진스(Norman Cousins)는 류머티스성 강직성 척수염 판정을 받았다. 이 병은 진행성 연골조직해체를 동반하며 고통이 매우 심하다. 그를 담당했던 의사들은 치유될 가능성이 500분의 1이라고 말했다. 커진스는 병원에 입원하는 대신 호텔로 거처를 옮겨 최대한 편안하게 생활했다. 주치의와 상의한 후 모든 약품을 끊고 최대한 즐겁게 생활하려고 노력했다. 오락프로그램이나 코믹영화를 시청하며 최대한 많이 웃었다. 이때 그는 10분 이상의 격렬한 웃음이 통증을 완화한다는 것을 알았다. 자가 웃음치료 덕분에 커진스는 2시간 동안 통증 없이 편히 잘 수 있었다. 마침내 건강을 되찾은 노만 커진스는 한 의학잡지에 질병치유기를 실었다.

그의 영향으로 많은 학자들이 유머를 새롭게 인식하게 됐고 커진스는 캘리포니아에 있는 스탠포드 의과대학의 교수로 임용되어 유머상담가로 활동했다.

거리낌 없는 웃음은 각종 장기들을 자극하고 혈액순환을 원활하게 하며 호흡을 활성화하고 내장을 마사지해서 소화를 돕는다. 격렬한 웃음은 복부팽만증이나 가스방출을 야기하기도 하는데, 어떤 사람들은 폭소를 터뜨리다가 그처럼 불행한 사태가 발생하기도 한다. 웃음은 근육을 이완시키고 통증을 완화한다. 웃으면 산소로 샤워하는 효과를 낼 수 있다. 평상시의 서너 배의 산소가 몸속으로 들어온다고 한다. 백 번의 폭소는 운동기구로 10분 동안 운동한 것과 같고 짧은 날숨이 끊겨 5분의 1초 간격으로 들리는 웃음이 한 번 터지면 에어로빅을 5분 동안

하는 것과 같은 효과가 난다고 한다. 물론 스트레스로 인해 생성되는 물질인 노르에피네프린, 코르티솔, 도파민을 감소시키는 것이 가장 큰 역할이다. 웃음은 피의 흐름을 원활하게 하고 복부근육을 수축시킨다.

미국 메릴랜드 개학의 심장전문의인 마이클 밀러(Michael Miller)는 심장질환자를 대상으로 설문조사를 해 심장질환 환자들은 건강한 사람의 절반 정도밖에 웃지 않았던 사람들이라는 것을 증명했다.

어느 실험에서 실험참가자들이 얼음처럼 차가운 물 속에 손을 넣고 시간을 쟀다. 그리고 몇몇 참가자들에게만 재미있는 이야기를 들려주었다. 그 결과 재미있는 이야기를 들은 참가자들은 더 오랜 시간 고통을 참아 냈다. 하지만 아직까지도 엔돌핀이 통증을 감소시킨다는 증거가 발견되진 않았다.

건강에 도움을 주는 웃음의 효과에 대해 구체적이고 물리적인 증거를 명확하게 제시하기란 힘든 일이다. 그 효과가 웃음 때문이라는 것도 명확한 것은 아니다. 하지만 웃음과 건강의 밀접한 연관성은 확실히 받아들여지고 있다.

하지만 웃음의 긍정적인 효과가 아무리 근사해 보여도, 반드시 첫 걸음은 개개인의 노력에서 시작된다. 궁극적으로 개인이 자기 자신과 얼마나 원활하게 소통하느냐가 문제가 된다.

얼마나 많은 사람들이 외모와 몸매에 치장하는지 한번 생각해 보라. 하지만 얼굴표정 관리를 위한 피트니스 센터는 아직 없다. 그것은 어떻게 보면 개개인의 작은 노력으로도 나아질 수 있기 때문인지도 모른다.

입술근육을 양옆으로 밀어 올리는 것만으로도 뇌의 혈류량이 증가한다는 보고도 있다.

IX

최고의 필살기 - 배려

chapter **71.**

제대로 해야 배려지

뭐든지 건성건성?

배려는 상대방이 편하도록

당신은 지금 무척 바쁘다. 점심식사를 하러 나갈 짬도 없다. 당신의 절친한 동료가 묻는다.

“어이, 친구. 우리 지금 패스트푸드점에 갈 건데 요기할 만한 거 뭣 좀 사다 줄까?”

여전히 서류더미에 코를 박은 채 당신은 건성건성 대답한다.

“고마워, 아무거나 사다 줘요”

당신 친구는 점심식사를 하는 내내 당신에게 무엇을 사다 줄지 고민에 고민을 거듭한다. 자꾸만 당신의 입맛에 신경이 쓰이고 행여나 원하지 않는 걸 사다 줘서 본전도 못 찾지는 않을까 하는 걱정이 즐거운 식사시간을 불편하게 만들고 만다. 그리고는 영 마뜩치 않은 샌드위치 하나를 사서 죄지은 사람처럼 당신 앞에 내 놓고 도망치듯 자신의 자리로 돌아간다. 그러고는 자신이 사다 준 샌드위치를 당신이 잘 먹는지 틈틈이 훔쳐본다.

따라서 당신이 아무리 바쁘더라도 친구의 눈을 똑바로 쳐다보며 진정한 고마움이 담긴 목소리로 분명하게 말해야 한다.

"고마워, 치즈샌드위치나 프랑크소세지가 들어 있는 샌드위치만 아니면 뭐든 괜찮아."

어떤 특정 메뉴를 기다렸다는 듯 부탁하는 경우를 제외하면 이렇게 답하는 게 최선이다. 짧은 시간, 상대의 호의에 대해 당신이 배려할 수 있는 최선인 것. 당신의 먹을거리를 사러 가는 친구의 발걸음이 한결 가벼워진다. 그는 가게에서 치즈샌드위치와 프랑크소세지 샌드위치를 밀쳐 놓고 고를 수 있고 '아무거나'를 외치지 않은 당신에게 오히려 고마움을 느낀다.

전달하고자 하는 내용보다 어떻게 전달할지가 인간관계에서는 매우 중요하다. 상대에 대한 배려도 마찬가지다. 배려는 상대의 호의에 대해 어떤 피드백을 줄 것인지에서 출발한다. 아무리 바쁘고 경황이 없다 하더라도, 상대의 호의가 당신에게 전달될 수 있도록 당신은 상대를 배려해야 한다.

무엇을 배려할지보다 '어떻게' 배려할 것인지를 늘 고민하도록 노력하라. 그러면 늘 당신에게 호의를 전달하고자 하는 사람들에게 둘러싸여 박수를 받게 될 것이다.

chapter **72.**

나에 대한 배려, 남에 대한 배려

스스로 칭찬하고 자부심을 가지면
삶에 윤기와 행복을 선물 받는다

사소한 습관 하나도 바꾸는 것은 어렵다. 변화하겠다고 결심했을 때 한 번 실천할 때마다 자신을 칭찬하면 변화가 성공할 수 있다. 당신은 스스로 자부심을 느낄 필요가 있다. 자신이 잘한 일들을 알아채고 자신을 좋아하면 남들도 당신을 좋아하게 된다. 자기 자신을 좋아하는 사람과 있는 것은 즐거운 법이다. 이것은 자기 자랑을 늘어놓으라는 이야기가 아니다. 자기 자랑을 늘어놓는 사람은 스스로의 열등감을 컨트롤하지 못하는 경우가 대부분이다. 자기를 칭찬할 줄 아는 사람은 남들도 긍정적인 눈으로 보고 칭찬할 줄 아는 사람이다. 가끔은 스스로를 칭찬하고 자부심을 가져도 좋다. 자기 자신에게 너무 엄격해서 다른 사람에게도 엄격하게 대하는 사람들은 칭찬의 즐거움과 가치를 모르고 산다. 그것이 얼마나 삶을 윤기 있게 만드는지를.

다른 사람을 희생시키지 않고 인간의 도리를 지키며 가슴에 품은 야망을 실현시킨 성과는 자랑할 만하다. 건강한 자부심은 남과 비교해서 얻는 상대적인 것이 아니다. 진정한 자부심은 당신의 가능성을 증명해 보이는 것이고 당신에 대해 자신감을 얻는 것이다. 당신이 할 수 있는 최선을 다했을 때 생기는 것이다. 심리학자 아브라함 마스로우는 자기 존중과 자기실현은 가장 수준 높은 단계의 동기라고 했다. 건강한 자부심은 자신을 높게 평가하고 모든 가능성을 현실화시킬 때 당신을 당신이 원하는 사람으로 만들어 준다.

가족들 앞에서 자신의 성공을 말하고 축하받는 분위기는 자녀들로 하여금 건강하게 스스로를 칭찬하는 법을 배우게 만든다. 자기 자신을 건강하게 사랑하는 법도 배우게 만든다.

시대가 변했다.

이제는 운동선수들도 심한 말이나 폭력으로는 성과를 낼 수 없다. 회사에서도, 가정에서도 마찬가지이다. 나의 가치관을 강요할 수도 없다. 흔히 예전이 좋았다고 말하는 세대들은 가치관이 단순했던 때가 그립기 때문인지도 모르겠다. '조국을 위해' 라던가 하다못해 '잘 살아보세' 라는 목표만으로도 부하 직원에게 화를 내며 재떨이를 던져도, 경기승리를 위해 고된 훈련을 강요해도 다 통용됐었다.

이제는 자신의 존재의 의미를 알고 싶어 하고 소중하다는 확인을 받고 싶어 한다. 함께 사는 우리가 서로서로 그 역할을 할 수밖에 없다. 그래서 존재의 의미를 확인시켜 주는 칭찬이 절실한 것이다. 칭찬은 일년에 한 번 먹는 프랑스식 정찬이 아니다. 시시때때로 마셔야 하는 물이고 하루 세끼 먹어야 하는 밥이다.

사소한 것부터 칭찬하고 칭찬할 일은 즉시 하는 습관에서부터 시작하자. 내가 칭찬할 부분을 찾지 못했으면 주위에 물어보자. 칭찬은 귀로 먹는 보약이다.

그렇다면 이렇게 잘하고 있는 나에게도 칭찬이 필요한 것이다. 나에 대한 배려는 스스로 칭찬할 줄 아는 것이다.

이 모든 사회생활 적응을 위한 필살기들은 결국 내가 행복하기 위해서이다. 그런데 내가 행복하기 위해서는 '남과 함께' 행복해야 한다. 남을 행복하게 만들고 자신도 행복하게 하는 모든 필살기를 관통하는 키워드는 바로 '배려'이다.

입장을 바꾸어 놓고 어떻게 해야 편할까를 생각해 보고 실천하는 것, 배려가 몸에 배인다면 당신의 사회생활은 정말 성공시대가 될 것이다.

chapter **73.**

배려, 살아갈 가장 든든한 버팀목

상대가 있어야 나도 있어

최고의 생존비법은 배려

배려, 나를 넘어서는 도약대이다. 그래서 세상과 조화를 이루는 연결 고리라고도 부른다. 세상을 이끌어 온 원동력은 힘이 아니라 배려다. 인류는 살아남으려고 무리를 지었고 사회라는 걸 만들었다. 그렇다면 사람간의 관계를 이어 주는 고리는 무엇인가?

그것은 바로 배려이다. 서로 주고받는 것이다.

인간 세상은 배려에서 출발한다. 예의범절이나 법질서 제도 같은 모든 것이 서로를 위한 배려에서 나온 것이다. 예수나 석가, 공자, 소크라테스 같은 성인들이 제각각 다른 표현으로 인간의 도리를 강조했지만 그것을 꿰뚫는 공통된 원칙은 바로 배려였다.

사실 배려는 선택이 아니다. 공존의 원칙이다.

사람은 능력이 아니라 배려로 자신을 지킨다. 사회는 경쟁이 아니라 배려로 유지된다.

지금 세상은 이기적인 사람들로 넘쳐난다. 면전에서 좋은 말을 해 주지만 결국 나를 어떻게 이용할까를 생각한 말로 판명 나는 경우가 얼마나 많은가. 텔레비전 광고를 보면 거의 공짜로 돈을 빌려줄 듯 하지만 그걸 믿으면 신세 망친다는 것을 이야기해 주지 않는다. 이런 사회일수록 배려의 가치가 빛나는 것이다.

세상이 혼탁하고 정글일수록 다른 사람을 배려할 줄 아는 사람의 가치는 더욱 빛을 발하게 된다. 성공은 결국 베풀 줄 아는 삶이다. 자기가 가진 것이 많아 베풀 수 있어야 성공하는 것이다.

미국 서남부 지역에는 밑둥의 지름이 10미터인데다 키가 90미터 이상 똑바로 자라면서도 뿌리는 2~3미터밖에 되지 않는 레드우드라는 삼나무가 있다고 한다. 이 거목은 체구에 비해 뿌리가 연약하지만 낙뢰에 불타는 일은 있어도 태풍에 쓰러지는 일은 없다고 한다.

왜일까?

뿌리가 땅 밑으로 깊게 뻗진 못하지만 옆으로 25미터 이상 뻗어 한 뿌리에 여러 그루의 나무가 자라기 때문이다. 지상에서는 각자 한 그루의 나무이지만 땅속에서는 한 뿌리에 연결돼 공동체를 이루며 한 가족처럼 살아가는 것이다. 그렇기에 아무리 심한 바람, 태풍이 불어와도 단단히 서 있는 것이다. 사람이 살아가는 세상도 이와 마찬가지 아닐까. 서로가 서로의 삶에 연결되어 있다고 생각하고 상대를 튼튼히 받쳐주면 나 또한 사회에서 든든한 버팀목을 가지게 되는 것이다.

우리도 지상에서는 각자 한 그루의 나무로 서 있지만 그 뿌리는 사회와 국가라는 공동체를 이루며 산다. 프랑스 작가 로맹 롤랑은 "이 세상에서 우리가 가질 수 있는 유일한 행복이 있다면 서로를 이해하며 사랑하는 것 뿐"이라고 말했다. 우리는 서로가 있어야 살아갈 수 있는 존재인 것이다.

최고의 생존비법은 상대를 배려할 줄 아는 자세이고 그 배려가 자기 것으로 체화돼 사랑받는 사람이 될 때 당신은 최고로 성공한 사회인인 것이다.

X

세상을 바꾸는 필살기

1. 세상을 바꾸는 힘_사람다움
2. 세상을 바꾸는 힘_사람세움
3. 세상을 바꾸는 힘_인성을 넘어선 인권교육
4. 세상을 바꾸는 힘_효가 사라지는 동방예의지국
5. 세상을 바꾸는 힘_사람을 만들어 가는 세상
6. 세상을 바꾸는 힘_사람다운 삶
7. 세상을 바꾸는 힘_사람의 가치 키움
8. 세상을 바꾸는 힘_양분된 울분을 대통합과 포용할 수 있는 리더십
9. 세상을 바꾸는 힘_위대한 유산
10. 세상을 바꾸는 힘_온전한 회복

1. 세상을 바꾸는 힘_사람다움

2017년 연세대에서 일어난 사제 폭발물 사건은 충격을 안겼다. 영화에서나 볼 법한 사제 폭발물이 대학교 내에서 터졌다는 사실도 놀랍지만 대학원생이 스승에 대한 개인적 불만으로 극단적인 일을 저질렀다는 사실은 경악스럽고 안타까움 역시 금할 길이 없다. 전문가들은 소통과 융화가 없는 경직된 사회 분위기가 만든 사건이라고 진단한다. 입시와 취업에 매몰되어 인성 교육에 소홀했다는 지적도 있다. 한편에서는 교수 인권침해 실태를 줄이어 고발하면서 관행적인 교수들의 '갑질' 문화와 대학원생의 인권개선 및 권리장전 마련에도 목소리를 높이고 있다. 연이어 터져 나오는 윤리 붕괴 현상을 보면서 교육계에 몸담고 있는 필자 역시 책임을 통감하며 반성한다.

결국 근본적인 문제는 인성, 즉 '사람다움'에 있다. 인성이란 자기 내면을 가꾸고 남과 더불어 살 수 있는 능력이다. 핵심 가치는 효와 예, 정직, 책임, 존중, 배려, 소통, 공감, 협동 등의 덕목이다. 인간으로서 지켜야 할 최소한의 가치이며, 인성을 구성하는 요소라 할 수 있다.

인공지능(AI)을 계기로 4차 산업혁명이 대두되는 현 시점에 아이러니하게도 '사람다움'은 더욱 빛을 발한다. 4차 산업혁명은 인공지능, 빅데이터, IoT, 로봇 등 ICT 신기술이 새로운 시대를 여는 변곡점에 왔다는 것이다. 우리는 인간끼리의 치열한 경쟁을 넘어 기계와 경쟁하는 시대를 살게 될지도 모른다. 그래서인지 한국 및 중국 학부모들 사이에서 새로운 교육 열풍이 불고 있다. 바로 'STEAM' 교육이다. 과학(Science), 기술(Technology), 공학(Engineering), 예술(Arts), 수학(Mathematics)의 앞 글자를 딴 합성어다. 대표적으로 코딩 교육이 있다. 이는 창의력을 키우는 것이 아니라 '맞춤교육'을 도입해 코딩 전문가를 육성하는 것과 다르지 않다. 4차 산업혁명에 필요한 인재가 단지 특정 영역의 전문가인지 고민해 볼 필요가 있다. 4차 산업혁명은 따라하거나(follow), 빨리빨리(fast), 수직적인(vertical) 위계질서에서의 연결(connect)이자 공유(share)이며 수평적인(horizontal) 것을 특징으로 한다. 이러한 인공지능 시대에 가장 필요한 역량은 폭넓은 소양과 논리적 사고를 가능하게 하는 '생각하는 영역'이다. 지식 교육이 아니라 협력과 나눔으로 새로운 세상을 여는 지혜를 가르쳐야 하며 사람다움이라는 올바른 인성이 밑바탕되어야 한다.

한국직업능력개발원이 매출액 500대 기업 100곳의 인사 담당자를 대상으로 한 조사에 따르면 면접 단계에서는 도덕성·인성(23.5점)의 중요도가 압도적으로 높았다. 반대로 회사와 직무에 대한 이해(9.1점), 직무 관련 기초지식(6.2점)은 비중이 작은 편이었다. '일은 배우면 되지만 사람은 안 변하기 때문'이라는 기업의 인식이 깔렸기 때문이다. 사회가 요구하는 인재의 핵심 역량은 결국 인성인 것이다. 자신을 조율하고 타인과 함께 살아갈 수 있는 기초 능력인 인성교육이 절실한 시기가 온 것이다. 이는 기계가 인간을 대신할 수도, 능가할 수도 없는 인간 고유의 영역이다. 세상을 바꾸는 힘, 그것은 다름 아닌 사람다움에 있다. 결국 이해하고, 사랑하고, 배려하면서 시작되는 것이다.

2. 세상을 바꾸는 힘_사람세움

"'인성(人性)'이 수반되지 않은 지식은 공허하고 지식 없는 '인성'은 맹목적이 되기 쉽다"라는 말이 있다.

현대 사회는 개인주의가 만연하고 도덕성이 상실됨에 따라 전통적 가치관이 붕괴된 매우 혼란스러운 지경에 이르렀다. 사회는 점점 어지러워지고 도덕성이란 가치는 돈이나 집과 같은 물질적인 가치보다 못한 것으로 치부되고 있다.

이와 같은 우리 사회의 전반적인 문제들을 해결하기 위해서 1990년대 중반부터 인성교육 강화라는 방향성이 교육정책에 반영되어 학계와 교육계의 노력은 끊임없이 이루어지고 있으나, 아직까지도 효과적인 인성교육의 방향을 잡지 못하고 있는 실정이다.

현재 우리나라에서 이루어지고 있는 인성교육의 목적, 방법, 실제 등은 모두 서양의 이론과 학자들의 주장에 의해 유입되어 온 것이다. 하지만 이러한 인성교육은 우리나라 사람들의 정서에도 맞지 않는 부분이 있고 실제적인 효과도 크지 않아 보인다. 이에 우리의 전통적인 교육관에 중대한 영향을 끼쳐 온 유교 사상(儒教 思想)을 활용한 인성교육에 관하여 주의를 기울일 필요가 있다.

세월호 사건 이후 한국사회의 도덕성에 대한 문제제기와 대안 찾기가 활발해졌고, 그 결과 「인성교육진흥법」이 제정되었다. "「대한민국 헌법」에 따른 인간으로서의 존엄과 가치를 보장하고 「교육기본법」에 따른 교육이념을 바탕으로 건전하고 올바른 인성을 갖춘 국민을 육성하여 국가사회의 발전에 이바지함을 목적으로 한다"는 이 법의 목적과 방향에 대한 성찰이 필요한 시점이다.

하지만 가치관이 내재된 개인의 고유한 특성인 인성은 법적 규제가 쉽지 않고, 법에 의한 인성교육은 자칫 국가의 통제수단으로 전락할 수 있으며, '진흥'에 초점을 둘 경우는 관련 기관 간의 이권투쟁 양상으로 변질될 수 있다. 다양한 학문적 접근, 용어의 특성상 정의하기 쉽지 않은 개념 '인성'에 대해, 법에서는 '자신의 내면을 바르고 건전하게 가꾸고 타인·공동체·자연과 더불어 살아가는 데 필요한 인간다운 성품과 역량'을 인성으로 파악하고 있다.

그러나 이는 시대적·사회적 요구를 무시할 수도 있다. 이를 바탕으로 동서양 개념을 포괄하고, 인간 존엄과 가치·행복추구라는 헌법 이념을 근거로, 추구해야 할 인성을 도덕성(관계적 자아)과 개성(주체적 자아)을 핵심요소로 추출하였다. 유교의 천명지위성(天命之謂性)에 근거한 관계적 자아의 특성과 서구 민주주의에서 강조한 개인의 고유성 및 권리와 연계되는 개성을 개인과 사회의 행복을 지향하는 가치 지향적 개념으로, 본질과 조건, 방법 등에 대한 구체적인 논의가 필요하다는 점에서 실천적이고 현실적인 '인성교육'이 필요한 시점이다.

사실 인성교육이라는 말을 유학(儒學)적으로, 특히 사서(四書)의 하나인 <중용(中庸)>의 의미로 풀면 전혀 잘못된 말은 아니다. 인성교육은 고귀한 사람의 본성인 인의예지(仁義禮智)를 드러내는 길을 틔우는 것일 뿐이기 때문이다.

그렇다면 어떻게 해야 인의예지의 인성이 잘 발현이 될 수 있을까? 인의예지가 무엇인지 열심히 연구해서 이해하고, 구체적 실천지침을 만들어서 교육하고 실천하도록 해야 할까? 전혀 그렇지 않다. 그런 식의 인성교육을 하려는 것 자체가 이미 인간의 본래적 선함을 부정한 것이다. 외부로부터 어떤 새로운 지식이나 규율을 주입하거나 강요할 것이 없다. 이유인즉, 직무든, 능률이든, 안전이든, 궁극적으로는 모두 사람의 마음에 달려 있기 때문이다.

CEO를 지낸 어떤 분이 '인성이 확실하다는 보장만 있다면 우선 채용 대상'이라고 하는 이야기를 들은 적이 있다. 실제로 대학에서 배운 실무 지식은 거의 무용하므로 어차피 직무교육은 입사 후에 다시 해야 하니 학교에서는 교양과 인성교육만 제대로 해 준다면 좋겠다는 것이다.

인성교육의 목적은 단지 윗사람을 잘 따르고 체제에 순응하며 주어진 규칙과 예의를 잘 지키는 '착한 사람'을 만들려는 데 있지 않다. 남을 나처럼 아끼고 사랑하며[仁], 해야 할 것은 하고 하지 말아야 할 것은 하지 않으며[義], 진심으로 남을 배려할 줄 알고[禮], 옳고 그름을 명확히 판단할 줄 아는 사람[智]이면 된다.

이러한 사람은 사회와 체제에 분명 협조적이겠지만 잘못된 상황에는 반기를 들 줄 안다. 규칙을 준수하고 예의바르겠지만 상황에 따라서 규칙보다 더 중요한 가치를 위해 융통성을 발휘할 것이다. 무엇보다 중요한 것은, 그러한 사람들로 세워질 때 진정한 행복의 가치를 창출할 수 있으며 이와 같은 행복한 구성원이 많이 모인 조직이라야 궁극적인 성공을 이룰 수 있을 것이다.

3. 세상을 바꾸는 힘_인성을 넘어선 인권교육

스위스의 교육자이며 사회비평가인 페스탈로치는 "고귀한 지혜를 가진 사람일지라도 자신에게 순수한 인성이 없다면 어두운 그늘이 그를 둘러쌀 것이나, 천한 오막살이에 있을지라도 교육된 인성은 순수하고 기품 있는 만족된 인간의 위대함을 발산한다"고 말한 바 있다. 가정, 학교, 사회라는 생활중심 교육과정(Life-centered curriculum)에서 교육은 다양한 가치와 규범이 상호의존적 관계를 맺거나 혹은 모순된 점을 파악할 수 있도록 도와준다. 결과적으로 교육은 인격을 형성하도록 돕는 역할을 한다. 인권은 반드시 인격 완성에 대한 교육이 전제돼야만 가능하다. 인권 없는 인격교육이나 인격 없는 인권교육은 모두 불완전한 개념이다.

1948년 12월 제3회 국제연합(UN) 총회에서 '세계인권선언'을 발표한 이후 인권은 인류 최고의 가치로 자리 잡았다. 인권은 '인간이면 누구나 다 누릴 수 있는 기본적 권리', '모든 사람이 인간다운 삶을 위해 갖게 되는 권리' 등으로 정의할 수 있다. 이러한 의미에서 인권은 그 어느 누구도 예외 없이 해당돼야 하는, 즉 모든 사람이 나면서부터 가지고 있는 인간의 자주성, 독립성 및 존엄성인 것이다. 문제는 성숙되지 않은, 혹은 무책임한 자유의지가 타인과의 공동체 생활을 위협할 수 있고 심각한 인권침해를 초래할 수 있다는 것이다. 2017년 이슈가 됐던 '문준용 의혹 녹취 사건'은 진위여부를 차치하고 소셜네트워크서비스(SNS) 기술이 악용돼 개인의 인권과 자유, 사생활을 침해한 중대한 사안이다.

인성의 개념을 포함한 인권교육, 인권의 개념을 포함한 인성교육을 '전인적 인성교육'이라 한다. 개개인의 자유와 권리를 주장하는 최소의 도덕성을 자각함과 동시에 원숙한 인격 완성 위 권리의식을 자리하게 하는 최대의 도덕성을 자각하게 한다. 때때로 우리는 양보와 인정에 호소하기도 하지만 어떤 순간에서는 부정의의 시정과 정당한 분배를 요청하기도 한다. 후자의 문제는 권력에 해당하는 문제로 덕의 상황에서 해석할 것인지 정의 구현의 상황인지 판단해야 하는 과제를 안고 있다. 최고의 방법은 덕과 규범성을 함양시키는 인격교육을 기본으로 한 단계 더 나아가 정의의 도덕을 실천하기 위한 절차 및 공정성을 향한 인권에 대한 교육을 실천하는 것이다. 인성은 동양적 전통에 따른 개인의 도덕적 지식, 감정, 행동의 통합적 접근이다.

인권은 정의, 민주주의와 같은 가치에 보다 초점을 맞춰 권리와 책임의 균형을 이뤄야 한다는 것에 그 핵심이 있다. 목적에 있어서는 그 내용이 유사하나 인성은 자아의식을 가져다주고 교육 과정의 사회적 상호작용의 가치를 이해할 수 있게 해 주지만 노동시장에 진입하기 위한 훈련을 강조하지 않는다는 차이가 있다. 인권에 대한 교육은 인성의 기본인 배려와 예의를 지키며 동시에 권리만큼 의무도 소중히 할 줄 아는 하나의 인격체를 성장시키는 데 중요한 요인이 될 수 있다. '세계인권선언'이 지향한 본래 의미와 가치를 짚어 보고, 인권에 관한 다양한 담론과 정책이 조성돼야 한다.

사람다운 삶, 인성을 넘어선 '인권'의 가치를 찾기 위한 시도가 필요한 때다.

4. 세상을 바꾸는 힘_효가 사라지는 동방예의지국

우리나라는 동방예의지국으로 효(孝)를 백 가지 행실의 근원(百行之源)이라고 해 사람 됨됨이를 판단하는 최고의 덕목이자 인륜 (仁倫)의 근본 덕목으로 삼았다. 이 아름다운 '효' 정신은 대대손손 우리의 전통문화유산으로 계승・발전시켜 나가는 게 백의민족으로서 보람과 긍지였다. 하지만 전통적인 가치인 '효'에 대한 의식은 갈수록 낮아지고 있는 지금의 현실 속에서 '효' 교육을 삭제하는 「인성교육진흥법」 개정안이 입법예고 중이라니 개탄을 금할 수 없다.

「인성교육진흥법」은 핵심가치 덕목을 핵심가치로 변경하고 '효'를 삭제하는 대신 '시민교육 강화' 및 정의와 참여, 생명존중과 평화 등 사람됨과 시민됨의 가치로 바꾼다는 개정안이다. 이는 효가 지나치게 전통적 가치를 우선하는 것이고 '합리적이고 민주적인 인성을 갖춘 시민육성'을 하는 데 방해되는 것이라는 느낌을 지울 수 없다. 논쟁의 핵심은 시민 정신을 강조했다는 점이 아니라, '효'에 대한 배척이라는 결과가 내포된 개정법률안이라는 점이다. 과연 부모님에 대한 사랑과 존경을 가지지 못하는 자, 또는 그 사랑과 존경을 표현하는 방법을 배우지 못한 자가 제3자를 존중하고, 이웃을 사랑하며 적법한 절차에 따라 이 사회의 규범을 행동하는 방법을 배울 수 있을까? 해당 개정법률안의 취지는 사람됨의 개인 성품과 환경 속의 인간이라는 공동체 의식이 강조된 시민적 역량에 초점이 맞춰 있다. 이는 현대사회가 직면한 큰 문제점인 '사람됨'을 인정할 수 있는 시민적 성품의 중요성을 강조하며, 연대적이고 더불어 살아가는 공동체의 결정권 또한 중요함을 내포하고 있다고 해석되고 있다. '사람됨'과 '시민됨'은 현대사회의 중요한 과제이며 이 두 개의 축은 결국 하나의 원형적 요소인 '효'에서 형성됨을 간과해서는 안 된다.

'효' 교육이 삭제되면 사회의 기본 단위인 가족 간 유대가 약해지고 나아가 패륜범죄, 학교, 사회병리현상 등 사회 문제는 더욱 심각해질 것이다. 오늘날 한국사회의 가정에 대해 인터넷에 떠돌아다니는 우스갯소리로 구성원의 위치가 첫째가 며느리, 둘째가 손주, 셋째가 아들, 넷째가 애완견, 다섯째가 가정 도우미, 여섯째가 시부모라는 말이 있다. 부모님들이 가정에서 철저히 외면당한 한국사회의 단편을 꼬집은 참담함을 반영한 것이다.

인간다운 성품과 역량을 기르는 것을 목적으로 하는 교육이 '인성교육'이다. 「인성교육진흥법」의 인성교육의 기본 단위는 가정에서 출발돼야 하며 핵심가치와 덕목은 '효'를 기본으로 형성돼야 한다. 기독교에서도 '효'의 중요성을 강조하고 있는데 역사적으로는 구약성경에 근거한 유대교의 효에서 비롯된다.

예수는 부모에 대한 공경에 대하여 10계명 중 약속 있는 첫 계명으로 하나님을 경외하듯이 부모님을 잘 공경하면 장차 너희가 들어갈 가나안 땅에서 장수하고 복을 얻을 것이라는 하나님의 축복의 명령이라고 말씀하셨다.

공자(孔子)는 부모에 대한 경애의 감정을 토대로 "공경(恭敬)이 바탕되는 '효행(孝行)'은 자녀의 행위로 덕의 근본이며 행동의 기준점으로 부모를 공경하며 마음을 편안하게 해 드리는 것"이라 했다.

우리나라 전통사상의 핵심인 효를 실천하며 중시하는 사상은 우리 민족의 고결한 정신문화이다. 효의 실천 방법은 시대에 따라 달라질 수 있겠으나 그 정신은 변함이 없어야 하며 근간이 흔들려서는 안 된다.

5. 세상을 바꾸는 힘_사람을 만들어 가는 세상

전통문화와 서구문화라는 이질적인 문화 사이에서 고민하며 사회에 적응하지 못해 주인공이 주변인으로 살다 비극을 맞게 되는 장편소설이 있다. 압둘 무이스(Abdul Muis)의 '잘못된 교육(Salah Asuhan)'의 내용이다. 결론적으로 올바른 가치관을 심어 주고자 문학의 교화를 시도한 작품으로 해석되는 이 소설은 현재를 살아가는 우리에게도 여러 가지 생각을 할 수 있게 한다.

교육은 인간이 삶을 영위하는 데 요구되어 지는 모든 행위를 가르치고 배우는 인간형성의 과정이자 사회개조의 도구로써 여러 가지 관계와 환경에 따라 자발적이며 창조적인 가능성이 드러나고 개발된다. 타고난 선천적 천성과 외부 영향력과의 작용으로 가치 있는 인간으로 성장하는 데 매우 중요한 역할을 한다. 듀이(Dewey, J.)는 "교육에 대해 생명이 유한한 생물적 생명을 순응하며 조정시키는 것이 교육의 사명이며, 교육은 끊임없는 경험 개조의 과정이다"라고 말했다. 인간형성을 위한 도구인 '교육'의 중요성은 인간의 모든 심신(心身)의 가치를 높이기 위해 가르치고 지도해야 한다고 명시되어 있다(21세기 정치학대사전).

이와 같이 인간형성을 위한 중요한 수단이 될 수 있는 '교육'을 잘 전달할 수 있도록 필요한 것이 '올바른 교육방법'이 되겠다. '교육'의 목적을 달성하기 위해 그 내용을 구체적으로 실천하는 방식, 즉 어떻게 가르칠 것인가에 대한 개념으로써 교육이 가진 본질적인 가치를 구현할 수 있도록 견인차의 역할을 하는 것이 '올바른 교육방법'인 것이다.

한 매체의 보도에 따르면 "젊은 세대의 안보의식이 떨어진다"는 지적에 따른 원인으로 상당수 10대, 20대의 젊은층이 한국전쟁 참상 및 원인에 대해 제대로 모르는 경우가 많으며 더욱 심각한 것은 안보 불감증과 근거 없이 북한 등에 맹목적 호의를 보이는 경우도 보인다는 것이다. 이와 같은 현상은 장기적으로 나라의 근간을 흔드는 일로 그 문제의 배경에 잘못된 교육이 자리하고 있음이 더욱 큰 문제다. 한 예시로 북한이 실제로 저지른 사건을 교육하기 어려운 현실인 것은 맞다.

남북정상회담, 북미정상회담 등 마치 한반도 평화체제가 구축되어 가는 것 같은 모양을 보였기 때문이다. 하지만 전문가들의 분석에 의하면 북한은 여전히 표명했던 비핵화 의지와 다른 행보를 보이고 있음에도 미래세대의 안보 인식의 수준이 매우 낮다는 것이다. 이는 객관성이 바탕으로 된 역사 교육이 충분히 진행되지 못한 탓이다.

또 다른 예시로 조현병 환자가 엽기적 사건의 범인이었다는 뉴스가 잇따라 보도되며 범죄와 전혀 무관한 조현병 환자들 역시 잠재범죄자로 낙인 찍혀 있다는 것이다. 이 또한 사회에 만연한 편견이 그 원인이 되었다. 2016년 대검찰청 자료에 따르면 비정신장애인의 범죄율은 1.4%인데 반해 정신장애인의 범죄율은 0.1%에 불과하고 조현병 환자의 범죄율만을 따지면 0.1%보다 훨씬 낮을 것으로 조사되었다.

실제로 흉악 범죄자들 대부분 정신장애와는 매우 거리가 멀었다. 실제로 유영철(2004년, 21명 연쇄 살해), 김동민(2005년 GP 총기난사 8명 살해), 채종기(2008년, 국보1호 숭례문 방화) 등 사건 당시 모두 정신병이나 조현명 환자로 지목되었으나 모두 정상이거나 인격장애인 것으로 판명되기도 했다. 이러한 편견과 잘못된 인식은 마찬가지로 정확한 사실에 입각한 정보 및 교육을 제공받지 못했기 때문이다. 문제는 이러한 모순과 편견이 오히려 사회를 더 큰 위험에 빠뜨리게 할 수 있다는 것이다. 이러한 현상은 세상을 현명하고 정확하게 볼 수 있는 눈을 가리게 된다.

또한 2017년 대검찰청의 13세 미만 유아를 대상으로 한 성범죄자 통계 수치에 따르면 10년간 전혀 줄어들지 않고 성범죄 노출과 함께 청소년들의 성경험의 연령이 점점 낮아지고 있다는 결과가 발표되었다. 그 원인으로 성관계에 대해 교육을 받을 때 존경과 존중에 의한 것이 아닌 단순 행위에 그친 것이 문제로 지적되며, 이에 대해 전문가들은 기존의 성교육이 성적 지식을 올바르게 탐구하는 교육으로 치중되어 있기 때문이라고 설명하였다.

지금은 "사회 속에서 사랑하는 방법을 이해할 수 있도록 도와주는 교육이 수행되어야 한다"라고 설명하였다. 이는 생물학적 지식에서 나아가 사회적 인성 교육을 의미하는 것으로 자신을 알고 상황을 다스릴 줄 아는 리더십으로써 타인과 건강하게 소통하는 법과 감수성을 길러주는 교육이 중점이 되어야 한다는 것을 시사한다.

시사/교양 프로그램 '명견만리'에서 한국 교육방법의 문제점을 되돌아보는 방송을 한 적 있다. 교재 해석만 암기하는 부작용과 줄 세우기식 입시가 낳은 비상식적인 공부법에 대해 분석하며 사고력은 늘어나지 않고 효율성이 줄어드는 반복과 숙달이 고득점의 방법이 되는 '테크닉 시험'으로 변질된 교육의 현실을 꼬집었다. 가장 인상 깊었던 것은 우리나라와 핀란드의 교육 효율성을 비교했던 장면이었는데 우리나라 학생의 자기소개와 핀란드 학생의 자기소개 장면이었다. 우리나라 학생은 자신에 대해 소개할 때 반에서 몇 등을 하며 장래 희망이 무엇인지 설명하며 자신을 소개했고 핀란드 학생은 자신이 어디에 강점이 있으며 좋아하는 취미인 스노보드라는 것을 통해 자신을 소개했다. 그 장면부터 교육의 결과가 어떤 결과를 낳는지를 한눈에 보여 줬다고 필자는 생각한다. 정해진 정답만 맞히느라 자신의 생각을 잃어 가고 있는 것은 아닐까.

'올바른 가치관'을 심어 줄 수 있는 교육은 머릿속에 있는 개념을 스스로 이해할 수 있는 생각하는 힘을 길러 줄 수 있도록 도움을 줄 수 있어야 한다. 스스로 사고할 수 있는 교육이야 말로 인생에 도움이 되고 배움의 과정을 의미 있게 만든다. 인간형성을 올바르고 건강하게 만들어 줄 수 있는 교육만이 그 세대를 제대로 성장시켜 줄 수 있다. 새로운 지식을 생성할 수 있도록 건강한 교육의 터를 준비시켜야 할 것이다.

6. 세상을 바꾸는 힘_사람다운 삶

"인터넷과 스마트 기기의 사용량이 점점 증가하고 있다"의 수위를 넘어 인터넷 없이 업무를 보거나 일상을 보내는 것이 불가한 요즘이다. 일상의 많은 시간을 차지하고 있는 인터넷은 일상을 스마트하게 도와

주는 도구 그 이상의 의미가 되었다. 문제는 과도한 인터넷 사용으로 젊은 청년들이 인터넷 중독의 위험에 노출되어 있다는 것이다. 과도한 인터넷 사용은 인간관계 및 건강 등에 악영향을 미칠뿐더러 대인관계를 기피하는 등 일상적 생활에 많은 문제를 발생시킨다. 최근엔 스마트폰 중독으로 이어져 스마트 기기 사용에 있어 현실생활에 지장이 있음에도 자율적 통제가 되지 못해 과도하게 사용하고 있다는 것이다.

단순한 망(net)의 개념이 아닌, 사회관계서비스망(SNS: Social Network Service)으로 전이되어 사람관계를 형성하며 관계를 확장시키고 재생산이 가능하게 되었다. 문제는 이와 같은 관계 형성은 정서와 대면 관계 형성에 좋지 못한 영향을 미친다는 것이다. 이 기술은 전 세계 사람들 누구나 연결될 수 있고 거꾸로 가까운 사람들과 멀어지게 만들었다. 퓨빙(phubbing)이라는 신조어가 있다. phone(스마트폰)과 snubbing(무시하다)의 합성어로 스마트폰에 빠져 가족이나 친구 등 주변인들을 무시하는 현상을 뜻한다고 한다.

또한 넘쳐나는 인터넷 커뮤니티 사이트에서 불특정 다수와 다양한 의견과 정보를 자주 주고받는다. 그 과정에서 극단적인 막말과 특정 상대에게 실시간으로 인터넷상에서 언어폭력을 행사하는 일이 더러 발생된다. 표현의 자유가 상대적으로 광범위하게 허용되는 것이다. 좁게는 특정 인물, 극우 성향의 타 커뮤니티, 유명한 배우, 나아가 지역과 나라를 비하하는 악성 게시물을 공유하고 옹호하며 때로 동참한다. 그 누구도 익명의 공간 속 막말 대상에서 벗어나지 못한다. 자신을 가르치는 스승에게조차 막말을 쏟아내는 것은 우리 정서상 이해하기 어렵지만 실제로 사제 간의 도리 같은 것이 이 공간 안에서 만큼은 아무렇지도 않게 벗어던져진다. 특정부분 원인을 제공한 것으로 보이는 측면이 있을 수 있겠지만 이슈가 되는 것은, 그 정도가 지나치고 이러한 상황이 만연하다는 것이다. 전문가들은 젊은 청년들이 하루 종일 스마트폰, 태블릿 PC와 같은 스마트 기기를 손에 놓지 않고 지내며 특히 SNS에서 수시로 활동하다 보니 이러한 환경에 자주 노출되어 즐겨 쓰는 활동이 일상화된 것일 수 있다는 시각이 있다고 설명하기도 했다. 이에 성인으로서 청소년을 바라보는 관점이 지도와 육성의 대상이 아니라 따뜻한 개입(warm intervention)이 필요한 존재로 바라보아야 할 필요성이 있다.

이러한 상황들이 발생되는 부분 이면에 자리하고 있는 가장 큰 문제는, 정서교육을 포함하여 인격 함양 및 자기계발을 위해 사용될 수 있는 능동적으로 생각하는 시간을 빼앗기게 된다는 것이다. 결과적으로 SNS에 올라온 수많은 게시물을 확인하며 하루의 많은 시간을 보냈을 때 스트레스가 풀리고 만족감을 얻고 있다면, 수동적 여가에 적응된 것이다. 전문가들은 수동적 여가 활동으로 스스로 인터넷 사이버 세계에 갇혀 우울감과 소외감을 갖게 되어, 성장하는 과정에서 퇴폐적이며 폭력적 성향으로 자신을 파멸로 몰고 갈 위험성이 우려된다고 설명한다. 미하이 칙센트미하이(Mihaly Csikszentmihalyi)는 인터넷 활동과 같은 수동적 여가 활동에 대해 "외부 의존도가 너무 높아 스스로 행복하고 싶은 때 또는 스스로 삶의 질을 높이고 싶은 때, 자신을 조절할 수 있는 능력이 부족하다"고 얘기했다.

기계문명은 우리의 생활을 편리하게 하며 일의 효율성을 높여 유용한 도구인 것과 더불어 인간에게서 노동의 즐거움이나 깊은 인간관계로부터 분리를 가져왔다. 사회관계서비스망(SNS)은 우리 생활의 시간적 거리와 공간적 거리를 초단위로 단축시켰으나 심리적 거리는 보다 멀어졌다. 이러한 변화가 거듭되면 될수록 세대 간 간극은 더욱 크게 벌어지고 보다 심화될 전망이며 능동적으로 자신의 행복을 조절할 수 있는 능력이 결여되어질 것이다. 따라서 기기의 노예가 되지 않고, 스스로 통제할 줄 아는 능동적인, 사람다운 삶을 살 수 있도록 해야 할 것이다.

7. 세상을 바꾸는 힘_사람의 가치 키움

최근 청소년에서부터 노인에 이르기까지 전 연령대의 한국인에게 "스트레스와 우울증이 퍼지고 있다"라는 신문기사는 더이상 놀랍지 않은 기사가 되었다. 청소년기에 경쟁사회에 노출되어 학업 및 교우관계에서 비롯된 스트레스, 청년기에는 취업문제와 결혼에서 오는 스트레스, 중장년기에는 업무와 관련된 다양한 스트레스 및 경제적 부담, 노년기에는 건강상의 이유 등 우울감을 느끼는 이유도 각양각색, 그야말로 천차만별이다.

건강한 사회를 좀먹는 스트레스와 우울증은 개인적인 성향에 따른 원인이 될 수 있지만 사회적 시스템이 가져오는 환경적 부분의 영향도 크다. 자존감이 형성되고 본격적인 사회화를 학습해야 하는 청소년기에 경쟁사회 분위기의 사회적 시스템에 의해 친구를 경쟁상대로 인식하게 되면 교우관계가 형식화되고 나아가 타인과의 감정 공유를 하지 못하는 이기적인 성향이나 은둔형 외톨이가 되어 자존감이 떨어지고 우울한 감정을 느낄 수 있다. 우울감이나 우울증은 자존감 저하, 절망감, 극단적으로는 자살행동과 가장 밀접하게 관련되어 있는 감정 또는 질병이 될 수 있기 때문에 관리가 필요하다.

2018년 강북삼성병원 기업정신건강연구소의 정신건강 상태를 분석한 한 보고서에 따르면 대인관계 문제가 있는 경우 우울증 위험이 2.7배나 높아지며 우울감이 높은 응답자일수록 자살까지 생각한 비율이 높고 일부는 실제 시도를 하기도 했다고 보고되었다. 자살 시도 대다수는 충동적으로 이뤄졌다고 한다. 전문가들의 분석에 따르면 이는 "진짜 죽음을 원한게 아니라 도움이 필요하다는 구조신호를 보낸 것이다"라고 강조하고 있다. 보건복지부와 중앙자살예방센터가 발표한 '2019년 자살백서'에 따르면 자살률은 경제협력개발기구(OECD)에서 2위이며 자살의 동기별 분석결과 정신과적 질병 문제가 31.7%로 가장 큰 비중을 차지했다. 특히, 눈에 띄는 점으로 10~30대 젊은층에서 정신과적 질병 문제로 스스로 목숨을 끊는 비율이 40%에 이른다는 것이다. 이에 보건복지부는 자살을 부추길 수 있는 유해 환경 개선을 위해 2019년 7월 16일부터 온라인에 자살 유발정보(자살 동반자 모집, 자살 방법, 자살 유도를 담은 문서 및 동영상, 자살을 위한 물건의 판매 및 활용 정보 등)를 유통하는 행위에 대해 불법으로 규정하여 「자살예방법」 일부개정법률안 시행에 들어갔다.

이와 같이 자살, 그 자체를 예방하는 것도 매우 중요한 문제이지만 보다 더 중요한 것은 자신의 가치를 존중할 줄 아는 문화 확산이 우선시되어야 한다. 물론 가족 해체 현상이 심해지고, IT의 발달로 인해 부모와 자식 세대의 공감 영역이 크게 줄어든 것 역시 문제점으로 제기되고 있다. 신체 건강을 위해 운동을 하고 관리를 해야 병에 덜 노출되듯 정신 건강 역시 가까운 이들과 깊이 마음을 나누며 정서적 안정감을 갖춰야 하는데 그러한 관리가 되어 있지 않은 것이다. 보다 근본적인 것에 초점을 맞춰야 할 필요성이 있다. 심리 상태나 정신 장애가 발발하기 전, 문제가 일어나기 전, 불안정한 부정적 감정에 빠지기 전, 내면의 토양을 건강하게 다져 지속적인 성장이 가능하도록 하는 것이 중요하다.

마틴 셀리그만의 『긍정심리학』이라는 책에서 설명하는 '진정한 행복'은 개인의 강점을 파악하고 자기 계발을 통해, 일과 사랑, 여가 활동, 가족 돌봄 등 삶의 현장에서 활용함으로써 실현되는 것으로 설명하고 있다. 이것은 덧없이 지나칠 쾌락을 맛보며 쉽고 짧은 만족을 느끼는 것이 아닌 여운이 더 강렬한 행복에 집중하는 것이다. 특히, 경쟁에서 이기기 위해 자신의 약점을 보완하고 수정하기 위해 시간과 노력을 투자하는 것보다 나의 강점에 집중하고 활용함으로써 나의 가치, 나아가 '나' 자신을 깊이 들여다보며 참살이를 통해 온전하게 된다는 것을 의미한다. 긍정적 정서가 형성되면 부정적 정서는 점차적으로 감소된다.

프랑스 인류학자 귀스타브 르봉이 역설한 사회전염(Social Contagion)

은 집단 생활을 하는 사람들이 타인에게 무의식적으로 동조하고, 어떤 경우 자신을 잃어버린 채 행동하기도 하며, 마치 바이러스가 질병을 옮기는 것과 같은 양상으로 전체로 전염되는 현상을 말한다. 이러한 현상은 아주 오래전 과거에서부터 존재했고 지금도 우리 주변에 널리 퍼져 있다. 이렇게 만연된 부정적 사회전염을 긍정적 사회전염으로 바꾸는 일은 공동체가 함께 만들어 가야 하는 당면과업으로, 이는 곧 건전한 문화확산으로 귀결될 수 있고 건강한 사회를 만들어 갈 수 있기 때문이다.

8. 세상을 바꾸는 힘_양분된 울분을 대통합과 포용할 수 있는 리더십

우리 사회를 양분화시킨 다양한 갈등과 분열은 정치, 경제, 군사, 문화 등 진보와 보수, 친여 그룹과 반대 그룹, 성별 및 세대 간 갈등 등 여러 분야에서 보여지고 있다. 독재정권에 저항한 민주화 세력과 경제발전에 주력한 산업화 세력의 화해를 이끌어내고 다양한 갈등을 극복하고 민주화 산업화 세력이 통합되어야 하는 이 시점에서 문제 제기되고 있는 한국 사회의 양분화 현상은 많은 것을 시사하고 있다. 이에 사회적 균열을 봉합하고 국민 대통합을 견인해 줄 수 있는 지도자의 리더십이 필요할 때이다.

정치적 측면에서 보면 사회 갈등과 대립을 근본적으로 해결하는 '100% 국민대통합'을 지향했던 박근혜 정부가 '국정농단' 사건으로 탄핵된 후, 새로 취임한 문재인 대통령의 임기가 벌써 절반의 시간이 지나갔다. 국민들은 새로 취임한 대통령에게 우리 사회를 양분화시킨 갈

등과 분열이 새로운 정부를 통해 종식되기를 기대하였다. 하지만 기대와는 달리 2019년 10월 21일 7대 종단 지도자 청와대 초청 간담회 자리에서 문재인 대통령은 지난해 '조국사태' 등을 거치며 첨예하게 양분화 된 국민갈등에 대해 "국민통합이라는 측면에서 협치를 위한 노력과 통합적 정책 시행의 노력을 했으나 크게 진척이 없는 것 같다"고 말하며 국민들 사이에 공정에 대한 요구가 아주 높다는 점을 다시 확인했다고 하였지만 총체적으로 작금의 대한민국의 현실을 논하는 일반 서민들의 가슴은 무너져 내리는 것 아닌가 한다.

가장 큰 문제는 국민통합이 제대로 이루어지지 않았음을 아쉬워하는 수준이 아니라 더욱 심화된 정치현장의 모습으로 피해를 보는 것은 고스란히 국민들의 몫이라는 것이다. 이제는 대한민국의 대다수 국민들이 피켓을 들고 양분화되어 정치를 하고 있는 현실이 비참하게 느껴진다. 그러나 더욱더 중요한 것은 이념적, 세대 간 양분화 현상을 극복하기 위해 신뢰를 회복하고 갈등들을 포용할 수 있는 지도자의 혁신적 리더십이다. 경제석학 조순은 "국민의 질, 지도자의 질이 높아지지 않으면 미래는 달라질 수 없다"고 말한 바 있다. 민주주의의 본질이 다양성을 인정하는 것인데 정치권이 여전히 이분법으로 분류되어 사회갈등을 더욱 부추기고 있기 때문이다. 이에 세종대왕이 보여주신 혁신적 포용의 리더십이 생각난다. 임금이라는 신분임에도 불구하고 이질적인 구성원을 회의에 참석케 하여 신하들과 다양한 격론을 통해 '문제의 본질'에 대해 깊은 교감을 나누었던 세종대왕의 뛰어난 통합과 포용은 균열되어 있는 우리 사회에 꼭 필요한 리더자의 표본이었다. 세종대왕의 경청 리더십! 본인의 주장을 내세우기보다 진정 국민과 후대를 위하여 온 국민들의 의견을 세밀하게 수렴하여 국정을 다스렸던 세종의 지도자 리더십이 그리운 요즘이다.

경제적 측면을 보면 세계경제의 흐름 또한 어렵지만 한국이 처한 많은 어려움이 마음을 무겁게 하고 있다. 특히, 최근의 지구촌을 덮은 코로나 바이러스(corona virus)는 세계 경제가 겨우 회복단계로 가려는 마당에 중국에서 터진 악재이다. 대중무역 의존도가 매우 높은 대한민국도 이러한 타격이 불가피할 것으로 전망되고 있다.

더구나 일본과 미국 등 우방국들과의 외교적 마찰과 한국 경제의 저성장의 장기화는 큰 문제이다. 현대경제연구원에서 제시한 분석 자료에 따르면, 'IMF의 세계경제성장률 및 한국경제성장률 추이 및 전망'에 의하면 2016년 3.2%에서 2020년 3.8%로 세계경제성장률이 조금씩 증가하고 있다면 한국경제성장률은 2016년 2.9%에서 2019년 2.0%로 10년 만에 최저를 기록했다. 전문가들의 설명에 따르면 향후에도 세계경제와 한국경제의 성장 속도는 더욱 벌어질 것으로 전망된다고 하니 수출 경기 회복의 노력과 R&D 투자 활동 및 부가가치창출 중심의 기업문화 확립과 같은 경제적 측면으로 총체적 개혁이 필요한 것으로 해석할 수 있다.

대외적인 환경적 측면으로는 북한의 핵위협과 전쟁의 위협을 들 수 있다. 우호적인 접근에도 불구하고 변함없는 북한의 일방적 태도의 유지는 정의용 안보실장이 기자회견에서 설명한 "한반도 전쟁의 위협을 제거했다고 자신할 수 있다"는 말을 의심하게 한다. 2020년 1월 7일 있었던 문재인 대통령의 신년사에서 남북 협력 사업 필요성을 밝힌 후 미국을 찾아가 금강산 개별 관광과 같은 남북협력구상을 설득하는 작업을 벌이기도 했으나 한·미 간 존재하는 이견은 여전하였다. 물론 민족의 화합과 평화를 위한 교류는 필수불가결한 사항이나 이대로라면 북한 비핵화나 관계 개선보다 한·미 갈등이라는 문제만 더욱 키울 것으로 예상된다. 나라의 국정을 이끄는 지도자가 판단해야 하는 것은 협상에 따른 우선순위와 이상향이 아닌 현실적으로 닥친 환경에 대한 예리한 통찰력이 아닐까?

더 이상 대립하고 갈등하는 양분화된 균열사회는 종식되야 한다. 이분법화되어 있는 해석은 모순을 낳는다. 이러한 우리 사회의 모순된 사회구조는 어른들의 잘못된 사고와 지극히 이기적인 판단으로 만들어진 잘못된 유산이다. 따라서 이러한 문제는 고스란히 후대인 젊은 세대에게 돌아갈 엄청난 피해인 것이다. 여기서 생각해 볼 문제는 '과연 우리가 무엇을 후대들에게 남겨 줘야 할 것인가?'이다. 이기적인 어른들의 행태를 후대들을 위하여 대국적인 차원에서 틀린 것은 분명히 틀리다고 말할 수 있는 정의로운 지도자들이 많이 배출됨은 물론 이념을 완전히 초월하여 국민을 대통합 할 수 있는 지도자들이 이 땅에 세워져야 함이 절실하다.

끝으로 이스라엘 왕국의 분열로 인해 약속된 모든 축복, 평화, 번영,

승리가 기근, 전쟁의 패배를 넘어 결국은 나라 자체를 잃어버리고 엄청난 수모를 당하며 2천년 동안 흩어져 살아야 했던 이스라엘의 역사속에서 나라를 위해 헌신했던 혁신적 지도자 몇 명을 기억하며 역사적 교훈으로 삼았으면 한다.

'다양한 의견을 가진 애굽의 노예된 이스라엘 민족을 이끌어 광야 40년의 기적의 역사를 만들어 승리한 모세와 같은 지도자! 억울한 누명으로 노예로 팔려 가고 감옥에 갇혔어도 용서와 사랑으로 경제부흥을 증거했던 요셉과 같은 지도자! 이스라엘 민족의 자존심 회복을 위해 무너지지 않을 확실한 후대를 남겼던 사무엘과 같은 지도자! 악한 지도자 골리앗과 사울왕의 위협에도 무너지지 않고 흔들리지 않는 굳건한 믿음으로 나라를 다스렸던 다윗과 같은 지도자! 국가의 위기 속에서 부름받고 생명 건 헌신으로, 후대를 위해 온전한 헌신으로 자신을 불태웠던 이사야와 같은 지도자!'와 같은 혁신적 지도자가 대한민국에 많이 세워지기를 마음속 깊이 진심으로 기도해 본다.

9. 세상을 바꾸는 힘_위대한 유산

"저는 단지 어린아이일 뿐이고 해결책을 가지고 있지 않습니다. 여러분도 오존층에 생긴 구멍을 없애고, 죽어 버린 하천에 연어를 다시 불러오는 방법을 알지 못합니다. 이 방법들을 알고 있지 않다면 제발 부숴버리는 일을 멈춰 주세요. 우리가 훗날 이어받을 지구가 어떤 모습일지 결정하는 건 여러분입니다" 1992년 리우데자네이루에서 열린 지구정상

회담에서 당시 12세 캐나다 소녀 '세번 컬리스 스즈키(Severn Cullis-suzuki)'는 이렇게 외쳤다.

최근 지구와 우리 자신의 미래를 위한 청소년들의 목소리가 높아지고 있다. 2019년 9월 27일 서울 광화문 인근 세종로공원에서 환경단체 '청소년기후행동(Youth Climate Action)'이 주최한 행사는 주최 측 추산 500여 명의 청소년이 참여하기도 했다. 과연 청소년들이 피켓을 들고 세종로공원부터 청와대 앞까지 기후위기에 적극 대응할 것을 요구하여 행진하게 된 배경이 무엇일까? 그들의 미래를 지켜 달라고 외치는 동안 우리 어른들은 무엇을 한 것일까?

지금의 청소년들은 생애 가운데 기후변화를 경험하게 된 첫 세대이다. 점점 악화되 가고 있는 것이 아닌 오존 파괴, 미세먼지 등 지금 당장 해결해야 할 환경 문제들이 눈덩이처럼 불어나 그들에게 남겨지고 있다.

G20 정상들이 2020년 3월 26일 특별 화상 정상 회의를 열었다. 안건은 코로나19에 대한 공동 대응을 위해서이다. 이 전례 없는 코로나 바이러스감염증-19의 세계적 대유행은 전 세계 사람들이 직면한 비극적인 상황이 아닐 수 없다. 1980년대부터 기후과학자들이 기후변화의 심각성을 이야기한 것처럼 이미 오래전부터 생태학자, 감염병 전문가, 역사학자들은 신종 감염병의 위험을 역설해 왔다. 에이즈, 에볼라, 사스, 메르스 등등 19년형 코로나 바이러스라는 질병의 출현은 어딘가 일관

된 인간들의 병적 행동이 초래한 결과물들이다. 뉴욕타임즈(2012년 7월 15일)의 한 기사에서 라임병 연구자 리처드 오스펠트(Richard Ostfeld)는 다음과 같이 말했다. "야생동물 서식지를 개간하거나 숲을 파괴하는 것과 같은 생물다양성 파괴 행위를 생태계에서 수행할 때, 우리는 우리를 보호하는 역할을 해 주는 생물종들을 무지하게 제거하는 경향이 있다"라고 말이다.

아직도 명확하게 직접적인 원인이 밝혀지지 않은 신종 바이러스는 많은 인명피해를 내고 있고 이에 아이슬란드 연구팀은 신종 코로나 바이러스 40개의 변이가 발견되었으며 매우 급속하게 이뤄지고 있다고 전했다. 하지만 여기서 진짜 중요한 과제는 미래에 출몰할 새로운 버전의 바이러스 퇴치를 준비하는 것이다.

그렇다면 사회적 질병은 어떠한가. 눈앞에 놓인 이익만을 추구한 어른들의 죄와 무지로, 지능화된 범죄와 잔인성으로 얼룩진 사회 현장의 민낯에 고스란히 노출된 아이들은 저도 모르게 그것들을 학습해 가고 있다. 최근 사회를 떠들썩하게 만든 이른바 텔레그램 '박사방' 운영자 조주빈(24), 운영에 가담한 정황이 있는 공무원 천모(29) 씨, '태평양원정대'라는 이름의 별도 대화방을 만들어 성 착취 영상 등을 유포한 혐의를 받는 이모(16) 군까지. 사건의 죄질 또한 악하지만 필자를 더욱 놀라게 했던 것은 그들의 젊은 나이였다. 무엇이 그들을 괴물로 만들었을까?

우리는 어느 시대보다 더 윤택하며 평화롭고 풍요로운 삶을 살고 있었다. 하지만 한편으로는 과거 어느 때보다도 불안하며 평정심을 유지하기 힘든, 한 번도 경험해 보지 못한 시대를 살아가고 있는 현실이 되어 버렸다. 물질만능주의의 경쟁 위주 사회에 속해 있는 우리는 비슷한 나이, 배경 등 서로를 동일시하는 과정에서 시기나 질투와 같은 감정에 사로잡힌다. 사회는 계속 무엇이든 할 수 있다고 말하고 있고 사람들은 그 어느 때보다 사회적 지위를 갈망하며 불안해한다. 그것은 만연해 있는 성과주의 때문이며 이것을 부추기는 건 화려한 타인의 생활과 현대판 신데렐라 드라마를 쏟아 내는 미디어다. 사회학자 에밀 뒤르켐(Emile Durkheim)의 분석에 따르면 다른 어느 나라보다 개인주의적 선진국의 자살률이 높다고 한다. 불행히도 대한민국의 자살률은 높은 편이다. 인간은 평등하지만 개인은 평등하지 않고 인간의 능력은 무한하지만 개인의 능력에는 한계가 존재한다는 말이 있다. 뭐든지 잘해야 한다는 강박에서 벗어나고 그것을 인정할 수 있는 사회 분위기를 조성하는 것이 중요하다. 성과주의 때문에 개개인에게 공평하게 주어진 삶을 충분히 즐기지 못하게 되고 성과를, 앞을 향해 맹목적으로 달려가다 불행해지는 것만큼 가슴 아픈 일이 없다.

이와 같은 문제들은 단순한 환경의 변화, 시대의 흐름이 아니라 건강한 인간 생태계의 위기이다. 걱정 없이 밝은 미래를 꿈꿔야 할 아이들이 현시대 상황의 심각성을 깨닫고 직접 운동에 뛰어들기 시작했다. 지금도 수많은 부정적 사회 이슈들이 쏟아져 나온다. 어른들이 아이들에게, 그리고 청소년들에게 보여 줄 바른 걸음과 물려줄 수 있는, 아니,

물려줘야만 하는 환경이 있다.

우리의 후대들이 마땅히 누려야 하는 삶, 237개 나라를 향하여 비전을 가슴에 품고 꿈을 이룰 수 있는 서밋이 될 수 있는 환경, 그리고 그 이상으로 우리가 후대에 남겨야 할 진정한, 위대한 유산이 무엇인지에 대해 깊이 고심해 봐야 할 시점이다.

10. 세상을 바꾸는 힘_온전한 회복

온 지구가 한번도 경험해 보지 못한 코로나로 인해 신음을 하고 있다. 세계 '코로나19 확산'은 2020년 5월 9일 오전 10시(한국시간) 기준으로 확진자만 401만 3천 명, 사망자는 27만 6천 명에 이르렀다. 이에 정부의 조치든 스스로의 사회적 거리두기 실천이든 전 세계 공공장소들이 텅 비었다. 회합은 지양되고 있고 학교는 문을 닫았으며 일상이라고 생각했던 평범한 것들조차 붕괴되고 말았다.

재난사회를 마주하며 정부에서는 코로나19에 대응하며 코로나19 완화를 위한 청년프리랜서 신속 지원사업과 알바를 잃은 청년을 위한 긴급수당지원 모집, 그리고 도움이 필요한 사람들을 위해 청년 소상공인을 모집하는 등의 다양한 정책적 지원을 펼치고 있다. 코로나19 사태 이전에도 취업률이 저조한데, 코로나로 인한 기업의 타격으로 인해 필요할 때 뽑는 수시채용으로 전환되는 사례들 역시 늘어나고 있는데 이는 코로나19 사태에 따른 청년일자리 대량실업을 방지하기 위한 정책이다. 단순한 소비 위축이 금융 시장에 영향을, 그리고 기업에 영향을, 결국 일자리에 영향을 미친 것이다. 신규 실업급여 신청은 늘고 고용보험 가입 증가 폭 역시 줄었다. 특히 29세 이하와 30대 등 청년층 일자리에 직격탄을 맞았다는 것이 전문가의 분석이다.

보여지는 또 다른 양상으로는 '나 하나쯤이야'라는 생각과 사회에 만연한 '안전불감증'에 대한 문제점이다. 이 두 가지 생각은 지금의 코로나 사태를 종식하기 어렵게 만든다. 질병 예방을 아무리 강조해도 곳곳에 줄어들지 않는 상춘객부터 놀이공원 할인행사까지 여러 가지 논란을 불러오고 최근 이태원 클럽발 코로나19의 확산은 잠잠해질 것 같은 코로나 바이러스를 다시 대거 확진으로 연결시켰다. 이는 코로나19가 오랫동안 지속되다 보니 모든 국민이 그렇지 않겠지만 '빨리', '조급함'의 근성을 지닌 국민들의 일면을 드러낸 것 같아 안타깝고, 은근과 끈기의 성숙된 국민의 모습을 보여 주기를 바라는 마음이다.

아울러 말도 많았고 탈도 많았던 선거가 일단락되었다. 이제부터는 수출이 주력인 대한민국이 어떻게 경제를 회복해 나가느냐 하는 것이 최고의 관심사가 되어야 할 것이다. 그러나 조선시대의 사색당파처럼 공존체제가 무너지기 시작했고 당쟁이 본격화되었던 때처럼 우리의 현 모습이 그러한 모습을 보이고 있는 것 같다. 옛 틀을 완전히 깨부수고 온전한 새 틀로 변화되는 대한민국이 되어야 하는데 국민들은 완전히 두 파를 떠나 여러 파로 더 나뉘어졌음이 이번 선거를 통해 더욱 여실히 드러난 것 같다. 이러한 사태 속에서 보다 현명하게 이 문제를 타개하고 훗날 역사에 아름답게 기억되기 위해서는 무엇보다 여 · 야 정치 지도자들이 원활한 소통으로 협치를 이루어 진정 국민을 위하는 모습이 필요한 시점이다.

코로나19가 가져온 위기는 시간이 흐른 후 다시 정상화되는 것이 아니라 여러 구조에 변화를 가져다줄 것으로 예상된다. 이 사건으로 세계 속 인간들은 디지털화하는 현대화를 가속화시켰으며, 이를 보편화하고 내면화 하도록 강요받으며 다른 미래로 가고 있다. 세계가 바이러스와 싸우고 있는 이때에 대한민국은 우수한 의료진의 헌신적이며 적극적인 대응 그리고 국민들의 질서 있는 행동으로 세계의 모범을 창출했다. 이 시점에서 '나를 위한 편의'와 '나 하나쯤이야'라는 이기적인 욕심 때문에 공동체를 파괴하는 일부 국민들의 일탈된 행위를 보노라면 무척 안타까운 일이 아닐 수 없다. 다가올 미래를 대비하기 위해선 온전한 회복이 필요하다. 온전한 회복이 이루어져야만 전보다 더 튼튼하고 행복한 미래를 얻을 수 있다. 동물은 죽어서 가죽을 남기고 사람은 죽으면 이름 석자를 남긴다고 한다. 우리나라와 세계의 온전한 회복을 위해서는 그 구성원인 '나'로부터 시작되어야 한다. 역사의 중대한 전환점에선 우리가 부분적 땜질로 흔들리는 우리의 세상을 메우려 하기보다 이후 오랫동안 안정감 있는 튼튼한 새 집을 짓고 완벽한 회복을 위한 실천을 옮겨야 할 때이다.

자기계발을 위한 SUMMIT 성공 지침서

취업전문가가 전하는 SUMMIT 실전전략

1판 1쇄 발행 — 2020년 8월 25일
1판 2쇄 발행 — 2022년 2월 28일

저 자 – 유연웅
발 행 인 – 강철원
발 행 처 – 양성원
주 소 – 경기도 파주시 검산로 173번길 29-20
전 화 – 031-946-3861(代)
팩 스 – 031-946-3864
이 메 일 – tnwpub@naver.com
홈페이지 – tnwpub.co.kr
출판등록 – 2015년 8월 31일 제2015-000211호

ISBN 979-11-6126-287-1

정가 16,000원